JN100027

はしがき

本書は，「出題趣旨」を基に，**令和３年司法試験予備試験論文本試験**の再現答案を徹底分析し，予備試験の合格答案を探ったものです。

問題文，問題文＆出題趣旨の解析

冒頭に「問題文」を掲載していますので，それを読んで答案構成をしてみてください。次に，「問題文＆出題趣旨の解析」を掲載しています。これは，問題文の中で，解答のポイントとなる部分を指摘し，コメントを付記したものです。また，司法試験委員会発表の「出題趣旨」を解析しています。

論点，概観，辰已法律研究所作成の参考答案例

「論点」，問題文をどう考えるべきかについての「概観」，「辰已法律研究所作成の参考答案例」を掲載しています。

論文３位合格者の全科目・全答案

論文合格の実像を探るには再現答案を研究することが重要で，その研究方法には，再現答案の「横読み」（ある上位合格者の全科目の答案を「横断的に読む」こと。これにより，合格者の「思考の流れ」と「答案作成方法」が見えてきます。）と「縦読み」（各科目の再現答案を比較検討しながら読むこと。合格答案となるための要件が見えてきます。）の２つの方法があります。なかなか機会が無いのが「横読み」です。本書では，令和３年論文総合３位の合格者の全科目・全答案（９科目・１０通）をまとめて掲載しています。この順位で合格するということはＡ評価の内容（得点）が非常に良いということだと考えられます。高評価を得るポイントを研究できます。

解答言及表，再現答案（Ａ答案３通・Ｃ答案１通）・講評

問題文を読んで，「何を」「どう書くべきか」は受験生共通の悩みです。そこで，Ａ答案（合格答案），Ｃ答案を分析し，「何を書いたか」を分析しました。それが「Ａ答案に求められるもの―解答言及表」です。

本書の科目編には，１問当り４通の答案（Ａ答案３通，Ｃ答案１通）を掲載し，「出題趣旨」に基づく講評を加えています。これを参考に，「どう書くべきか」を研究してください。（一部Ｂ，Ｄ評価で代用している科目があります。）

司法試験予備試験受験生の皆様が，本書を有効に活用し，司法試験予備試験に合格されんことを心よりお祈り申し上げます。

令和４年４月　辰已法律研究所

目　次

上位合格者　答案横読み

科目別ぶんせき

憲 法

行政法

民 法

商 法

民事訴訟法

刑 法

刑事訴訟法

法律実務基礎科目（民事）

法律実務基礎科目（刑事）

一般教養科目

【各試験科目の試験時間】

憲法・行政法	２時間 20 分
民法・商法・民事訴訟法	３時間 30 分
刑法・刑事訴訟法	２時間 20 分
法律実務基礎科目（民事・刑事）	３時間
【一般教養科目	１時間】…令和３年試験まで

令和４年より一般教養科目に代わって選択科目が導入されます

選択科目	１時間 10 分

※法務省発表　令和３年司法試験予備試験
論文式試験問題と出題趣旨
https://www.moj.go.jp/content/001358663.pdf

※実際の論文式試験の答案用紙は，法律科目が４ページ，一般教養科目が２ページです。本書では，レイアウトの都合上，実際の答案用紙のページ数でない再現答案もあります。

令和３年予備試験・論文受験者の成績一覧（サンプル）

	合否	順位	総合点	憲法	行政法	民法	商法	民訴	刑法	刑訴	教養	実務
1	○	3	323.24	A	B	A	A	A	A	B	D	A
2	○	57	283.22	A	B	B	E	D	C	A	A	A
3	○	59	282.04	A	B	A	A	A	B	D	E	A
4	○	110	271.99	A	B	F	B	A	B	B	A	A
5	○	158	265.62	A	B	A	F	C	A	A	B	C
6	○	165	264.62	C	D	E	B	A	A	A	C	B
7	○	177	263.08	E	B	A	B	B	E	A	C	A
8	○	201	260.14	C	A	C	D	A	C	A	F	C
9	○	316	250.12	F	A	A	F	A	A	B	E	B
10	○	339	248.56	C	D	E	E	B	A	D	A	B
11	○	426	243.08	A	D	A	D	D	C	B	F	B
												合格者平均
12	×	562	234.83	D	D	E	A	F	A	E	A	D
13	×	769	224.2	F	C	A	F	B	E	F	A	B
14	×	839	221.58	F	A	D	F	E	E	A	D	B
15	×	955	215.53	C	F	B	C	D	F	F	A	D
16	×	1024	212.89	F	A	D	F	C	D	A	F	B

短答合格＆論文受験者　2,633 人
論文合格は，479 人，240 点以上
論文受験者の論文合格率　18%

採点対象者の平均点　197.54 点
論文受験者中，198 点到達者　1,349 人
平均点到達者の論文合格率　35.5%

(%)

Aの数と割合		Bの数と割合		ＡＢの数と割合		ＣＤの数と割合		ＥＦの数と割合	
6	66.7	2	22.2	8	88.9	1	11.1	0	0
4	44.4	2	22.2	6	66.7	2	22.2	1	11.1
5	55.6	2	22.2	7	77.8	1	11.1	1	11.1
4	44.4	4	44.4	8	88.9	0	0	1	11.1
4	44.4	2	22.2	6	66.7	2	22.2	1	11.1
3	33.3	2	22.2	5	55.6	3	33.3	1	11.1
3	33.3	3	33.3	6	66.7	1	11.1	2	22.2
3	33.3	0	0	3	33.3	5	55.5	1	11.1
4	44.4	2	22.2	6	66.7	0	0	3	33.3
2	22.2	2	22.2	4	44.4	3	33.3	2	22.2
2	22.2	2	22.2	4	44.4	4	44.4	1	11.1
3.6	40.4	2.1	23.2	5.7	63.6	2.0	22.2	1.3	14.1
3	33.3	0	0	3	33.3	3	33.3	3	33.3
2	22.2	2	22.2	4	44.4	1	11.1	4	44.4
2	22.2	1	11.1	3	33.3	2	22.2	4	44.4
1	11.1	1	11.1	2	22.2	4	44.4	3	33.3
2	22.2	1	11.1	3	33.3	3	33.3	3	33.3

【順位ランクの表示】

順位ランクは，各得点の順位（合格者を含む。）により，次のとおりです。

A　300 位まで
B　301 位から 600 位まで
C　601 位から 900 位まで
D　901 位から 1200 位まで
E　1201 位から 1500 位まで
F　1501 位以下

なお，同点の者が複数いることにより，その得点のランクが２段階にかかる場合は，上位の順位ランクによって表示しました。

論文試験成績通知の記載より抜粋

分析コメント

1　予備試験は，難しい!?

令和３年予備試験論文式試験の合格者は，論文受験者 2,633 人中 479 人で，合格率は，18%でした（vi頁参照）。令和２年は 464 人，令和元年は 494 人，平成 30 年は 459 人，平成 29 年は 469 人，平成 28 年は 429 人，平成 27 年は 428 人，平成 26 年は 392 人でした。近年合格者数に大きな変動はありません。予備試験論文式試験は難関試験ですから，十分な戦略をもって臨む必要があります。戦略的な視点をもって，論文合格のための目標基準を見定めましょう。

2　論文合格のための目標基準は？

では，論文合格のためには，どの程度の成績を目標基準とすべきでしょうか。

相対試験で重要なのは順位ですが，vii頁の成績一覧を見てみますと，**合格者は**，全９科目中，ＡＢ（成績上位約３割）が平均６科目，ＣＤ（成績中位約３割）が平均２科目，ＥＦ（成績下位約４割）が平均１科目となっています。

一方，562 位，**234.83 点で不合格となっている 12 番の方を見ると**，ＡＢ（成績上位約３割）が３科目，ＣＤ（成績中位約３割）が３科目，ＥＦ（成績下位約４割）が３科目となっています。合格点が 240 点であることからすれば，ＥＦ（成績下位約４割）となっている２科目のうち１科目がＡＢ（成績上位約３割）なら，合格となっている可能性が高いと推測されます。

したがって，全科目ＡＢ（成績上位約３割）を目指すとしても，失敗してもＣＤ（成績中位約３割）を２～３科目に留める，万が一，大失敗（ＥＦ，成績下位約４割）をしても１～２科目，というのが論文合格のための目標基準ということになるでしょう。特に，12 番から 16 番の方のＥＦは全員３つ以上で，11 番までの合格者のＥＦは９番を除いて２つ以下だということに着目すると，論文試験合格のコツの一つは，いかに高評価の答案を書くかということよりも，いかに失敗科目を無くすかということが重要だとわかります。ほとんどの科目を，よく言う「落ちない答案」で守ることができれば合格が近くなります。もちろん，高評価の答案があれば失敗答案の穴をカバーすることができますが，その穴は２つまでにとどめるように全科目とも苦手を作らないことが大切でしょう。

以上，ＡＢ（成績上位約３割）５～６科目・ＣＤ（成績中位約３割）２～３科目を目指す，というのが，受験生の現実的な目標となります。

3　A答案とは？C答案とは？

「ＡＢ５～６科目・ＣＤ２～３科目」を目標にするとして，実際，どの程度の答案を書けばいいのでしょうか。これを理解する方法が，再現答案の分析です。

本書では，原則として各科目とも，Ａ答案を３通，Ｃ答案を１通掲載しています（一部，ＢやＤで代用した科目もあります）。また，論文総合３位合格者の全答案を掲載しています。

是非，本書を活用して，Ａ答案とはどの程度の答案なのか，Ｃ答案とはどの程度の答案なのか，１ケタ合格答案とはどういう答案なのか，そのレベルを体感して下さい。

（参考）司法試験予備試験論文式試験の採点及び合否判定等の実施方法・基準について

平成25年12月2日司法試験予備試験考査委員会議申合せ事項

→http://www.moj.go.jp/content/000117301.pdf

司法試験予備試験論文式試験の採点及び合否判定等の実施方法・基準については，以下のとおりとする。

１　採点方針

（１）　白紙答案は零点とする。

（２）　各答案の採点は，次の方針により行う。

ア　優秀と認められる答案については，その内容に応じ，下表の優秀欄の範囲。

　ただし，抜群に優れた答案については，下表の優秀欄（　）の点数以上。

イ　良好な水準に達していると認められる答案については，その内容に応じ，下表の良好欄の範囲。

ウ　良好とまでは認められないものの，一応の水準に達していると認められる答案については，その内容に応じ，下表の一応の水準欄の範囲。

エ　上記以外の答案については，その内容に応じ，下表の不良欄の範囲。

　ただし，特に不良であると認められる答案については，下表の不良欄［　］の点数以下。

優秀	良好	一応の水準	不良
50点から38点 (48点)	37点から29点	28点から21点	20点から0点 [3点]

（3） 採点に当たってのおおまかな分布の目安を，各問に応じ次のとおりとする。ただし，これは一応の目安であって，採点を拘束するものではない。

割合	5％程度	２５％程度	４０％程度	３０％程度
得点	50点から38点	37点から29点	28点から21点	20点から0点

2 採点格差の調整方法

論文式試験においては，受験者数が多数に上るため，同じ問題に対する答案についても，一人の考査委員が全受験者の答案を採点することは困難であって，複数の考査委員が分担し，採点格差（考査委員・問題によって，採点結果が全体的に高めになったか低めになったかの差，あるいは，評価の幅が広くなったか狭くなったかの差）が発生し得るので，以下の方法により採点格差の調整を行うものとする。

（1） 論文式試験の採点格差調整は，各考査委員が採点した全答案ごとに標準偏差を算出して行う。

（2） 各個人の点数（素点）について，当該受験者の採点を行った考査委員の平均点からどの程度離れた位置にあるかを示す数値（偏差値）を算出して，これを当該個人の得点とする。

（3） 以下の算式により計算する。

例：A委員が採点した甲受験者の答案の採点調整の仕方

＜以下，省略＞

上位合格者の答案横読み

論文総合３位

総 合 点	323.24 点
憲　法	A
行政法	B
民　法	A
商　法	A
民事訴訟法	A
刑　法	A
刑事訴訟法	B
法律実務基礎科目	A
一般教養科目	D

〈論文総合３位　憲法　評価Ａ〉

第１　Ｂ市歴史的環境条例案(以下,「本件条例」という)による広告規制(以下,「本件規制①」という)の合憲性
１　本件規制①は特別規制区域（以下「Ｃ地区」で代表する)で広告物を掲示する自由(以下「本件自由①」という)を侵害し憲法21条１項に反しないか。
(1)　本件自由①には様々な内容の広告が含まれ，自己の表現を外部に表示する点で表現活動だから，表現の自由として憲法21条１項で保障される。
(2)　本件規制①は許可を受けない限りＣ地区での広告掲示を禁じ違反者に罰金を科すから本件自由①を制約している。
(3)ア　たしかに，本件規制①は広告という表現手段を規制するものだから間接的制約に過ぎず，制約は強度でないという考えもあり得る。また，判例上，広告は美観風致の維持や落下などの危害防止のため，必要かつ合理的な規制に服するとされており，比較的緩やかに制約の合憲性が認められている（屋外広告物条例事件)。
イ　しかし，上記判例と異なり本件規制①はＣ地区の歴史的環境の保護という専ら美観保護のためであり，また，許可要件が歴史的環境を「向上させる」ことという点で表現の内容の規制だから，制約は重大である。また,「向上させる」という要件の抽象性や，許可権者が市長であることから，市長が自らに不利な表現を許可しないなど恣意的な運用の危険もある。さらに，本件自由①は種々の内容の広告を含むから自己統治と人格的自律の価値があるうえ，自己の建造物での広告も含まれるから財産権（憲法29条１項）の行使としても尊重すべきであり，重要性が高い。
ウ　以上のように，制約が重大で恣意的な運用のおそれがあり，権利も極

1

めて重要であることから，厳格な基準，すなわちやむにやまれぬ目的のため必要最小限度の制約である場合に限り合憲と解する。
(4)　本件規制①はＣ地区の歴史的環境の維持向上を目的とする。Ｃ地区は江戸時代に宿場町として栄え現在もその趣を濃厚に残していることから，その歴史的環境は通常の美観より文化的価値が高い。また，本件規制はＤら住民が看板等の約７割しか歴史的環境に適合していないのを不満に思っていることを背景とするところ，客観的価値が高い景観につき住民は利害関係を有するとされる（国立マンション訴訟)。そして，景観は主に行政法規で保護されるものとされるから（同前)，Ｃ地区の歴史的環境の価値の高さにかんがみても，上記目的はやむにやまれぬものといえる。
一方，本件規制①の手段は，許可制による禁止と違反者への罰金である。本件規制①の許可要件は歴史的環境を維持するにとどまらず「向上させる」こととされるが，維持できれば歴史的環境の保護には十分であり，向上させることまで求める必要はない。また，現にＤら住民も，歴史的環境の維持すらできない看板等が３割近く存在することに不満なのであり,「向上させる」ことまで求めているわけでもない。よって，許可要件が過剰であるといえる。
(5)　以上より，本件規制①は憲法21条１項に反し違憲である。
第２　本件条例のビラ規制(以下,「本件規制②」という)の合憲性
１　本件規制②はＣ地区の店舗関係者以外の者がＣ地区路上でビラ等を配布する自由(以下,「本件自由②」という)を侵害し，憲法21条１項に反さないか。
(1)　判例上，駅構内や自衛隊宿舎内でのビラ等の配布が表現の自由として保

2

護範囲に含まれないと解し得るものがあるが，本件自由②は路上という本来的に表現のための場所であるパブリックフォーラムにおけるものであり，C地区の路上も同様だから，本件自由②は表現の自由として憲法21条1項で保障される。

(2)　本件規制②はC地区の店舗関係者以外のビラ等配布を例外なく一律に禁じ，違反者に罰金を科しているから，制約がある。

(3)ア　たしかに，本件規制②もビラ等の配布という表現の方法に対する規制だから間接的な制約にとどまるとの考え方があり得る。また，本件自由②はC地区でのビラ等配布に限られるから重要性が低いとも言い得る。

イ　しかし，本件規制②は本件自由②を例外なく一律に禁じるものだから制約は強度といわざるをえない。また，本件規制②がC地区内の店舗関係者を例外とするのはこれらの者のビラ等がC地区の歴史・伝統に何らかのかかわりのあるものだからというが，これも内容に関する規制に近い。さらに，特別規制区域の指定は審議会が関わるといえども市長はその意見に拘束されないから，ここでも市長が恣意的に指定するおそれがある。

また，本件自由②は上記のようにパブリックフォーラムにおけるものであり，ビラ等配布が有効な表現手段であり，C地区には多数の観光客が訪れることからも，自己の表現の伝達手段として極めて重要である。

ウ　以上より，本件規制②も本件規制①と同様の厳格な基準で判断する。

(4)　本件規制②の目的は本件規制①におけるそれと同様の議論が妥当する。

本件規制②の手段は例外なく一律に本件自由②を禁止し，違反者に罰金

3

を科すものである。これはC地区の店舗関係者のビラ等がC地区の歴史的環境に適合することを理由とするが，C地区内にもコンビニエンスストアなど宿場町としてのC地区の歴史とは関係ない店舗もあるはずである。また，C地区の外部の者の表現でもC地区の歴史的環境を損なわなければ禁止する必要はない。よって規制の理由が合理的でなく，必要性もない。

(5)　よって，本件規制②は憲法21条1項に反する。

以上

4

〈論文総合３位　行政法　評価Ｂ〉

第１　設問１
１　本件条件の法的性質
　附款とは主たる行政処分の効果を制限するため付せられる従たる意思表示をいうところ，本件条件は主たる行政処分である本件許可（法 14 条の５第１項）の，Ａが積替え・保管も行えるようにする効果のうち，他者搬入・搬出を禁ずるという制限を付するために付せられた従たる意思表示だから，附款に当たる。また，Ｂ県知事は本件条件に違反されても直ちに本件許可の効力を失わせるつもりとはいえないから，本件条件は附款のうち負担に当たる。
２　考えられる取消の対象
(1)　本件条件
　本件条件が取消の対象として考えられる。なぜなら，本件条件だけを取り消せれば，本件許可の本来的効力のみが残り，Ａの希望通り他者搬入・搬出も可能となるからである。
ア　まず，本件条件は「処分」(行政事件訴訟法３条２項)に当たるか。「処分」とは公権力たる国又は公共団体の行う行為のうちその行為によって直接国民の権利義務を形成し又はその範囲を確定することが法律上認められているものをいう。本件条件は都道府県知事が一方的優越的に付し，行政処分である本件許可の効力を制限するものだから，「処分」に当たる。
イ　次に，本件条件のみを取り消せるか。従たる意思表示だから問題となる。

1

(ア)　附款がなければ主たる処分もなされなかったといえ，附款が主たる処分と客観的に不可分一体の場合には，附款は独立に取消の対象とならないと解する。一体性の判断は法律の規定趣旨や意思表示の解釈を考慮して判断する。
(イ)　本件では，本件条件は法 14 条の５第２項・14 条の４第 11 項に基づくところ，生活環境の保全と公衆衛生の向上という目的のため（法１条），「生活環境の保全上必要な」場合に付すことができるとされている（法 14 条の５第２項）。また，法は廃棄物処理の第一次的責任を都道府県に負わせており（法４条２項・14 条の４第１項参照），特別管理産業廃棄物についてはその危険性の大きさから（法２条５項），事業者の能力や設備の基準を定め（法 14 条の４第５項１号・法施行規則 10 条の 13），特に厳格な管理を求めている。そうすると，法は本件条件が負担であるとはいえ事業者がこれを遵守することを求めているといえる。また，本件条件は他者搬入・搬出をしていた別の施設で問題が発生したことから，他者搬入・搬出の問題点を重視したＢ県知事が従来の運用を変えてまで付したものだから，本件条件がなければ許可をするつもりもなかったといえる。
(ウ)　以上より，本件条件は本件許可と客観的に一体といえる。
(エ)　よって，本件条件は独立に取消の対象にならない。
(2)　本件許可
　本件許可は「処分」に当たり，また，Ａは本件処分の名宛人だから原告適格（行政事件訴訟法９条１項）もある。よって，本件許可を取消の対象

2

とできる。本件許可を取り消すと従前の他者搬入・搬出以外の許可の効力が残り，Ｂ県知事は同一事情の下で同一の理由により同一の処分ができなくなるだけだから（行政事件訴訟法 33 条１項），再度同じ条件が付され又はそもそも許可がなされない可能性がある。

⑶　提起すべき訴訟

Ａは本件許可が申請を一部「棄却する旨の処分」に当たるとして無条件許可の申請型義務付訴訟（行政事件訴訟法 37 条の３第１項２号）を提起すべきであり，本件許可の取消訴訟と併合提起しなければならない（同条３項２号）。

第２　設問２

１　Ａとしては，本件条件は信頼原則に反し違法であると主張すべきである。

⑴　Ｂ県としては，法 14 条の５第２項が「保全上必要な」という抽象的な表現を用い，「できる」という文言であること，また，Ｂ県が廃棄物処理に第一次的責任を負い（法４条２項），事業者の能力など様々な事情を考慮する必要があることから，本件許可の効果裁量内で条件の有無・内容に裁量が認められると主張する。

そして，行政は可変的なものだから私人は変化を予測すべきであり，原則として信頼原則に反しないと主張する。

⑵　たしかに，本件条件の有無・内容に裁量があり，かつ，行政の可変性を私人が受忍すべきことは一般論としては妥当である。

しかし，裁量を逸脱濫用すれば違法であり（行政事件訴訟法 30 条），また，行政と私人とが密接な関係に至れば，両者の間を規律すべき信義則の

3

適用があり，相手方の期待を裏切ることは信頼原則に反する。

そこで，本件条件が相手方の期待を裏切って信頼原則に反し，社会通念上著しく妥当を欠くに至れば裁量の逸脱濫用として違法と解する。

⑶　本件では，Ａは積替え・保管も行うことで事業の効率化を図り，そのために他者搬入・搬出も予定していることをＢ県担当者に明確に伝えており，Ｂ県の関係する要綱等に従って複数回にわたり事前協議を行い，それを前提として高額な費用を投じて施設を設置している。そうすると，Ｂ県は他者搬入・搬出をＡが予定していることを知っていたはずである。また，本件条件を付せば上記費用がむだになり事業の効率化が阻害されることも知っていたはずである。さらに，従来は本件条件が付されたことはない。それにもかかわらず，Ａに事前連絡もせずに本件条件をいきなり付することは，事前協議を無に帰すものであり，Ａの期待を著しく裏切る。

⑷　以上より，本件条件は信頼原則に反し，社会通念上著しく妥当を欠くに至っているから，裁量の逸脱濫用として違法である。

以上

4

〈論文総合３位　民法　評価Ａ〉

第１　設問１
１　本件ワイン売買契約の解除の可否
　民法542条１項１号の「債務の全部の履行が不能」に当たり，無催告解除できないか。履行不能に当たるか問題となる。
⑴　履行不能か否かは「契約……及び取引上の社会通念に照らして」判断すべきところ（民法412条の２第１項），債権が種類債権（民法402条）のときは調達が容易だから履行不能が認められにくいのに対し，一定の有限の範囲の種類物を目的とする制限種類債権のときは履行不能が認められやすい代わりに，品質は通常問題とならないと解される。
　Ｂとしては，本件ワインと同種同等のワインは存在しないから，本件ワイン引渡請求権は制限種類債権であり，本件ワインが滅失しておらず引渡し可能である以上，履行不能にならないと主張し得る。
⑵　しかし，履行不能か否かはあくまで契約その他取引上の社会通念から判断すべきであり，制限種類債権でも契約上品質が重視されており，かつ，品質が著しく低いため契約目的を達成できない場合には，履行不能に当たると解する。
　本件では，Ａは酒類の卸売業者であり，本件ワインは冷蔵保存を要する高級ワインだから，本件ワイン売買契約では味や風味などの品質が重視されていたといえる。しかし，本件ワインは火災により品質が著しく劣化し，飲用に適さないほどになったというのである。そうすると，Ａ社は本件ワインを卸売りできないから，本件ワイン売買契約の目的は達成できない。

1

⑶　以上より，「債務の全部の履行が不能」に当たる。
⑷　したがって，本件ワイン売買契約は解除できる。
２　本件賃貸借契約について
　丙は火災により一時機能停止となったが，その後復旧しているから，同契約自体に債務不履行はない。そこで，本件ワイン売買契約の不能を理由に解除することはできるか。
⑴　Ｂとしては，両者は形式上別個独立の契約だから，本件賃貸借契約に債務不履行がない以上，これを解除できないと主張する。
⑵　しかし，両契約が同一の目的を目指す複合契約であり，一方が不能であれば他方のみでは社会通念上その目的を達しえない場合には，両者は一体のものとして，当該一方の不能を理由に他方も解除できると解する。
⑶　本件では，本件ワイン売買契約は，Ａが本件ワインの売れ行きが順調であれば高級ワインの種類や数量を増やすという事業計画を前提とするものである。また，本件賃貸借契約はＡが同計画のために適切な冷蔵倉庫を発見できなかったために一時的に結ばれたものであり，同計画を前提とするものといえる。そして，同計画は本件ワインの売れ行きに左右されているのであり，本件ワイン売買契約が不能となった以上，計画も実現できなくなったといえる。そうすると，同計画を前提とする本件賃貸借契約も目的を達しえない。
⑷　よって，両契約は一体であるといえる。
⑸　したがって，本件ワイン売買契約とともに本件賃貸借契約も解除できる。

2

第２　設問２
１　小問⑴
Ｃは本件譲渡担保契約の効力を第三者に対抗できるか。(ⅰ)本件譲渡担保契約のような集合流動動産譲渡担保契約は適法か，(ⅱ)本件譲渡担保契約は特定性があり有効か（以上，②），(ⅲ)集合物の占有改定（民法 182 条）により個々の動産に対抗力（民法 178 条）が及ぶか（①）が問題となる。
⑴　(ⅰ)について
本件譲渡担保契約は一物一権主義に反し無効でないか。
たしかに，一物一権主義を貫徹すれば集合物に物権を設定することは違法だが，実際上の必要性や集合物が一体となって一つの独自の価値を有することにかんがみれば，集合物は個々の動産とは独立の価値を有し得るから，一物一権主義に反さず，適法となり得ると解する。
⑵　(ⅱ)について
本件譲渡担保契約は特定されておらず，無効でないか。
個々の動産の利害関係人の予測可能性を害さず，集合物の独立の価値を担保するため，特定性は，種類・場所等により集合物の範囲が外部と明確に区別できることを要すると解する。
本件では，倉庫丙という外部から明確に区別できる空間にある，すべての酒類という形で特定されており，酒類か否かはアルコール分１％以上か否かで明確に区別できるから，集合物の範囲が明確に区別されている。
よって，特定性はあり有効である。
⑶　(ⅲ)について

３

集合物の占有改定で個々の動産にも対抗要件が及ぶか。
集合物は一体となって独自の価値を有するところ，個々の動産は集合物を構成する一部であり，集合物に包摂されているといえるから，集合物の占有改定により個々の構成動産にも対抗力が及ぶと解する。
本件では，本件譲渡担保契約①で集合物の占有改定がなされているから，集合物の範囲にある個々の動産にも対抗力が及ぶ。
⑷　以上より，Ｃは本件譲渡担保契約の効果を第三者に対抗できる。
２　小問⑵
⑴　Ｄは，本家ウイスキーは代金完済を停止条件としてＡに所有権を移転したものだから（本件ウイスキー売買契約②），Ａが代金を完済していない以上，本件ウイスキーの所有権は自己に留保されていると主張する。
一方，Ｃは，本件ウイスキー売買契約③によりＡには転売権限があるから，本件譲渡担保契約①又は③により自己に所有権が移転したと主張する。
しかし，本件譲渡担保契約①はＡが目的物の所有権を有することを前提とし，また，③は②による譲渡を前提とするから，本件では要件を満たさず，それぞれ適用がない。
また，本件ウイスキー売買契約③の「転売」とは，同②の所有権留保で代金債権を担保していることにかんがみれば，本件ウイスキーと引き換えに新たに代金等を得られる場合に限られると解すべきである。本件譲渡担保契約による所有権移転では新たな代金等を得られないから，これは「転売」に当たらない。

４

⑵　また，Cは即時取得（民法192条）も主張し得るが，社会通念上従来の占有に変更を生ずるような占有を取得しなければ「占有を始めた」に当たらないから，占有改定は「占有を始めた」に当たらない。本件譲渡担保契約①は占有改定だから，「占有を始めた」に当たらず，即時取得できない。
⑶　よって，Dは所有権を主張できる。

以上

5

6

〈論文総合３位　商法　評価Ａ〉

第１　設問１
１　まず，乙社はＣに代表権（会社法（以下，「法」という））があると主張する。
⑴　そもそも株主総会決議により代表取締役を選任できる旨定款に定めることは法362条２項３号に反し，違法でないか。
法は，取締役会設置会社の株主総会が定款に定めた事項を決議できるとしているから（法295条２項），株主が会社の所有者であることにかんがみても，少なくとも取締役会の権限をはく奪しなければ株主総会に代表取締役選任権限を与える定款も法362条２項３号に反さず適法と解する。
本件では，定款で株主総会でも代表取締役を選任できると定めているが，取締役会の選任権限も否定されていない。
よって，同定款の定めは適法である。
⑵　次に，選任決議があったといえるか。不存在でないか問題となる。
たしかに，一人会社ではいつでもどこでも総会決議が可能とされるが，一人会社でない以上は少数株主の権利を重視すべきである。また，業務執行権限のない取締役による招集は不存在事由とされている。
よって，一人会社でないならば非業務取締役の招集は不存在事由になる。
本件では，Ｂは10%株式を有しており，また，Ｃは業務執行権限を有しないから，決議は存在しない。
⑶　以上より，Ｃは代表権を有しない。
２　次に，乙社としては法908条２項によりＣが代表権を有しないことを自己

1

に対抗できないと主張し得るが，乙社は登記を信じたわけではないから同項の適用はない。
３　そこで，法354条の適用はないか。
⑴　Ｃは甲社代表取締役副社長を名乗る甲社取締役だから，甲社が「付した」といえれば同条の適用がありうる。
ア　「付した」とは明示又は黙示に承認することをいうが，取締役は監視義務を負う以上（法362条１項２項２号参照），他の取締役が代表者を僭称するのを発見すれば直ちに是正措置をとるべきだから，取締役が１人でも他の取締役による代表者の僭称を放置していれば，「付した」に当たる。
本件ではＢら他の取締役は誰もＣの僭称に気づいておらず放置はない。
よって，「付した」に当たらないとも思える。
⑵　しかし，会社の事実上の主宰者が承認していれば，会社が承認したのと同視できるから，「付した」に当たると解すべきである。
本件では，Ａは甲社創業者であり，かつ，つい昨年まで長らくすべての株式を保有する代表取締役であった。現在は第一線から退いたとはいえそれは１年前に過ぎず，いまだ80%の株式を有し，かつ，息子は取締役である。そうすると，Ａはいまだ甲社に絶対的な影響力を有しており，甲社を事実上支配しているといえるから，事実上の主宰者に当たる。
⑶　よって，Ａが承認しているから「付した」に当たる。
⑷　したがって，同条の適用がある。

2

4　以上より，本件代金支払債務は甲社に帰属し，乙社の請求は認められる。
第２　設問２
１　甲社は，不当利得返還請求権（民法703条・704条）を根拠とする。
　すなわち本件慰労金はＢの取締役としての職務執行の対価だから「報酬等」に当たり（法 361 条１項柱書），定款又は総会決議による承認がない限りＢには報酬請求権がないから（法 361 条１項柱書・330 条・民法 648 条１項），支払い済の報酬等は不当利得に当たる。
２　Ｂとしては，Ａの承認があるから，総会決議があったと同視できると主張し得る。しかし，設問１での検討を踏まえると，Ａの承認があっても決議は不存在と言わざるをえず，この主張は認められない。
３　しかし，返還請求は信義則に反し遮断されないか。
(1)　取締役は通常対価を得て職務を執行するのであり，不当な解任の場合との均衡や（法 335 条２項参照），閉鎖会社では対立した取締役の報酬をはく奪することも多いから，取締役に報酬を保持させるべき場合があり得る。
　そこで，法 361 条１項の趣旨が報酬のお手盛りを株主の自主的判断を通じて防止する点にあることから，株主の大半が同意し，かつ，社会通念上相当な額であれば，返還請求は信義則に反し認められないと解する。
　本件では，80%株主のＡが承認し，かつ，本件内規は，

※　本答案は，途中答案となっている。

3

4

〈論文総合３位　民事訴訟法　評価Ａ〉

第１　設問１
１　小問(1)
Ｙは共同訴訟参加（民事訴訟法（以下，「法」という）52 条１項）できるか。ＹはＸの代位適格を争いつつ，Ｚに対し登記請求をするつもりだから，Ｘに共同訴訟参加することになるところ，「訴訟の目的が……合一にのみ確定すべき場合」に当たるか問題となる。
(1)　合一確定の必要があるのは必要的共同訴訟だから，「訴訟の目的が……合一にのみ確定すべき場合」とは，参加の結果固有必要的共同訴訟又は類似必要的共同訴訟になる場合をいうと解する。
(2)　類似必要的共同訴訟とは，合一確定の必要がある訴訟形態をいうところ，共同訴訟人間で既判力の拡張があれば，既判力の矛盾抵触を防ぐため合一確定の必要があると解される。
債権者代位訴訟では，後述のとおり，債権者は法定訴訟担当となり，法 115 条１項２号により，債権者への既判力は債務者にも拡張されるから，債務者が債権者代位訴訟に参加する場合は既判力の矛盾抵触を避ける必要がある。よって，債権者代位訴訟は類似必要的共同訴訟に当たるのが原則である。
本件訴訟は債権者代位訴訟だから，債務者Ｙが参加すれば類似必要的共同訴訟に当たるとも思える。
(3)　しかし，ＹはＸの代位適格を争うつもりであるところ，このような場合も共同訴訟参加できるか。法 115 条１項２号に当たるかも問題となる。
ア　同号は訴訟担当者に当事者適格があることを前提とするから，訴訟担

1

当者を自称する者に当事者適格がなければ，当然同号は不適用である。
よって，代位適格を欠く者への既判力は債務者に及ばないから，必ずしも合一確定の必要はない。
また，既存訴訟のけん制は独立当事者参加（法 47 条）の守備範囲であり，共同訴訟人間で争うことは共同訴訟参加では想定されておらず，一方の共同訴訟人に不利な主張は法 40 条１項による無効となる。
イ　以上より，代位適格を争う場合は，「訴訟の目的が……合一にのみ確定すべき場合」に当たらないと解する。
(4)　よって，本件では債務者Ｙが債権者Ｘの代位適格を争うつもりだから，共同訴訟参加できない。
２　小問(2)
Ｙは権利主張参加（法 47 条１項後段）できるか。Ｙが「訴訟の目的の全部……が自己のものであることを主張する第三者」に当たるか問題となる。
(1)　独立当事者参加の制度趣旨は三者間の権利関係を矛盾なく解決する点にあるから，「訴訟の目的の全部……第三者」とは，既存請求と論理的に両立しない請求をなす者をいうと解する。
(2)　次に，被両立性の判断基準が問題となる。
独立当事者参加は参加人に既存訴訟をけん制することを許すことで参加人の利益保護を図る趣旨をも有するから，参加人は既存請求を争うための主張立証も許されると解する。
とすれば，そのような主張立証を許すための手続保障の観点から，非両立性は請求の趣旨も考慮して判断すべきである。

2

(3) 債権者代位訴訟についてみると，債権者代位訴訟が提起されても債務者は当事者適格を失わないから（民法 423 条の５前段），請求は実体法上両立する。また，登記請求の場合は主文が一致するから，請求は両立するとも思える。
しかし，不動産の二重譲渡事例では登記請求はいずれかしか実現できないが，債権者代位訴訟は強制執行のための責任財産保全を目的とし，代位請求により登記請求が実現すれば債務者は近い将来目的不動産を失うことになって自己の請求の目的を達しえないから，両者を区別する必要はない。また，被代位債権が金銭又は動産引渡請求権の場合は，債権者は自己に引き渡すよう請求できるところ（民法 423 条の３前段），これにより被代位債権は消滅するから（同条後段），債務者は自ら同債権を行使することができなくなり，非両立性を満たすといえる。そして，この場合と登記請求の場合との均衡を図る必要がある。
(4) 以上より，債権者の請求と代位適格を争う債務者との請求とは論理的に両立しないといえ，「訴訟の目的……第三者」に当たる。
(5) 本件では，Ｙは代位適格を争う債務者だから，「訴訟の目的……第三者」に当たり，独立当事者参加できる。
(6) なお，債権者代位訴訟に債務者が参加すれば被代位債権と当事者とが同一だが，独立当事者訴訟では合一確定が保障されるため矛盾判断・訴訟不経済・応訴負担はなく，これらの防止を趣旨とする法 142 条には反さない。よって，適法である。
第２　設問２

3

1　まず，既判力はＹに及ぶか。
既判力の本質は法的安定性の確保にあり，根拠は手続保障に基づく自己責任にある。債権者代位訴訟でも相手方の紛争解決への期待を保護するため紛争解決の実効性を確保する必要があり，また，債務者は債権者からの訴訟告知（民法423条の６）により手続に関与する機会があるから，債権者を法定訴訟担当として法115条１項２号により債務者に既判力が拡張されると解する。
本件では，債務者Ｙは債権者Ｘから訴訟告知を受けているから，Ｙにも既判力が及ぶ。
2　次に，Ａに既判力が及ぶか。
この場合も相手方の保護の必要性は上と同じである。また，そもそも債権者代位権は債務者の権利領域への例外的な介入であり，債権者は債務者の権利を行使するに過ぎないから，債権者が債務者より有利な地位に立つことはできないのである（民法423条の２・423条の４参照）。
よって，債務者に既判力が及ぶ結果，他の債権者にも既判力が及ぶ。
以上より，Ａにも及ぶ。

以上

4

〈論文総合３位　刑法　評価Ａ〉

刑法
第１　甲の罪責
１　本件段ボール箱をＹ宅から持ち去った行為は窃盗罪（刑法235条）に当たるか。
(1)　本件段ボール箱は甲所有だから「他人の財物」には当たらない。しかし，Ｙが占有しているから，刑法242条により「他人の財物」とみなされないか。Ｙの占有は恐喝目的で違法だから同条の「占有」の意義が問題となる。
ア　刑法は自力救済を禁ずべく事実的支配を保護しているから，「占有」とは広く財物に対する事実的支配一般をいい，違法でもよいと解する。
イ　本件では，Ｙは本件ダンボール箱をＹ宅に保管したままだから，Ｙが事実上支配している。
ウ　よって，「占有」に当たる。
エ　したがって，本件ダンボール箱は「他人の財物」とみなされる。
(2)　甲はＹ宅に夜中に侵入してこっそり本件段ボール箱を持ち去っているから，Ｙの意思に反してその占有を移転したといえ，「窃取」にあたる。
(3)　甲には上記につき故意があり，また，不法領得の意思もある。
(4)　よって，窃盗罪が成立する。
２　本件段ボール箱にライターで火をつけ自宅近くの漁港のドラム缶内に投入した行為は自己所有建造物等以外放火罪（刑法110条２項）となるか。
(1)　本件段ボール箱は建造物等でなく，かつ，甲所有だから，「前二条に規定する物以外の物」が「自己の所有に係るとき」に当たる。

1

(2)　ライターで着火する行為は「放火」に当たり，本件段ボール箱は独立に燃焼するに至っているから「焼損」に当たる。
(3)　火のついた紙片が近くの油のついた漁網に燃え移り，釣り人５人が煙にまかれ，また，そのうち１人の原動機付自転車(以下，「本件原付」という)に延焼の危険が生じているところ，「公共の危険」が生じたといえるか。建造物への延焼の危険が生じていないから問題となる。
ア　放火罪の保護法益は公共の安全，すなわち不特定又は多数人の生命・身体・財産の安全であるところ，これらは建物への延焼を介さずとも目的物の炎により直接害され得るから，「公共の危険」とは，不特定又は多数人の生命・身体・財産への危険をいうと解する。ここにいう危険には，煙など焼損を前提とする危険を広く含むと解する。
イ　本件では，漁網が燃え上がったことによる煙に釣り人５人がまかれ，それを吸引することで炎症や呼吸困難などの生命・身体の危険が生じている。また，本件原付にも延焼の危険が生じている。
ウ　よって，「公共の危険」が生じたといえる。
エ　因果関係もある。
(4)　甲は漁網や釣り人の存在に気づいておらず「公共の危険」の認識認容がないから，故意が否定されないか。公共の危険の認識の要否が問題となる。
ア　法110条１項の「よって」との文言からは結果的加重犯と解するのが自然であり，また，放火は類型的に被害が大きくなりやすいから，公共の危険について故意過失を問わずとも責任を問える。

2

とすれば，公共の危険の認識は不要と解する。
イ　よって，甲には本件段ボールの放火焼損の認識認容があるから，故意が認められる。
(5)　以上より，自己所有建造物等以外放火罪が成立する。
3　乙がXの首を絞めるのを放置しXを見殺しにした行為は殺人罪（刑法199条）とならないか。
(1)　上記行為は不作為だから，実行行為性が問題となる。
ア　実行行為の本質である結果発生の現実的危険は不作為でも実現できるが，処罰範囲拡大防止のため，不作為が，①作為義務と②作為可能性・容易性とがいずれも認められ，③作為による実行行為と構成要件的に同視できなければ，実行行為性は認められないと解する。
イ　本件では，乙がXの首を絞めているのは甲の自宅であり，甲は乙の首絞め行為を目撃している。また，Xは甲の実父であり，80歳と高齢だから自ら乙に抵抗することはできない状況だった。以上のような排他的支配・人的関係から，甲の作為義務が認められる（①）。また，甲が目撃した時点で直ちに乙の犯行を止めていればXの救命は確実であった一方，乙に声をかけたり乙の両手を引き離すなどの容易な行為で乙の犯行を止められる可能性は確実ではなかったという。しかし，不作為の条件関係は仮定的因果関係だから十中八九で足りるところ，乙の犯行を止められる可能性は高かったのであり，甲が50歳の男であり乙は45歳の女であることからも，十中八九上記の容易な行為で乙を止められたといえるから，作為可能性・容易性がある（②）。

3

以上より，③も満たされるとも思える。
ウ　しかし，不作為が他人の行為の放置である場合，因果経過を支配しているのは当該他人だから，作為による実行行為と同価値でない（③）。
(2)　次に，甲には殺人罪の幇助犯（刑法62条1項）が成立しないか。「幇助」に当たるか問題となる。
ア　「幇助」とは他人の実行行為を維持強化し，法益侵害を促進することをいうところ，幇助犯の処罰根拠は結果発生の促進だから，因果関係も促進的因果関係があれば足りる。
イ　本件では，甲は上記のように作為義務を有するのに何ら容易な措置すら取らず乙の行為を放置し立ち去っている。これにより，本来制止されるべき乙の行為は制止されずに維持され，X死亡の結果が促進されたといえる。
ウ　よって，「幇助」に当たる。
(3)　甲はXが死を「承諾」していると誤信しており同意殺人罪（刑法202条後段）の故意だから，故意が阻却されないか。いわゆる抽象的事実の錯誤が問題となるところ，同意殺人罪と殺人罪とは行為及び保護法益が共通し構成要件に重なり合いがあるから，刑法38条2項より，軽い罪の限度で客観的構成要件該当性が認められる。
(4)　よって，甲には同意殺人罪の幇助犯が成立する。
第2　乙の罪責
乙はXの首を絞めて窒息死させており，「承諾」の不存在も認識しているから故意もあり，殺人罪が成立する。

4

第３　罪数
　甲の各罪は併合罪（刑法45条前段）となる。

以上

5

6

〈論文総合３位　刑事訴訟法　評価Ｂ〉

第１　設問１
①の逮捕は刑事訴訟法(以下,「法」という)212 条２項・213 条の現行犯逮捕として適法か。逮捕令状（法 199 条１項・200 条）がなく問題となる。
１　まず，甲は「左の各号の一にあたる者」に当たるか。
⑴　各号の類型的事情は犯罪と犯人の明白さを担保するから，各号該当性は特定の犯罪の犯人性の担保になるかで判断する。ただし４号は別である。
⑵　本件では，ＰＱは制服を着用して警察官だと一目でわかる格好で，甲ともう１人の男に対し，Ｉ署の者だが話を聞きたいと声をかけたところ，甲らは突然逃げ出している。ＰＱらは甲らの名前を呼んでいないが，「誰何」は単に声をかけた場合も含むので，当然４号に該当する。
一方，２号の「贓物」とは盗品等をいう。甲はバッグを持っていたところ，Ｖの供述や監視カメラの映像から得られたＶ方から盗まれたバッグ（以下,「本件バッグ」という）の特徴と上記甲のバッグのそれとは一致している。また，甲は逃走の際にバッグを投棄しているが，仮にそのバッグが盗品等でないなら，逃げずに質問に応じるはずであり，突然逃げ出すのは極めて不自然である。さらに，犯行現場のＶ宅から約５km，２時間ほどの地点で犯人と特徴が一致し，かつ，被害品と特徴が一致する物を持つ男２人が存在するのは偶然の一致とはいいがたい。よって，甲のバッグは本件バッグと同一物といえ，２号の「贓物……を所持しているとき」に当たる。
⑶　以上より，甲は２号４号に当たり「左の各号の一にあたる者」である。
２　次に，甲は「罪を行い終つてから間がないと明らかに認められるとき」に

1

当たるか。
⑴　現行犯逮捕が令状主義の例外として許されるのは，逮捕の必要性・緊急性が大きい一方，誤認逮捕のおそれが少ないからである
そこで，①犯行と逮捕との時間的場所的近接性と，②犯罪と犯人の明白性が認められなければ,「罪を行い終つてから間がないと明らかに認められるとき」には当たらないと解する。
⑵　本件では，犯行から約２時間 20 分，犯行現場から５㎞の地点で甲を逮捕しており，本件バッグを持って徒歩で移動できる距離だから，時間的場所的近接性はある（①)。また，甲は上記の通り２号４号に該当するうえ，Ｖの供述や監視カメラからわかる犯人の特徴と一致し，本件バッグの特徴と一致するバッグを持っていたのであり，他に同じ時間場所の範囲に同様の男２人組がいる可能性は著しく低いといえる。また，甲ともう１人とは二手に分かれてＰＱをまこうとしており，逮捕を免れる意思が強い。
以上より逮捕時が夜中で人も少ないから甲の犯人性は明白といえる（②)。
⑶　よって，甲は「罪を行い終つてから間がないと明らかに認められるとき」に当たる。
３　以上より，①の逮捕は適法である。
第２　設問２
Ｓは甲の「弁護人になろうとする者」だから，甲と立会人なくして接見することができる（法 39 条１項)。②の措置は接見を翌日午前９時以降とするから「指定」(同条３項本文）にあたるところ，同項の要件を満たすか。

2

1　同条1項の趣旨は憲法 34 条前段を受けて弁護人から援助を受ける実質的機会を確保する点にあり，同条3項本文は，厳格な身柄拘束期間（法203条以下）にかんがみ，接見交通権と捜査の必要との時間的調整を図っている。そして，同項ただし書きは接見指定をやむを得ない例外的なものとする。
　そこで，同項の要件すなわち「捜査のため必要があるとき」とは，接見を認めると顕著な支障が生じる場合に限られ，ここにいう支障は時間的なものに限られると解する。また，初回接見は弁護人から援助を受ける機会の端緒として重要だから，指定は原則として要件を満たさないと解する。
2　本件では，甲に凶器のナイフを捨てた場所に案内させて同ナイフを発見・押収し，またその場で実況見分を行うため出発しようとした午後5時に，Sから午後5時半から30分の接見の申出があった。Rは，(ⅰ)接見後に出発するとあたりが暗くなりナイフが探しにくくなること，(ⅱ)同様に実況見分がしにくくなること，(ⅲ)いまだ共犯者が逃走中のためナイフを先に回収されるおそれがあることをおそれ，②の指定をしたと考えられる。
　これらのおそれが時間的なものか検討するに，(ⅰ)(ⅱ)は暗くなることによる支障にすぎず，時間的なものでないとも思える。しかし，もう1人の男がナイフを回収すれば，甲の立件のためその男と同ナイフとを確保する必要が生じ，捜査が著しく遅れることが容易に想像できる。そして，甲は同ナイフを捨てた場所を地図で説明できず直接案内するしかないから，甲が同行する必要がある。
　以上から，捜査に顕著な支障が生じるといえる。
3　よって，②の指定は適法である。

3

以上

4

〈論文総合３位　法律実務基礎科目 民事　評価Ａ〉

第１　設問１
１　小問(1)
賃貸借契約に基づく賃料支払請求権
２　小問(2)
被告は，原告に対し，55万円を支払え。
３　小問(3)
「(ア)　Ｘは，Ｙに対し，令和２年６月15日，賃料月額10万円との約定で，甲建物を賃貸した。」「(イ)　Ｘは，Ｙに対し，令和２年７月１日，(ア)に基づき，甲建物を引き渡した。」「(ウ)　令和２年７月から同年12月までの各末日は到来した。」
４　小問(4)
(1)　(ⅰ)について
裁判所はＹが５万円を弁済したとのＸの主張を抗弁として扱うべきか。これは抗弁事実として本来被告であるＹが証明責任を負うから，弁論主義第１テーゼとの関係で問題となる。
ア　弁論主義第１テーゼとは，裁判所は当事者が主張しない事実を裁判の基礎にしてはならないという原則をいう。ここにいう事実は，間接事実や補助事実が証拠と同価値だから，自由心証主義（民事訴訟法247条）を尊重するため，主要事実に限られる。また，弁論主義は，民事訴訟の訴訟物である私人間の権利関係が当事者の処分に委ねられるべきであることを根拠とするから，裁判所と当事者との役割分担を規律するものであり，当事者間の関係までは規律しない。よって，裁判所は当事者が主

1

張した事実はいずれの有利にも用いることができると解する（主張共通の原則）。
イ　本件では，ＹがＸに対し５万円を弁済したとの事実が主張されている。主要事実とは一定の法律効果の発生等を生じさせる法律要件に該当する具体的事実をいうところ，上記事実は賃料債権を消滅させる弁済だから（民法473条），主要事実に当たる。また，上記事実をＸが主張している。
ウ　また，上記事実はそれのみで直ちに効果を生じる事実抗弁である。
エ　よって，裁判所はＸの主張を抗弁として扱うべきである。
２　(ⅱ)について
債務者の弁済は債務の存在を前提とするから，「権利の承認」（民法152条１項）に当たり，時効更新の抗弁（民法166条１項・168条１項）に対する再抗弁となる。また，賃料を弁済することは使用貸借ではなく賃貸借契約の存在を前提とするため（民法593条・601条），その存在を推認させる間接事実としての意味を持つ。
第２　設問２
前者は仮差押命令（民事保全法20条１項）の申立て（同法13条１項）である。後者は債権者代位権（民法423条）の行使である。Ｘの下線部発言によれば，ＹはＡに対する売掛金債権回収・処分に関心がないが，ＡがＹに弁済するおそれはあるという。そこで，Ａに対し弁済を禁じる必要があるところ，前者は弁済禁止効があるが（民事保全法50条１項），後者には弁済を禁じる効果がない（民法423条の５後段）。よって，前者を採った。

2

第３　設問３
１　小問⑴
⑴　(ⅰ)について。「(あ)　Ｂは，Ｘに対し，令和３年１月８日，50万円を貸し付けた。」「(い)　Ｘは，Ｂとの間で，請求原因(ア)の賃料債権のうち令和２年７月分から12月分までの60万円を，上記(あ)の貸金債務の履行に代えて，譲渡する旨の合意をした。」
⑵　(ⅱ)について
上記抗弁は代物弁済による債権譲渡の抗弁であるところ，代物弁済は諾成契約だから（民法482条），民法467条１項の通知・承諾を要さずして債権譲渡の効果が直ちに生じ（民法 466 条１項），譲受人に債権が移転することで譲渡人はもはや債権者でなくなる。通知・承諾は対抗要件であり（民法 467 条１項），これは権利抗弁なので債務者から債権譲渡の効果を主張することはできる。よって，Ｘの請求を拒める。以上が理由である。
２　小問⑵
敷金返還請求権は目的物の明渡時に請求できる条件付債権であり（民法622 条の２第１項１号），また，賃料債権の担保としての性質を有するから債務者から充当を主張できない。本件ではＹがＸに差し入れた 30 万円は民法622条の２第１項柱書の「敷金」に当たり，Ｙの主張は失当である。
第４　設問４
１　ＸとＹは使用貸借契約を締結したのであり，賃貸借契約は締結していない。また，本件契約書の成立の真正は否認する。
⑴　文書の成立の真正について

たしかに，本件契約書にはＹの三文判によって顕出されたＹ名下の印影があり，三文判も通常みだりに押印せず厳しく管理するから，押印がＹの意思に基づくことが事実上推定され，よって，本件契約書の成立の真正が推定されるのが原則である（民事訴訟法228条４項）。
しかし，Ｙの三文判はＹ宅居間の引き出しの中に保管していたところ，Ｘは週２回Ｙ宅を訪れ，かつ，義父だから，三文判の場所を知っていてもおかしくはない。また，令和２年 12 月半ばにＹは子をＸに託して妻と外出したことがあり，Ｘが三文判を盗用する機会があった。Ｘが本件訴訟を提起したのはその１か月ほど後であり，Ｘが盗用したと考えると自然である。また，ＸはＹが三文判で契約書を作成していて礼儀知らずと思ったというが，そこまで契約書の作成を重視するなら署名もＹにさせるはずであり，矛盾している。
よって，Ｘが盗用した可能性が高く，押印がＹの意思に基づくとの推定は覆される。
⑵　５万円の弁済その他
令和２年７月 30 日にＹはＸに５万円を支払っているが，これは一家で外出した際にＸから借りたものを返したものである。そもそもＸの主張する賃料は10万円，弁済期は末日の７月 31 日だから，前日に半額だけ支払うのは不自然である。また，ＸはＹがＸの娘である妻と別居した後に提訴しており，Ｙに対する嫌がらせの可能性が高い。Ｘは別居の事実を否定するが，夫であるＹが世間体を気にせず認めるのだから，Ｙの方が信用性が高い。さらに，Ｘは知らないのにＹの店の経営につき断定的に供述してお

り，全体的に信用性が低い。
2　よって本件賃貸借契約は存在しない。

以上

5

6

〈論文総合３位　法律実務基礎科目 刑事　評価Ａ〉

第１　設問１小問⑴
１　弁護人は刑事訴訟法(以下，「法」という)207 条１項本文・60 条１項２号(「罪証を隠滅すると疑うに足りる相当な理由」)・３号（「逃亡し又は逃亡すると疑うに足りる相当な理由」)，勾留の必要性相当性（法 87 条１項）を争うためにⓐⓑを付した。以下，それぞれについて述べる。
２　ⓐについて
ⓐには，Ａの両親がＡを両親の「自宅で生活させ，……Ａを監督」する旨の誓約がなされているところ，これは，自宅でＡを監督下に置くことで罪証隠滅・逃亡の各おそれの低下を推認させ，２号・３号該当性を否定する方向に働く。また，ⓐのうち「事件関係者と一切接触させない」旨の宣言は，罪証隠滅のおそれを低くし，２号該当性を低下させる方向に働くものである。よって，弁護人はⓐを付した。
３　ⓑについて
法 87 条１項が「勾留の必要」がなくなった場合に取り消さなければならないとしているから，「勾留の必要」すなわち勾留の必要性・相当性も勾留の要件になる。ⓑでは，Ａの勤務先の上司が，Ａがいないと商談がつぶれて業務に支障が出るとの陳述を記している。上司の名刺があるからその名前・連絡先も明らかであり陳述の信用性も高く，これは勾留による不利益を推認させるものである。よって，勾留の相当性を否定する方向に働く。また，勤務先で重要な人材であれば逃亡するおそれは小さいとの評価につながるから，３号該当性を否定する方向に働く。よってⓑを付した。
第２　設問１小問⑵

1

１　２号該当性
⑴　２号該当性は，罪証隠滅の①対象，②態様，③客観的可能性，④主観的可能性を考慮して判断する
⑵　本件では，Ｗという人証が犯行の一部始終を目撃した直接証拠だから対象として考えられ（①），威迫による供述の妨害が主な態様として考えられる（②)。ⓐにはＡの両親がＡを自宅で監督するとあるが，高齢の両親にそれができるか疑問であり，また，結局Ａが働いている間は監視できないから，重視できない。Ｗは帰宅途中にＫ駐車場を通っているから，今後も通ると考えられ，ＡはＷと目が合っているから，Ｗに接触することが十分可能である。また，Ａは 35 歳で体重 80 kgの男であり，Ｗは 25 歳の女だから，威迫による供述妨害の実効性は大きい。よって，客観的可能性は大きい（③)。さらに，Ａは犯行を否認しているところ，Ａには前科があり，かつ，放火は重大犯罪だから，実刑の可能性が高く，主観的可能性も高い（④)。
⑶　以上より，Ｗの証拠価値の大きさ，③④の大きさからして，２号に該当する。
２　３号該当性
⑴　３号該当性は，①生活の不安定さ，②罪を免れるために所在不明となるおそれを考慮して判断する。
⑵　本件では，Ａは一人暮らしの独身であり，貯金もない。ⓐにはＡの両親の自宅で生活させるとあるが，結局Ａが働かざるを得ないことから，生活は不安定といえる（①)。また，ⓑで，上司はＡが業務に不可欠というが，

2

Aは1か月前に入社したばかりであり，信用性がない。上述のとおりAは実刑を受けるおそれが強く，②は大きいといえる。

(3) 以上より，3号に当たる。

第3 設問2

1 供述の信用性は①客観的事実との符合性，②矛盾等の有無から判断する。

(1) ①について。

本件では，被害車両の座席シートの損傷が激しく(証拠④)，また，同シートからはガソリン成分が検出されているところ（証拠⑥)，これは，Wの供述のうち犯人が同シートに液体をかけて放火したという部分に合致する（証拠②)。また，Wは駐車場付近の街灯と駐車場内の照明に言及するが，これらは実際に存在する（証拠④)。さらに，Wは自己が指示した位置から実際に犯人と同じ 170 cmの男を識別することができている（同前)。また，Wは犯人が白い字で「L」と書かれた黒いパーカーとスラックスを着ており，自分と目が合うと駐車場の西から出て南の方に逃げていったというが，駐車場から南に 100mの位置にある防犯カメラに北側から同じ服装の男が走ってくる場面が録画されており（証拠⑦)，この点も一致する。さらに，Wは識別供述で犯人がAであることを眉毛の太さや垂れ目という具体的特徴から指示し（証拠⑨)，実際にA宅からは上記に似た服装が発見されている（証拠⑩)。

以上より，Wの供述は多数の客観的事実と符合しており，信用性がある。

(2) ②について。

3

Wが，男が駐車場の被害車両の前で立っていたから気になったという点や，犯人がWに顔を見られているのにWを放置して逃走したという点など，少し不自然な点はあるが，当時は真夜中であり，また，犯行を見られた者は通常慌てることから，それぞれ説明できるものである。

よって，矛盾等もない。

2 以上より，Wの供述は信用できる。

第4 設問3

Wの申出は法 157 条の6第1項のビデオリンク方式による証人尋問だが，理由は単に人前で話すのが苦手なだけという性格的な問題にすぎないから，「圧迫を受け精神の平穏を著しく害されるおそれ」（同項3号）までは認められない。また，Wは被害者でもないから1号2号にも当たらない。

一方，AによるWの威迫は設問1で検討したように可能性が高く，Wも恐怖を感じているから，Aとの関係では上記おそれが認められ，法 157 条の5第1項の要件を満たすから，遮へい措置をとるべきである。

第5 設問5

刑訴規則 199 条の 11 第1項の趣旨は書面の提示により証人に不当な影響を与えないように裁判長の許可を求めた点にあるから，裁判長はWが現場指示の記載に迎合して供述するおそれがないか確認するため，検察官に釈明（規則 208 条1項）を求めた。

以上

4

〈論文総合３位　一般教養科目　評価Ｄ〉

第１　設問１

筆者は，文学とはそれが面白いから読むものだから「遊び」の一種であるが，世の中には面白くないのに文学に深くかかわろうとする人々がいることから，文学とは幸福であるという。

すなわち，民主主義の時代になり支配階級の特権たる「教養」であった文学が公衆もアクセスできるものとなると，文学とは誰もが読むべきものとされた。しかし，むしろ文学はそれを面白いと思う人のみが読み進められるものであることが分かり，また，面白さは強要できないことから，文学は「遊び」の一種であると判明した。よって，文学が面白いと思う人は何も考えずに文学を読んでしまうことになる。もっとも，世の中には文学が面白くないのに文学に深くかかわろうとする人々が多い。文学が単なる「遊び」であれば無視できるから，このような人々は存在しないはずである。このことから，文学とは誰もが無視できる単なる「遊び」ではなく，すべての人が求める幸福であることが分かる。そして，文学を面白く読める人は少数しかいない。だからこそ，文学はそれを面白く読める少数の幸福な精神との結びつきなのである。

第２　設問２

私は筆者の主張に反対である。なぜなら，筆者の主張の前提となる論理には抜けがあると思われるからである。

すなわち，筆者は，文学は面白くないと読み進められないから「遊び」の一種といえるが，文学が面白くない人々も文学に深くかかわろうとするから，文学は単なる「遊び」ではなく幸福であるという論理である。以下，スターを真似して流行するファッションを例に検討する。

1

例えば，あるファッションが流行すると，一定のファッションは時代遅れとされ，ファッションに関心がなくとも流行しているファッションに従わざるを得ないことがあり得る。これはファッションが幸福だからというよりは同調圧力である。また，ファッションに全く興味はないが，ファッションモデルとしてスカウトされたがためにモデルとして働きはじめ，高収入が得られるためファッションにかかわり続けることもありうる。このような者たちが，ファッションが幸福のあらゆる外観だからそれにしがみついているとは言えないだろう。

以上のように，資本主義社会では金銭で価値が表されるため，一定の需要のあるものは金稼ぎの手段として人々が群がることもありうるのである。

よって，面白くないのに文学に群がる人々が多いからと言って，直ちに文学が幸福であるとはいえない。

以上

2

科目別
ぶんせき

《憲　法》

A県B市の中心部には，江戸時代に宿場町として栄え現在もその趣を濃厚に残しているC地区があり，B市の住民DらはC地区の歴史的な環境を維持し向上させるための運動を続けてきた。その結果，C地区の看板等の7割程度が街並み全体に違和感なく溶け込んだ江戸時代風のものとなっているが，Dらはそれでもまだ不十分だと考えている。他方，C地区の整備が進み多くの観光客が訪れるようになると，観光客を目当てにして，C地区の歴史・伝統とは無関係の各種のビラが路上で頻繁に配布されるようになり，Dらは，C地区の歴史的な環境が損なわれることを心配するようになった。そこで，DらはC地区の歴史的な環境を維持し向上させるための条例の制定をB市に要望した。この要望を受けて，B市は「B市歴史的環境保護条例」案をまとめた。

条例案では，市長は，学識経験者からなるB市歴史的環境保護審議会の意見を聴いた上で，歴史的な環境を維持し向上させていくために特に規制が必要な地区を「特別規制区域」に指定することができる（C地区を特別規制区域に指定することが想定されている。）。そして，特別規制区域については，当該地区の歴史的な環境を維持し向上させていくという目的で，建造物の建築又は改築，営業活動及び表現活動などが制限されることになる。このうち表現活動に関わるものとしては，広告物掲示の原則禁止と路上での印刷物配布の原則禁止とがある。

まず第一に，特別規制区域に指定された日以降に，特別規制区域内で広告物（看板，立看板，ポスター等。表札など居住者の氏名を示すもので，規則で定める基準に適合するものを除く。）を新たに掲示することは禁止される（違反者は罰金刑に処せられる。）。しかし，市長が「特別規制区域の歴史的な環境を向上させるものと認められる」として許可を与える場合には，広告物を掲示することができる。

条例案の取りまとめに携わったB市の担当者Eによれば，この広告物規制の趣旨は，江戸時代に宿場町として栄えたC地区の歴史的な環境を維持し向上させていくためには，屋外広告物は原則として認めるべきではない，ということにある。また，Eは，「特別規制区域の歴史的な環境を向上させるものと認められる」かどうかは，当該広告物が伝えようとしているテーマ，当該広告物の形状や色などを踏まえて総合的に判断されるが，単に歴史的な環境を維持するにとどまる広告物は「向上させるもの」と認められない，と説明している。

第二に，特別規制区域内の路上での印刷物（ビラ，チラシ等）の配布は禁止される（違反者は罰金刑に処せられる。）。しかし，特別規制区域内の店舗の関係者が自己の営業を宣伝する印刷物を路上で配布することは禁止されない。これは，担当者Eの説明によれば，そのような印刷物はC地区の歴史・伝統に何らかの関わりのあるものであって，C地区の歴史的な環境を損なうとは言えないからである。

「B市歴史的環境保護条例」案のうち，表現活動を規制する部分の憲法適合性について論じなさい。なお，同条例案と屋外広告物法・屋外広告物条例，道路交通法などの他の法令との関係については論じなくてよい。

〈問題文の解析〉

※文中のグレー網掛けは辰已法律研究所

A県B市の中心部には，江戸時代に宿場町として栄え現在もその趣を濃厚に残しているC地区があり，B市の住民DらはC地区の歴史的な環境を維持し向上させるための運動を続けてきた。その結果，C地区の看板等の７割程度が街並み全体に違和感なく溶け込んだ江戸時代風のものとなっているが，Dらはそれでもまだ不十分だと考えている。他方，C地区の整備が進み多くの観光客が訪れるようになると，観光客を目当てにして，C地区の歴史・伝統とは無関係の各種のビラが路上で頻繁に配布されるようになり，Dらは，C地区の歴史的な環境が損なわれることを心配するようになった①。そこで，DらはC地区の歴史的な環境を維持し向上させるための条例の制定をB市に要望した。この要望を受けて，B市は「B市歴史的環境保護条例」案をまとめた。

①条例案制定の前提となる立法事実である。

条例案では，市長は，学識経験者からなるB市歴史的環境保護審議会の意見を聴いた上で，歴史的な環境を維持し向上させていくために特に規制が必要な地区を「特別規制区域」に指定することができる（C地区を特別規制区域に指定することが想定されている。）。そして，特別規制区域については，当該地区の歴史的な環境を維持し向上させていくという目的で②，建造物の建築又は改築，営業活動及び表現活動などが制限されることになる。このうち表現活動に関わるものとしては，広告物掲示の原則禁止と路上での印刷物配布の原則禁止とがある③。

②立法目的が明示されている。

③広告物掲示の原則禁止と路上での印刷物配布の原則禁止という２つの問題点について検討することが求められている。

まず第一に，特別規制区域に指定された日以降に，特別規制区域内で広告物（看板，立看板，ポスター等。表札など居住者の氏名を示すもので，規則で定める基準に適合するものを除く。）を新たに掲示することは禁止される（違反者は罰金刑に処せられる。）④。しかし，市長が「特別規制区域の歴史的な環境を向上させるものと認められる」として許可を与える場合には，広告物を掲示することができる。

④特別規制区域内で広告物を掲示する自由が制約されている。

条例案の取りまとめに携わったB市の担当者Eによれば，この広告物規制の趣旨は，江戸時代に宿場町として栄えたC地区の歴史的な環境を維持し向上させていくためには，屋外広告物は原則として認めるべきではない，ということにある。また，Eは，「特別規制区域の歴史的な環境を向上させるものと認められる」かどうかは，当該広告物が伝えようとしているテーマ，当該広告物の形状や色などを踏まえて総合的に判断されるが，単に歴史的な環境を維持するにとどまる広告物は「向上させるもの」と認められない，と説明している。

第二に，特別規制区域内の路上での印刷物（ビラ，チラシ等）の配布は禁止される（違反者は罰金刑に処せられる。）[⑤]。しかし，特別規制区域内の店舗の関係者が自己の営業を宣伝する印刷物を路上で配布することは禁止されない。これは，担当者Eの説明によれば，そのような印刷物はC地区の歴史・伝統に何らかの関わりのあるものであって，C地区の歴史的な環境を損なうとは言えないからである。

「B市歴史的環境保護条例」案のうち，表現活動を規制する部分の憲法適合性について論じなさい[⑥]。なお，同条例案と屋外広告物法・屋外広告物条例，道路交通法などの他の法令との関係については論じなくてよい。

⑤特別規制区域内の路上で印刷物を配布する自由が制約されている。

⑥問題文では，建造物の建築又は改築及び営業活動についての制限も生じることが言及されているが，これらの点については答案で検討することは求められていない。

〈出題趣旨の解析〉

本問は，地域の歴史的な環境を維持し向上させていくためになされる表現活動の規制について，憲法第２１条等との関連で検討することを求めるものである。本問の条例案は，歴史的な環境を維持し向上させていくために特に規制が必要な地区である「特別規制区域」について広告物掲示と印刷物配布の規制をするとしている。

街の美観風致の維持のための屋外広告物法・条例について，大阪市屋外広告物条例事件判決（最大判昭和４３年１２月１８日）は「公共の福祉」論により簡単に合憲であるとしたが，「特別規制区域」における広告物規制は原則的に広告物掲示を禁止するものであるから，屋外広告物法・条例よりも強力な規制である。表現の自由が民主主義国家の基盤をなし，国民の基本的人権のうちでもとりわけ重要なものであるということも踏まえれば，より緻密な合憲性の判断が必要であろう。

まず，表現内容規制・内容中立的規制二分論を採る場合，この広告物掲示の原則禁止が表現内容規制か表現内容中立的規制かを検討する必要がある。その際，例外的に掲示が許される「特別規制区域の歴史的な環境を向上させるものと認められる」場合に当たるかどうかは，市長によって当該広告物が伝えようとしているテーマ等を踏まえて総合的に判断されるということをどう評価するかが問題となろう。また，市長が広告物のテーマ等を審査した上で広告物の掲示の許可について判断することが，表現活動に対する事前抑制ではないかも論点となる。その上で，「歴史的な環境を維持し向上させていく」という目的の実現にとって，広告物掲示の原則禁止まで必要なのかが問われる。特別規制区域の歴史的な環境を維持するにとどまらず，「向上させるもの」でなければ広告物掲示が認められない点について着目した検討が望まれる。

さらに，「特別規制区域の歴史的な環境を向上させるものと認められる」という許可基準が，表現の自由を規制する法令の定めとして，あるいは，刑罰法規の構成要件の一部を定めるものとして，不明確に過ぎないかも検討しなければならない。この点は，徳島市公安条例事件判決（最大判昭和５０年９月１０日）の基準を参考にすべきであろう。また，合憲限定解釈を試みるのであれば，表現の自由を規制する法律の合憲限定解釈についての税関検査事件判決（最大判昭和５９年１２月１２日）の判示が参考になろう。

印刷物配布の規制についても，まず合憲性判断の枠組み又は基準を設定する必要があるが，その際，道路が本来的に表現活動に開かれている場所であることが踏まえられなければならない。さらに，表現内容規制か表現内容中立的規制かについては広告物規制の場合とはまた別の考察が必要である。その際，特別規制区域内の店舗の関係者が自己の営業を宣伝する印刷物を配布する場合以外は全て路上での印刷物配布が禁止されていることをどう評価するかが問題となる。印刷物配布の原則禁止の合憲性を判断する枠組み又は基準を設定した上で，この規制が「歴史的な環境を維持し向上させていく」という目的の実現のためにどれほど必要かが問われることになる。その際，果たして店舗の関係者が通行人に対して自己の営業を宣伝するために配布する印刷物が地域の歴史的な環境を損なわないと言えるのか，店舗の関係者以外の者が配布する印刷物であっても店舗の関係者による印刷物以上に地域の歴史的な環境の維持，向上に資するものもあるのではないかといった点を考慮することになろう。

【分　析】

本問は，地域の歴史的な環境を維持し向上させていくためになされる表現活動の規制について，憲法第２１条等との関連で検討することを求めるものである。本問の条例案は，歴史的な環境を維持し向上させていくために特に規制が必要な地区である「特別規制区域」について広告物掲示と印刷物配布の規制をするとしている。

→　問題となる人権が表現活動の自由であり，21 条が問題となることが示されている。広告物掲示に対する規制と印刷物配布に対する規制の２点について，憲法適合性を検討することが求められている。

街の美観風致の維持のための屋外広告物法・条例について，大阪市屋外広告物条例事件判決（最大判昭和４３年１２月１８日）は「公共の福祉」論により簡単に合憲であるとしたが，「特別規制区域」における広告物規制は原則的に広告物掲示を禁止するものであるから，屋外広告物法・条例よりも強力な規制である。表現の自由が民主主義国家の基盤をなし，国民の基本的人権のうちでもとりわけ重要なものであるということも踏まえれば，より緻密な合憲性の判断が必要であろう。

まず，表現内容規制・内容中立的規制二分論を採る場合，この広告物掲示の原則禁止が表現内容規制か表現内容中立的規制かを検討する必要がある。その際，例外的に掲示が許される「特別規制区域の歴史的な環境を向上させるものと認められる」場合に当たるかどうかは，市長によって当該広告物が伝えようとしているテーマ等を踏まえて総合的に判断されるということをどう評価するかが問題となろう。また，市長が広告物のテーマ等を審査した上で広告物の掲示の許可について判断することが，表現活動に対する事前抑制ではないかも論点となる。その上で，「歴史的な環境を維持し向上させていく」という目的の実現にとって，広告物掲示の原則禁止まで必要なのかが問われる。特別規制区域の歴史的な環境を維持するにとどまらず，「向上させるもの」でなければ広告物掲示が認められない点について着目した検討が望まれる。

さらに，「特別規制区域の歴史的な環境を向上させるものと認められる」という許可基準が，表現の自由を規制する法令の定めとして，あるいは，刑罰法規の構成要件の一部を定めるものとして，不明確に過ぎないかも検討しなければならない。この点は，徳島市公安条例事件判決（最大判昭和５０年９月１０日）の基準を参考にすべきであろう。また，合憲限定解釈を試みるのであれば，表現の自由を規制する法律の合憲限定解釈についての税関検査事件判決（最大判昭和５９年１２月１２日）の判示が参考になろう。

→　表現の自由の保障の根拠について述べた上で，保護範囲について検討する。広告物を掲示する自由が 21 条の保護範囲にあるのか，大阪市屋外広告物条例事件（最大判昭 43.12.18，百選Ⅰ55 事件）について言及されていることから，当該判例を踏まえた検討をすることが求められている。

また，明確性の原則の観点からの検討も求められる。不明確な法令は，表現活動への萎縮的効果が大きく，表現の自由の保障の意義を害するので無効である。

印刷物配布の規制についても，まず合憲性判断の枠組み又は基準を設定する必要があるが，その際，道路が本来的に表現活動に開かれている場所であることが踏まえられなければならない。さらに，表現内容規制か表現内容中立的規制かについては広告物規制の場合とはまた別の考察が必要である。その際，特別規制区域内の店舗の関係者が自己の営業を宣伝する印刷物を配布する場合以外は全て路上での印刷物配布が禁止されていることをどう評価するかが問題となる。印刷物配布の原則禁止の合憲性を判断する枠組み又は基準を設定した上で，この規制が「歴史的な環境を維持し向上させていく」という目的の実現のためにどれほど必要かが問われることになる。その際，果たして店舗の関係者が通行人に対して自己の営業を宣伝するために配布する印刷物が地域の歴史的な環境を損なわないと言えるのか，店舗の関係者以外の者が配布する印刷物であっても店舗の関係者による印刷物以上に地域の歴史的な環境の維持，向上に資するものもあるのではないかといった点を考慮することになろう。

→　「道路が本来的に表現活動に開かれている場所」との記載があり，パブリックフォーラム論を踏まえた検討が想定される。駅構内ビラ配布事件（最判昭 59.12.18，百選Ⅰ57 事件）の伊藤正己補足意見を踏まえて論じる。また，当該補足意見では，パブリックフォーラムにおけるビラ配布が「表現の自由の行使のための手段の一つとして決して軽視することのできない意味」をもつとしている。

〈論点〉

1　表現の自由

2　内容規制と内容中立規制

〈概観〉

1　はじめに

本年度の予備試験の憲法の問題は，都市の美観風致の維持のために広告物掲示や路上での印刷物配布を原則禁止する条例案の憲法適合性について検討させる問題と考えられる。

2　形式面について

昨年度と同様に，対立する見解に触れることは求められていない。また，昨年度の法令の憲法適合性のみを論じさせる出題形式と同様に，本年度も，条例案の憲法適合性のみを論じさせる出題形式となっている。もっとも，昨年度とは異なり，なお書きで条例案と他の法令との関係については論じなくてよいと明記されている。

3　内容面について

立法による取材活動の制限による憲法適合性を論じることが求められた昨年と同様に，「B市歴史的環境保護条例」案の表現活動を規制する部分の憲法適合性を論じることが求められており，法令違憲を検討する必要がある。

⑴　広告物掲示の原則禁止について

まず，保護範囲の問題として，特別規制区域内で広告物を掲示する自由は，広告物の掲示も思想・情報を広告物によって外部的に表明する行為であることから，表現行為の一態様として憲法 21 条1項の下で保障されることを，最大判昭43.12.18（百選Ⅰ55 事件，大阪市屋外広告物条例事件）を踏まえて論じていく必要がある。

次に，特別規制区域に指定された日以降に広告物を新たに掲示することを罰金をもって規制していることから，当該自由を制約していることを論じた後に，違憲審査基準を定立する。その際には，広告物の中には，政治的な意見や情報を伝える看板，ポスター等を含み，自己統治の価値との結びつきが強く，民主主義の政治的基盤をなす表現の自由の中核をなすものであること，広告物を公衆の目に触れやすい場所，物件等に掲示することは，低廉な費用で，永続的に広範囲の人に，極めて容易に意見や情報を他人に伝達する効果を有すること（最判昭 62.3.

3，百選Ⅰ56事件，大分県屋外広告物条例事件　伊藤正己裁判官補足意見）などを踏まえて論じられるとよいだろう。また，条例案の規制が内容規制か内容中立規制かを綿密に検討し，特別規制区域内という場所での広告物の掲示を時，場所，態様に着目した内容中立規制であるとした場合には，全面的規制であり内容規制に匹敵する規制程度であることなどを検討することが求められていると考えられる。

そして，個別具体的検討においては，C地区の歴史的な環境を維持向上させるために屋外広告物を原則禁止することについて評価をして当てはめることが求められていると考えられる。

(2)　印刷物配布の原則禁止について

印刷物の配布が憲法21条1項により保障されていることを最判昭59.12.18（百選Ⅰ57事件，吉祥寺駅構内ビラ配布事件）などを踏まえて論じることが望ましい。

次に，印刷物の配布が禁止されており制約があることを論じた後に，ビラ配布が他人に伝える最も簡便で有効な手段の1つであること（上記最判昭59.12.18伊藤正己裁判官補足意見），全面規制であり店舗の関係者が自己の営業を宣伝する印刷物以外の印刷物について禁止されていることなどを検討する必要があると考えられる。

そして，個別具体的検討においては，店舗の関係者が自己の営業を宣伝する印刷物が禁止されないのは，C地区の歴史・伝統に何らかの関わり合いのあるものであり，C地区の歴史的な環境を損なうとはいえないという担当者Eの説明を踏まえて具体的に検討する必要がある。

〈参考答案例〉

第１　広告物掲示の原則禁止の憲法適合性

「Ｂ市歴史的環境保護条例」案のうち，特別規制区域に指定された日以降に，特別規制区域内で広告物を新たに掲示することを禁止する部分（以下「規制１」という。）は，同区域内で広告物を掲示する自由（以下「本件自由１」という。憲法（以下略）21条１項）を侵害し，違憲である。以下，その理由を述べる。

１　21条１項が保障する「表現」の自由とは，思想・情報を外部に発表し，他者に伝達する自由である。

本件自由１も，思想・情報を広告物によって外部的に表明し，特別規制区域内の人に伝達する行為であるから，「表現」の自由の一態様として，21条１項の下，保障される。

２　規制１は，特別規制区域内において，特別規制区域に指定された日以降に，広告物を新たに掲示することを，罰金をもって規制しているから，本件自由１を制約している。

３(1)　表現の自由も，「公共の福祉」（13条後段）のため，必要かつ合理的な制限に服するため，規制１は，「公共の福祉」の範囲内の制約として，合憲となるか。

(2)ア　広告物は，思想・情報を掲示することにより，個人が自己の人格を発展させるものといえる。また，規制１の対象となる広告物には，政治的な意見や情報を伝える看板，ポスター等も含まれる。政治的表現は，国民が言論活動により政治的意思決定に関与するという自己統治の価値との結びつきが強く，民主主義の政治的基盤をなす表現の自由の中核をなすもので

1

ある。そして，かかる広告物を公衆の目に触れやすい場所，物件等に掲示することは，低廉な費用で，永続的に広範囲の他人に，極めて容易に意見や情報を伝達する効果を有することから重要な権利といえる。

イ　規制１は，市長が「特別規制区域の歴史的な環境を向上させるものと認められる」として許可を与える場合には，広告物の掲示を認める規制であるので，当該区域内の歴史的な環境の向上の有無という，広告物の表現内容に着目した規制の側面もある。しかし，規制１は，「特別規制区域の歴史的な環境を向上させるものと認められる」か否かは，当該広告物のテーマのみならず，当該広告物の形状や色などを踏まえて総合的に判断するものとされていることから，表現内容規制とは認められない。規制１は，特別規制区域に指定された日以降の，特別規制区域内という場所での，広告物の掲示行為を規制するものであり，表現の時，場所，態様に着目した規制といえることから，内容中立規制といえる。

ウ　したがって，立法目的が重要であり，立法目的を達成するため規制の程度のより少ない手段が存するかどうかを具体的・実質的に審査し，それがあり得ると解される場合には当該規制立法を違憲とする（ＬＲＡの基準）によるべきである。

４(1)　規制１の目的は，Ｃ地区の歴史的な環境を維持し向上させる点にある。Ｃ地区では，観光客を目当てに，Ｃ地区の歴史・伝統とは無関係のビラが路上で頻繁に配布されるようになっており，歴史的環境が損なわれていることが危惧されているから，規制１の目的は，重要であると認められる。

(2)　Ｃ地区の看板等の３割程度が街並み全体にそぐわないものであるという

2

弊害は，特別規制区域内での広告物の掲示を原則的に全面禁止することによって達成することができるので，規制１の目的と手段には関連性が認められる。

しかし，規制１は，例外的な許可要件として，「特別規制区域の歴史的な環境を向上させるものと認められる」かどうかにつき，単に歴史的な環境を維持するにとどまる広告物は「向上させるもの」と認められないと規定している。⑴の目的を達成するためには，広告物が歴史的な環境を維持するものであれば足りるので，この許可要件は，過度な手段といえる。

⑶　したがって，規制１の手段は，規制１の目的を達成するための規制の程度のより少ない手段が存在する。

５　よって，規制１は，違憲である。

第２　路上での印刷物の配布の原則禁止の憲法適合性

「Ｂ市歴史的環境保護条例」案のうち，特別規制区域内の路上での印刷物の配布を禁止する部分（以下「規制２」という。）は，同区域内の路上で印刷物を配布する自由（以下「本件自由２」という。21条１項）を侵害し，違憲である。以下，その理由を述べる。

１　上記広告物の掲示同様，路上での印刷物の配布は，思想・情報を外部的に表現する行為であるから，本件自由２も，21条１項の下，保障される。

２　規制２は，特別規制区域内の路上において印刷物を配布することを，罰金をもって規制しているから，本件自由２を制約している。

３⑴　規制２は，「公共の福祉」の範囲内の制約と認められるか。

⑵ア　路上での印刷物の配布によって，自己の主張や意見を他人に伝達する

3

ことは，自己実現の価値及び自己統治の価値を有する。そして，印刷物の配布は，社会における少数者のもつ意見を他人に伝える最も簡便で有効な手段の一つとして意義を有する。

イ　規制２は，特別規制区域内の路上での印刷物の配布を全面的に禁止している。規制２は，当該区域内の店舗関係者による，自己の営業宣伝に関わる印刷物の配布を除外しているものの，上記のとおり民主主義の過程において重要な意義をもつ政治的表現にかかる印刷物については，かかる例外的な規制が存在しない。もっとも，印刷物の配布ができないだけであり，権力者に都合の悪い表現内容を規制したものではないことから，表現の時，場所，態様に着目した内容中立規制といえる。

⑶　したがって，規制１と同様にＬＲＡの基準によるべきである。

４⑴　規制２の目的は，規制１と同様に，特別規制区域の歴史的な環境の保全にあるといえ，重要なものと認められる。

⑵　規制２は，特別規制区域内の店舗関係者が自己の営業を宣伝する印刷物を路上で配布することを禁止していない。しかし，このような印刷物が，Ｃ地区の歴史・伝統に何らかの関わりがあるとは認められない。

また，特別規制区域内の店舗の関係者が自己の営業を宣伝する印刷物を配布することが，Ｃ地区の歴史・伝統に何らかの関わり合いを有するとしても，Ｃ地区の歴史的環境を損なわないとは認められない。

さらに，Ｃ地区の歴史・伝統に関わりのない印刷物であっても，印刷物の外観等によりＣ地区の歴史的環境を維持させることも可能であるにもかかわらず，規制２は，そのような配慮を何らしていない。

4

　したがって，規制２の手段は，規制２の目的を達成するための規制の程度のより少ない手段が存在する。

5　よって，規制２は，違憲である。

以上

5

6

〈A答案に求められるもの－A３通・C１通の解答言及表〉

A答案３通・C答案１通について，何を書いたか，分析してみました。

広告物掲示規制

保護範囲

①根拠条文
②保護範囲・判例 ・大阪市屋外広告物条例事件（最大決昭 43.12.18，百選Ⅰ55 事件）への言及

制約

「特別規制区域」における広告物規制は原則的に広告物掲示を禁止する

正当化

形式的正当化

規制の明確性 ・徳島市公安条例事件（最大判昭 50．9.10，百選Ⅰ83 事件）への言及 合憲限定解釈 ・税関検査事件（最大判昭 59.12.12，百選Ⅰ69 事件）への言及

実質的正当化

違憲審査基準（判断枠組み）

①権利の重要性
②制約の態様
③判断枠組みの設定

○：言及している，△：言及しているが不十分

A答案①	A答案②	A答案③	C答案	コメント
○	○	○	○	全ての答案で21条1項に言及できていた。
○	○	○	△	保護範囲についてはほぼ言及できていた。しかし，大阪市屋外広告物条例事件を意識した論述ができていた答案はなかった。
○	○	○	○	いずれの答案も，問題文の事情を引用して具体的な制約について論述できていた。
○		○		A答案①は，徳島市公安条例事件を踏まえた丁寧な検討ができていた。A答案③も概ねよく書けていた。A答案②，C答案は言及できていなかった。
○	○	△	△	A答案①～③，C答案のいずれも，表現の自由の重要性，制約の態様（内容規制，内容中立規制等），判断枠組みの設定の形式を守った答案になっていた。もっとも，評価の高い答案ほど本問の事実を適切に摘示した具体的な論述になっており，評価が低くなればなるほどは抽象的な論述となる傾向が見られた。
○	○	△	△	
○	○	△	△	

当てはめ

①目的 ・特別規制区域について，当該地区の歴史的な環境を維持し向上させていく
②手段 ・表現内容規制か表現内容中立的規制かを検討 ・例外的に掲示が許される「特別規制区域の歴史的な環境を向上させるものと認められる」場合への該当性を，当該広告物が伝えようとしているテーマ等を踏まえて市長により総合的に判断されることへの評価 ・市長が広告物のテーマ等を審査した上で広告物の掲示の許可について判断することが，表現活動に対する事前抑制となるのではないかについて検討 ・罰金刑

印刷物配布規制

保護範囲

①根拠条文
②保護範囲・判例

制約

特別規制区域内の路上での印刷物（ビラ，チラシ等）の配布の禁止

○：言及している，△：言及しているが不十分

A答案①	A答案②	A答案③	C答案	コメント
○	○	○	○	A答案①は，目的の重要性についても，問題文の事情を適切に引用して評価することができていた。それ以外の答案は，なぜ重要なのかという理由付けが薄く，抽象的な論述に終始していた。
○	○	○	○	A答案①は，適合性，必要性を分けて論じており，分析的な論述ができていた。他の答案も，歴史的環境の向上と歴史的環境の維持を区別して，目的達成のためには歴史的環境が維持できれば十分である旨が論述できていた。
○	○	○	○	全ての答案で21条1項に言及できていた。
○	○	○	△	保護範囲についてはほぼ言及できていた。もっとも，道路がパブリック・フォーラムであることについて言及できていたのはA答案①，③のみであった。
○	○	○	○	いずれの答案も，問題文の事情を引用して具体的な制約について論述できていたが，A答案①は，制約とはいえないとの立場にも目配りできており，高く評価されたものと思われる。

正当化

実質的正当化

違憲審査基準（判断枠組み）

①権利の重要性
②制約の態様
③判断枠組みの設定

当てはめ

①目的 ・特別規制区域について，当該地区の歴史的な環境を維持し向上させていく
②手段 ・表現内容規制か表現内容中立的規制か（広告物規制とは別の考察が必要） ・特別規制区域内の店舗の関係者が自己の営業を宣伝する印刷物を配布する場合以外は全て路上での印刷物配布が禁止されていることの評価 ・規制が「歴史的な環境を維持し向上させていく」という目的の実現のためにどれほど必要かの検討 ・店舗の関係者が通行人に対して自己の営業を宣伝するために配布する印刷物が地域の歴史的な環境を損なわないと言えるのかの検討 ・店舗の関係者以外の者が配布する印刷物であっても店舗の関係者による印刷物以上に地域の歴史的な環境の維持，向上に資するものもあるのではないかの検討 ・罰金刑

○：言及している，△：言及しているが不十分

A答案①	A答案②	A答案③	C答案	コメント
○	○	○	△	A答案①～③，C答案のいずれも，表現の自由の重要性，制約の態様（内容規制，内容中立規制等），判断枠組みの設定の形式を守った答案となっていたのは，広告物掲示の禁止の場合と同様であった。しかし，広告物掲示と印刷物配布は，表現行為としての態様が類似しているため，差を出すのに苦労していることがうかがえた。
○	○	○	△	
○	○	○	△	
○	○	○	△	簡潔に問題文に出てくる目的を記述している答案が多かったが，C答案は，重要であることの理由付けが全くなかった。
△	△	△	△	印刷物配布の行為態様が，広告物掲示と類似していることもあってか，いずれの答案も若干抽象的な論述になっていた。特に，C答案は，理由付けなしに結論を導いており，それがあまり評価されなかった原因と思われる。もっとも，それでもC評価は得られており，致命傷には至っていないから，理由付けが思い浮かばなければ結論だけでも書いて形式を整えることが重要である。

〈再現答案①　評価A〉

第１　広告物掲示の原則禁止について
１　本条例案のうち新たな広告物の掲示を禁止する部分はＣ地区において広告物を掲示したい者のＣ地区での広告物掲示の自由を侵害し違憲ではないか。
⑴　上記自由は，表現の自由の一内容として 21 条１項で保障される。
⑵　本件規制部分は特別規制区域内での広告物掲示及び路上での印刷物配布を原則禁止するものである。そして，許可を得ずに広告物を掲示した場合罰金が科せられることになるから制約が認められる①。
⑶　もっとも，上記自由も無制約のものではなく，公共の福祉（12条後段，13条）との関係で制約を受けうる。
ア　まず形式的に正当化されるか。
本件案は，市長が「特別規制区域の歴史的な環境を向上させるものと認められる」として許可を与える場合に，例外的に広告物を掲示することが許されるとするが，かかる規定は明確性の原則に反しないか。
(ｱ)　表現の自由を規制する立法・条例は，萎縮効果を与えないようにするために，その規定が明確でなければならない。そして，規定が明確であるか否かは，通常の判断能力を有する一般人の理解において，具体的場合に当該行為がその適用を受けるものかどうかの判断を可能ならしめるような基

1

準が読み取れるかどうかによって判断する②。
(ｲ)　まず，「歴史的な環境」という文言は抽象的であるが，本件案は，Ｃ地区を特別規制区域に指定することを想定しているところ，Ｃ地区は江戸時代に宿場町として栄え現在もその趣を濃厚に残している地区である。そして，実際に７割以上の割合の看板等が歴史的な街並みに溶け込んでおり，そのような環境に沿う広告物のみを許可するということが一般人から見て判断可能である③。
(ｳ)　よって，明確性の原則には反せず，形式的に正当化される。
イ　次に実質的に正当化されるか。
まず，本件自由の重要性について，本件制約は広告物という営利目的で掲示・配布される営利的表現を規制するものであるため，政治的表現を対象とするものでなく，自己統治の価値が希薄で経済的側面を有するものとしてその重要性は低いとの見解④が考えられる。しかし，観光客を対象とした営業者にとって観光客に向けて広告物を掲示することこそが安価でかつ観光客の視覚に入り込ませる有益な手段として特に重要なものである。また，規制態様については，広告物の掲示といった表現の手段に着目して規制するものであり，表現の内容を直接規制するものではないから，内容中立規制といえ，制約が強度とはいえないとの見解が考えられる。しかし，一方で，原

2

①罰金により規制されていることを指摘できている。

②理由付けとともに判例を意識した規範が定立できている。

③「向上させるもの」という文言の不明確さについても記載できるとなおよい。

④広告物は営利目的のものに限られない。

⑤内容規制か内容中立規制かについて，具体的に検討できている。

則として，広告物が特別規制区域の歴史的な環境を向上させる場合には，例外的に掲示を認めるなど，表現の内容自体に着目した内容規制としての側面を併せもつと言える⑤。また，本件制約は表現を原則的に禁止する許可制を取るところ，一般に許可制は事前にその表現を規制する性質を有するもので規制が広範にわたりやすく，また恣意的になりやすい点で規制態様は一定程度強度と言える⑥。

そこで，本件制約の目的が重要であり，手段が目的との関係で効果的で過度でないといえる場合には，本件制約は正当化されると解する。

(4)ア　まず目的は，C地区の歴史的な環境を維持し向上させる点にあるところ，江戸時代に宿場町として栄え現在もその趣を濃厚に残しているC地区につき，多くの観光客が訪れる古くからの街並みを残している。そして，街並みを目当てとして観光客が多く訪れ，観光業が盛んになりC地区の経済を支えているという点を踏まえると，上記目的は重要といえる。

イ　次に適合性については，C地区の歴史的な景観にそぐわないような広告物の掲示を禁止することによって，C地区の歴史的な景観を継続的に阻害することになる状態を回避することができ，C地区の歴史的な環境を維持し向上させるという目的に資することになるから効果的であると言える。

必要性については，表現の自由は民主主義社会において特

⑥事前規制であることを指摘できている。

3

に重要な自由であるにもかかわらず，これに対し許可制をとって市長が許可した場合にのみその掲示を許すという形態は，過度である。さらに，実際に市が歴史的環境の維持向上を重要視していることから考えると市長はC地区の歴史的環境という特殊な環境に沿うような限定的な場合にのみ許可が下りると考えられ，その点で目的との関係であまりに過度である⑦。さらに，許可制によって事前に原則禁止の条例を定めるのではなく行政指導や事後的な規制で対処するという方法もありうるのである⑧。よって，必要性は認められない。

2　よって，上記制約は正当化されず，21条1項に反し，違憲である。

第2　印刷物配布の禁止ついて

1　本条例案のうちビラ等の配布を禁止する部分はC地区において印刷物を配布したい者のC地区での印刷物の配布の自由を侵害し違憲ではないか。

(1)　まずC地区という特殊な歴史的環境で印刷物を配布することはそもそも原則として保障されていないという意見もありうる。しかし，公道は歴史的環境であっても，なお市民が自由に表現する場としてのいわばパブリックフォーラムとしての性質を有するのであり，原則として表現行為が自由に行える場として上記自由も21条1項で保障される。

(2)　上述の通り，上記自由は制約されている。

⑦維持では足りず，向上させる場合に限定していることについても言及したい。

⑧代替手段を指摘できておりよい。

4

(3) 権利の重要性については上述と同じ議論が妥当しうる[9]。また，規制態様についても同様の議論が妥当するが，店舗の関係者は自己の営業を宣伝する印刷物を配布することが可能な点で緩やかである一方，それ以外については一律禁止されており，また違反者には罰金が科せられ，一定程度強度である。

そこで，前述の基準で判断する。

(4) 目的は上述の通り重要である。

適合性について[10]は，印刷物配布は継続的に人の目に触れ続け歴史的な環境を損ないうる広告物と違い，人が印刷物を配布するのである。観光客が多く訪れて人がいることもまた歴史的な環境の一部になっており，印刷物の配布を禁止しても歴史的な環境の維持向上には効果的ではない。また必要性については，上述の通りの議論が妥当し，代替手段があり，また店舗関係者以外の配布を全面禁止している点で目的との関係で過度である。

2 よって，上記制約は正当化されず，21条1項に反し，違憲である。

以上

5

6

⑨ビラ配布行為の重要性，規制態様については，広告物掲示とは異なった検討が必要である。

⑩店舗関係者にビラの配布を認めてしまうと規制目的が達成できない可能性があることについても検討したい。

〈再現答案②　評価Ａ〉

1　権利と制限

広告物掲示の自由は表現の自由（憲法（以下略）21条1項）により保障される。自分の意思・情報を伝えるものであるからである。ビラ配布の自由も表現の自由により保障される。ビラを配布することで情報を相手に伝えることで，情報流通に資するからである。

これらの自由が本件条例により制限されている。たしかに，指定地域に認定されない限りはこの制限はなされないから，制限はないとも思える。しかし，Ｃ地区は指定されることが確実であるから，住民の上記自由が制限されているといってよい①。

2　広告物掲示の自由について

かかる自由は，誰でも，簡便に行うことができるものであるから，保障する必要が高い②。広告物の掲示によって，自分の人格的価値を高めることができ，また，この表現により自ら政治に関わっていくという自己統治の価値を有する。この表現ができなければ，表現市場が狭まり，市場に与えるインパクトが強い。そして，本件条例は許可制という原則禁止の態様による制約である③。これは制約態様が強い。

許可基準は，形状・色を含めて総合判断されるのであるから，内容中立規制であって，制限態様として強くないとの反論がありうる。

しかし，許可基準はこれにとどまるものではなく，テーマという

1

表現内容についてもなされる。また，歴史的な環境を向上させるものであるかどうかを判断するのであるから，表現内容に踏み込んだ審査がなされている。したがって，上記の反論はあたらない④。

このような考慮からすれば，重要な権利に対して，強力な制限がなされているのであるから，憲法適合性は厳格になされるべきである。したがって，必要不可欠な目的達成のために必要最小限度の制約のみ許される。

本件条例の目的は，歴史的な環境を維持し向上させていくことにある。これは，重要な目的であるとはいえるが，生命身体の安全といった高次の利益ではない。したがって必要不可欠な目的とはいえない。仮に必要不可欠な目的であるとしても，本件条例は，環境の維持のみならず向上を許可基準としている⑤。これは環境の維持を目的とする条例との関係で必要最小限の目的とはいえない。

よって，本件条例は，広告掲示の自由との関係で違憲である。

3　ビラ配布の自由について

ビラ配布の自由についても，簡易な方法で誰でもできる表現活動であり，重要な権利である⑥。これにより，人格的価値の発展が期待でき，自ら政治に関わることができるから，自己統治の価値を有する。この方法による表現を規制すると，表現の自由市場をゆがめることになり重大なインパクトを与える。また，許可制を敷いていることからすれば重大な制約であるといえる。また，罰則による威嚇力もある。

2

①罰金により規制されることについても指摘したい。

②広告物掲示行為の重要性について指摘できている。

③事前規制であることについて指摘できている。

④内容規制か，内容中立規制かについて，具体的な検討ができている。

⑤環境の向上まで求める許可基準が過剰であることについて指摘できている。

⑥ビラ配布行為の重要性について指摘できている。

確かに，営業宣伝印刷物の配布については禁止がなされていないため，制限態様が弱いとの反論がありうる⑦。
しかし，営業表現に限って表現を許すことは，その他の表現を規制するものである。営業表現を許す趣旨が，歴史的環境を損なうとはいえないからであることに照らすと，実質的には見解規制であるといえる。したがって，上記の反論はあたらない。
このような考慮からすれば，重要な権利に対して，強力な制限がなされているのであるから，憲法適合性は厳格になされるべきである。したがって，必要不可欠な目的達成のために必要最小限度の制約のみ許される。
本件条例の目的は上記のとおりであり，必要不可欠な目的であるとはいえない。仮に必要不可欠な目的であるとしても，環境の維持との目的の関係では，ビラ配布の人数制限や，時間的制限のみで足りるのであり，原則禁止とすることはやりすぎである⑧。したがって，必要最小限の制約であるとはいえない。
よって，本件条例は違憲である。
4　結論
よって，本件条例は上記の自由に反して違憲である。

以上

3

⑦まず内容規制か内容中立規制かについて検討したい。

⑧特別規制区域内の店舗の関係者が自己の営業を宣伝する印刷物を配布することは認められていることと，規制目的との関係について具体的に論じたい。

4

〈再現答案③　評価A〉

第1　B市歴史的環境保護条例（本件条例）は，広告物を掲示する自由（自由1）を制約しているが，21条1項に反し，違憲ではないか。

1　自由1は，思想・意見等を外部に表明する「表現の自由」として21条1項により保障される。

2　本件条例に違反して広告物を掲示した者は，罰金刑に処せられるから，本件条例は自由1を制約しているといえる①。

3　表現に対する萎縮効果を除去して思想の自由市場を確保するため，表現規制には明確性が必要と解される。

本件条例も，広告物設置者において，規制の適用を受けるかどうかの判断を可能にする基準が読み取れなければ違憲となる。

広告物の掲示の禁止が例外的に解除される「特別規制区域の歴史的な環境を向上させるもの」との文言は，具体的な例示もなく不明確である。これでは，広告物設置者が規制の対象となるかどうかを判断することは困難である。そのため，本件条例は明確性を欠くから，21条1項に反し違憲である②。

4　本件条例が仮に明確であったとしても，同条項に反し違憲である。

表現の自由に対する制限は，公共の福祉に基づく厳格かつ明白な制約でなければ原則として許されない。

(1)　表現の自由は，一旦侵害されると民主政の過程で是正困難な精神的自由権である。しかし，自由1は，営利的性質を有するの

1

で，自己統治の価値が乏しい③。

(2)　本件条例は，表現の内容ではなく表現方法がもたらす弊害を防止するための内容中立規制である。また，間接的・付随的制約④にすぎない。さらに，市長が許可を与えた場合には禁止が解除される部分規制である。

したがって，合理性を有し，必要かつ相当な制限であれば，合憲と解すべきである。

5(1)　本件条例の目的は，C地区の歴史的な環境を維持し向上させる点にある。これは，江戸時代に宿場町として栄え現在もその趣を濃厚に残しているC地区の今なお住民に愛される歴史・伝統を保護して後世に伝えていくという点で，その合理性は否めない。

(2)　単に歴史的な環境を維持するにとどまる広告物はC地区の歴史的な環境を「向上させるもの」と認められないから，本件条例の規制対象となる。向上はさせないとしても，C地区の歴史的な環境が損なわれることを防止するという本件条例の終局目的は達成できる。そのため，歴史的な環境を維持するにとどまる広告物まで規制対象にしなくても，上記目的を十分に達成できるから，本件条例は，必要性を欠くといえる⑤。

したがって，本件条例は，21条1項に反し，違憲である。

第2　本件条例は，印刷物を配布する自由（自由2）を制約しているが，21条1項に反し，違憲ではないか。

2

①罰金をもって規制していることを指摘できている。

②明確性の原則について適切に論じられている。

③自由1は営利的表現に限られず，政治的表現に関するものも含まれる。

④内容規制か内容中立規制かについてより具体的に検討したい。また，内容中立規制と間接的付随的規制は両立しない点に注意を要する。

⑤合理性の基準よりも高い審査密度で審査してしまっている。

1　自由２は，思想等を外部に表明する「表現の自由」として21条1項により保障される。
2　本件条例に違反して印刷物を配布した者は，罰金刑に処せられるから，本件条例は自由１を制約しているといえる。
3(1)　権利の性質は自由１と同様である。加えて，ビラ配布は，少ない労力で広い範囲の人々に思想を伝えられる点で，簡便有効な表現方法として保護に値する⑥。
(2)　規制の程度も，部分規制である点以外は自由１と同様である。さらに，道路は，伝統的な表現の場であるパブリックフォーラムとして保護に値する。
　したがって，自由１と同様の基準で判断する。
4　本件条例により，特別規制区域内の店舗の関係者が自己の営業を宣伝する印刷物を路上で配布することは禁止されない。確かに，そのような印刷物は　C地区の歴史・伝統に何らかの関わりのあるものであって，C地区の歴史的な環境を損なうとはいえないとも思える。
　しかし，C地区の歴史・伝統とは無関係の各種のビラが路上で頻繁に配布されるようになり，C地区の歴史的な環境が損なわれるおそれは否定できない。そのため，本件条例は合理性がないといえる⑦。
　したがって，本件条例は，21条1項に反し，違憲である。
以上

⑥ビラ配布行為の重要性について指摘できている。

⑦特別規制区域内の店舗の関係者が自己の営業を宣伝する印刷物を配布することにより，C地区の歴史的な環境が損なわれる可能性があることを指摘できている。

3

4

〈再現答案④　評価C〉

1　B市歴史的環境保護条例案（以下本件条例）のうち表現活動を規制する部分は，広告物を掲示する自由及びビラ配布の自由①を侵害し違憲とならないか。

(1)　「表現」（憲法（以下略）21条1項）とは自己の思想を外部へと伝達する行為をいい，広告物の掲示及びビラ配布は，その作成者の思想を外部へと伝達する行為であるから「表現」として保障される。確かに，広告物掲示及びビラ配布には営利的表現も含まれるが，営利的表現であっても，消費者の知る自由に奉仕するものとして「表現の自由」としての保障を受ける。

以上より，上記自由は「表現の自由」として保障される。

(2)　そして，本件では特別規制区域内で広告物掲示及びビラ配布が原則として禁止されているから上記自由に対する制約がある②。

2　かかる制約は「公共の福祉」（13条後段）により正当化されないか。

(1)　まず，広告物の掲示及びビラ配布の自由は，営利的表現③ではあるものの，消費者の知る自由に奉仕するものである上，作成者が自己の思想を外部へと伝達するための最も有効かつ簡便な手段であり，重要な権利である④。

(2)　そして，本件では特別規制区域内においては広告物掲示と印刷物配布が指定された日以降原則として禁止されており，上記自由に対する事前抑制的な側面がある⑤。しかし，営利的表現は，

1

客観的判定になじみやすく公権力による恣意的な規制のおそれも低い。

(3)　また，広告物の掲示は特別規制区域の歴史的な環境を向上させるものと認められるもの以外は原則として認められず，また，ビラ配布においても，営業を宣伝する印刷物以外の配布が禁止されているところ⑥，内容規制であるとも思える。

しかし，これらの規制は特別規制区域という特定の場所において，環境維持を求めた結果生じた付随的な規制であり，内容中立的な規制⑦であるといえる。

(4)　したがって，上記制約が正当化されるかは目的が重要で，手段との間に実質的関連性があるかによって判断する。

3(1)　広告物掲示について

ア　本件条例が広告物掲示を原則禁止とした目的は，江戸時代に宿場町として栄えたC地区において，観光客の訪問によりその環境が損なわれるおそれがあることを踏まえて，その歴史的な環境を維持し向上させる点にあるから重要である。

イ　そして，広告物掲示を禁止すれば，歴史的な環境と無関係の掲示がなくなるのであるから上記目的を促進するものであり，規制手段として適合性がある。

一方で，確かに，本件条例は学識経験者からなるB市歴史的環境保護審議会の意見を聴いた上で歴史的な環境を維持し向上させていくために特に規制が必要な地区を特別規制区域に

2

①広告物を掲示する自由とビラ配布の自由は，判断枠組みの定立，個別具体的検討で異なる検討が必要となることから，分けて論じたい。

②罰金をもって規制していることについても指摘したい。

③広告物の掲示及びビラ配布は，営利目的のものに限られず，政治的意見や情報を伝えるものも含まれる。

④広告物，ビラ配布行為の重要性について指摘できておりよい。

⑤本件の規制が事前規制となる点に触れられている。

⑥表現内容に着目した規制であることから，内容規制となりうることを指摘したい。

⑦広告物については，広告物のテーマといった表現内容に限られず，広告物の形状や色などを踏まえて総合的に判断することから内容中立規制となる。

指定しており，その範囲は限定的であるとも思える。

しかし，C地区では，すでに7割程度が町並み全体に違和感なく溶け込んだ江戸時代風のものとなっている上，本件規制はC地区の歴史的な環境が損なわれることを危惧して，なされているところ，現時点ではいまだ，その歴史的環境は損なわれていないといえる。

また，本件条例は，広告物掲示が許されるのは，単に歴史的環境を維持するにとどまるだけでは足りず，歴史的環境を向上させるものまで必要であるとしているが，歴史的環境が損なわれないためには，歴史的環境を維持するにとどまるものであっても，十分であり，過剰な規制⑧である。さらに，本件条例に違反したものには罰金刑が科されるところ，この観点からも過剰な規制である。

以上から，本件条例の規制手段は必要性・相当性を欠き，目的と手段の間に実質的関連性がない。

ウ　よって，本件条例の広告物掲示を禁止した部分は21条1項に反し違憲である。

エ　また，本件条例は形式的にも正当化されない⑨。

すなわち，本件条例は広告物掲示の規制は，「特別規制区域の歴史的環境を向上させるものと認められる」場合に許されるとしているが，「向上させるもの」と認められるかどうかは，抽象的であり，通常の判断能力を有する一般人において当該

⑧歴史的環境を向上させることまで必要としている点が過剰であることを的確に指摘できている。

⑨形式的正当化事由については，実質的正当化よりも前に検討したい。

3

具体的場合に，禁止される行為かどうかを法文から判断できない。

よって，この観点からも，本件条例の広告物掲示を禁止した部分は21条1項に反し違憲である。

(2)　ビラ配布について

ア　本件条例がビラ配布を禁止した目的は，観光客を目当てにして，C地区の歴史・伝統とは無関係の各種のビラが路上で頻繁に配布されるようになったことから，歴史的環境が損なわれることを防止する点にあり，重要である。

イ　ビラ配布を禁止することで，上記の目的は達成出来るから，上記目的を促進するものであり，規制手段として適合性⑩がある。

また，上記目的を達成する上で，特別規制区域内の店舗の関係者が自己の営業を宣伝する印刷物を路上で配布することは禁止されていないのであるから，手段として必要性・相当性がある。

ウ　以上より，手段と目的の間に実質的関連性がある。

エ　よって，本件条例のうち，ビラ配布を禁止した部分は21条1項に反さず合憲である。

以上

⑩特別規制区域内の店舗関係者が自己の営業を宣伝する印刷物を路上で配布することにより，歴史的環境が損なわれる可能性があることについて検討したい。

4

《行政法》

Aは，B県知事から，廃棄物の処理及び清掃に関する法律（以下「法」という。）第１４条の４第１項に基づき，特別管理産業廃棄物に該当するポリ塩化ビフェニル廃棄物（以下「ＰＣＢ廃棄物」という。）について収集運搬業（積替え・保管を除く。）の許可を受けている特別管理産業廃棄物収集運搬業者（以下「収集運搬業者」という。）である。ＰＣＢ廃棄物の収集運搬業においては，積替え・保管が認められると，事業者から収集したＰＣＢ廃棄物が収納された容器を運搬車から一度下ろし，一時的に積替え・保管施設内で保管し，それを集積した後，まとめて別の大型運搬車で処理施設まで運搬することができるので効率的な輸送が可能となる。しかし，Aは，積替え・保管ができないため，事業者から排出されたＰＣＢ廃棄物の収集量が少なく運搬車の積載量に空きがあっても，遠隔地にある処理施設までそのまま運搬しなければならず，輸送効率がかなり悪かった。そこで，Aは，自らが積替え・保管施設を建設してＰＣＢ廃棄物の積替え・保管を含めた収集運搬業を行うことで輸送効率を上げようと考えた。同時に，Aは，Aが建設する積替え・保管施設においては，他の収集運搬業者によるＰＣＢ廃棄物の搬入・搬出（以下「他者搬入・搬出」という。）も行えるようにすることで事業をより効率化しようと考えた。Aは，B県担当者に対し，前記積替え・保管施設の建設に関し，他者搬入・搬出も目的としていることを明確に伝えた上でB県の関係する要綱等に従って複数回にわたり事前協議を行い，B県内のAの所有地に高額な費用を投じ，各種規制に適合する相当規模の積替え・保管施設を設置した。B県知事は，以上の事前協議事項についてB県担当課による審査を経て，Aに対し，適当と認める旨の協議終了通知を送付した。その後，Aは，令和３年３月１日，ＰＣＢ廃棄物の積替え・保管を含めた収集運搬業を行うことができるように，法第１４条の５第１項による事業範囲の変更許可の申請（以下「本件申請」という。）をした。なお，本件申請に係る書類には，他者搬入・搬出に関する記載は必要とされていなかった。

B県知事は，令和３年６月２１日，本件申請に係る変更許可（以下「本件許可」という。）をしたが，「積替え・保管施設への搬入は，自ら行うこと。また，当該施設からの搬出も，自ら行うこと。」という条件（以下「本件条件」という。）を付した。このような内容の条件を付した背景には，他者搬入・搬出をしていた別の収集運搬業者の積替え・保管施設において，保管量の増加と保管期間の長期化によりＰＣＢ廃棄物等の飛散，流出，異物混入などの不適正事例が発覚し，社会問題化していたことがあった。そこで，B県知事は，特別管理産業廃棄物の性状等を踏まえ，他者搬入・搬出によって収集・運搬に関する責任の所在が不明確となること，廃棄物の飛散，流出，異物混入などのおそれがあること等を考慮して，本件申請直前に従来の運用を変更することとし，本件許可に当たり，B県で初めて本件条件を付することになった。

本件条件は法第１４条の５第２項及び第１４条の４第１１項に基づくものであった。しかし，Ａは，近隣の県では本件条件のような内容の条件は付されていないのに，Ｂ県においてのみ本件条件が付された結果，当初予定していた事業の効率化が著しく阻害されると考えている。また，Ａは，本件条件が付されることについて，事前連絡を受けておらず，事前協議が無に帰してしまい裏切られたとの思いから，強い不満を持っている。

以上を前提として，以下の設問に答えなさい。

なお，法及び廃棄物の処理及び清掃に関する法律施行規則（以下「法施行規則」という。）の抜粋を【資料】として掲げるので，適宜参照しなさい。

〔設問１〕

本件条件に不満を持つＡは，どのような訴訟を提起すべきか。まず，本件条件の法的性質を明らかにし，次に，行政事件訴訟法第３条第２項に定める取消訴訟について，考えられる取消しの対象を２つ挙げ，それぞれの取消判決の効力を踏まえて検討しなさい。なお，解答に当たっては，本件許可が処分に当たることを前提にしなさい。また，取消訴訟以外の訴訟及び仮の救済について検討する必要はない。

〔設問２〕

Ａは，取消訴訟において，本件条件の違法性についてどのような主張をすべきか。想定されるＢ県の反論を踏まえて検討しなさい。なお，本件申請の内容は，法施行規則第１０条の１３等の各種基準に適合していることを前提にしなさい。また，行政手続法上の問題について検討する必要はない。

【資料】

○　廃棄物の処理及び清掃に関する法律（昭和４５年法律第１３７号）（抜粋）

（目的）

第１条　この法律は，廃棄物の排出を抑制し，及び廃棄物の適正な分別，保管，収集，運搬，再生，処分等の処理をし，並びに生活環境を清潔にすることにより，生活環境の保全及び公衆衛生の向上を図ることを目的とする。

（定義）

第２条　１～４　（略）

５　この法律において「特別管理産業廃棄物」とは，産業廃棄物のうち，爆発性，毒性，感染性その他の人の健康又は生活環境に係る被害を生ずるおそれがある性状を有するもの（中略）をいう。

６　（略）

（国及び地方公共団体の責務）

第４条　（略）

２　都道府県は，（中略）当該都道府県の区域内における産業廃棄物の状況をはあくし，産業廃棄物の適正な処理が行なわれるように必要な措置を講ずることに努めなければならない。

３～４　（略）

（特別管理産業廃棄物処理業）

第１４条の４　特別管理産業廃棄物の収集又は運搬を業として行おうとする者は，当該業を行おうとする区域（運搬のみを業として行う場合にあつては，特別管理産業廃棄物の積卸しを行う区域に限る。）を管轄する都道府県知事の許可を受けなければならない。（以下略）

２～４　（略）

５　都道府県知事は，第１項の許可の申請が次の各号に適合していると認めるときでなければ，同項の許可をしてはならない。

一　その事業の用に供する施設及び申請者の能力がその事業を的確に，かつ，継続して行うに足りるものとして環境省令で定める基準に適合するものであること。

二　（略）

６～１０　（略）

１１　第１項（中略）の許可には，生活環境の保全上必要な条件を付することができる。

１２～１４　（略）

１５　特別管理産業廃棄物収集運搬業者（中略）以外の者は，特別管理産業廃棄物の収集又は運搬を（中略）受託してはならない。

１６～１８　（略）

（変更の許可等）

第１４条の５　特別管理産業廃棄物収集運搬業者（中略）は，その特別管理産業廃棄物の収集若しくは運搬又は処分の事業の範囲を変更しようとするときは，都道府県知事の許可を受けなければならない。（以下略）

２　前条第５項及び第１１項の規定は，収集又は運搬の事業の範囲の変更に係る前項の許可について（中略）準用する。

３～５　（略）

○　廃棄物の処理及び清掃に関する法律施行規則（昭和４６年厚生省令第３５号）（抜粋）

（特別管理産業廃棄物収集運搬業の許可の基準）

第１０条の１３　法第１４条の４第５項第１号（法第１４条の５第２項において準用する場合を含む。）の規定による環境省令で定める基準は，次のとおりとする。

一　施設に係る基準

イ　特別管理産業廃棄物が，飛散し，及び流出し，並びに悪臭が漏れるおそれのない運搬車，運搬船，運搬容器その他の運搬施設を有すること。

ロ～ホ　（略）

ヘ　積替施設を有する場合には，特別管理産業廃棄物が飛散し，流出し，及び地下に浸透し，並びに悪臭が発散しないよう必要な措置を講じ，かつ，特別管理産業廃棄物に他の物が混入するおそれのないように仕切り等が設けられている施設であること。

二　申請者の能力に係る基準

イ　特別管理産業廃棄物の収集又は運搬を的確に行うに足りる知識及び技能を有すること。

ロ　（略）

ハ　特別管理産業廃棄物の収集又は運搬を的確に，かつ，継続して行うに足りる経理的基礎を有すること。

〈問題文の解析〉

※文中のグレー網掛けは辰已法律研究所

Ａは，Ｂ県知事から，廃棄物の処理及び清掃に関する法律（以下「法」という。）第１４条の４第１項に基づき，特別管理産業廃棄物に該当するポリ塩化ビフェニル廃棄物（以下「ＰＣＢ廃棄物」という。）について収集運搬業（積替え・保管を除く。）の許可を受けている特別管理産業廃棄物収集運搬業者（以下「収集運搬業者」という。）である。ＰＣＢ廃棄物の収集運搬業においては，積替え・保管が認められると，事業者から収集したＰＣＢ廃棄物が収納された容器を運搬車から一度下ろし，一時的に積替え・保管施設内で保管し，それを集積した後，まとめて別の大型運搬車で処理施設まで運搬することができるので効率的な輸送が可能となる。しかし，Ａは，積替え・保管ができないため，事業者から排出されたＰＣＢ廃棄物の収集量が少なく運搬車の積載量に空きがあっても，遠隔地にある処理施設までそのまま運搬しなければならず，輸送効率がかなり悪かった。そこで，Ａは，自らが積替え・保管施設を建設してＰＣＢ廃棄物の積替え・保管を含めた収集運搬業を行うことで輸送効率を上げようと考えた。同時に，Ａは，Ａが建設する積替え・保管施設においては，他の収集運搬業者によるＰＣＢ廃棄物の搬入・搬出（以下「他者搬入・搬出」という。）も行えるようにすることで事業をより効率化しようと考えた。Ａは，Ｂ県担当者に対し，前記積替え・保管施設の建設に関し，他者搬入・搬出も目的としていることを明確に伝えた上でＢ県の関係する要綱等に従って複数回にわたり事前協議を行い[①]，Ｂ県内のＡの所有地に高額な費用を投じ，各種規制に適合する相当規模の積替え・保管施設を設置した。Ｂ県知事は，以上の事前協議事項についてＢ県担当課による審査を経て，Ａに対し，適当と認める旨の協議終了通知を送付した。その後，Ａは，令和３年３月１日，ＰＣＢ廃棄物の積替え・保管を含めた収集運搬業を行うことができるように，法第１４条の５第１項による事業範囲の変更許可の申請（以下「本件申請」という。）をした。なお，本件申請に係る書類には，他者搬入・搬出に関する記載は必要とされていなかった。

①他者搬入・搬出を目的とすることについて，以後何らかの支障が生じたことが予測される。

Ｂ県知事は，令和３年６月２１日，本件申請に係る変更許可（以下「本件許可」という。）をしたが，「積替え・保管施設への搬入は，自ら行うこと。また，当該施設からの搬出も，自ら行うこと。」という条件（以下「本件条件」という。）を付した。このような内容の条件を付した背景には，他者搬入・搬出をしていた別の収集運搬業者の積替え・保管施設において，保管量の増加と保管期間の長期化によりＰＣＢ廃棄物等の飛散，流出，異物混入などの不適正事例が発覚し，社会問題化していたことがあった。そこで，Ｂ県知事は，特別管理産業廃棄物の性状等を踏まえ，他者搬入・搬出によって収集・運搬に関する責任の所在が不明確となること，廃棄物の飛散，流出，異物混入などのおそれがあること等を考慮して，本件申請直前に従来の運用を変更することとし，本件許可に当たり，Ｂ県で初めて本件条件を付することになった。

本件条件は法第１４条の５第２項及び第１４条の４第１１項に基づくものであった。しかし，Ａは，近隣の県では本件条件のような内容の条件は付されていないのに，Ｂ県においてのみ本件条件が付された結果，当初予定していた事業の効率化が著しく阻害されると考えている[②]。また，Ａは，本件条件が付されることについて，事前連絡を受けておらず，事前協議が無に帰してしまい裏切られたとの思いから，強い不満を持っている[③]。

②平等原則違反の主張が考えられる。

③事前協議と異なり信義則違反であるとの主張が考えられる。

以上を前提として，以下の設問に答えなさい。

なお，法及び廃棄物の処理及び清掃に関する法律施行規則（以下「法施行規則」という。）の抜粋を【資料】として掲げるので，適宜参照しなさい。

〔設問１〕

本件条件に不満を持つＡは，どのような訴訟を提起すべきか。まず，本件条件の法的性質を明らかにし，次に，行政事件訴訟法第３条第２項に定める取消訴訟について，考えられる取消しの対象を２つ挙げ，それぞれの取消判決の効力を踏まえて検討しなさい。なお，解答に当たっては，本件許可が処分に当たることを前提にしなさい。また，取消訴訟以外の訴訟及び仮の救済について検討する必要はない。

〔設問２〕

Ａは，取消訴訟において，本件条件の違法性についてどのような主張をすべきか。想定されるＢ県の反論を踏まえて検討しなさい。なお，本件申請の内容は，法施行規則第１０条の１３等の各種基準に適合していることを前提にしなさい。また，行政手続法上の問題について検討する必要はない。

【資料】

○　廃棄物の処理及び清掃に関する法律（昭和４５年法律第１３７号）（抜粋）

（目的）
第１条　この法律は，廃棄物の排出を抑制し，及び廃棄物の適正な分別，保管，収集，運搬，再生，処分等の処理をし，並びに生活環境を清潔にすることにより，生活環境の保全及び公衆衛生の向上を図ることを目的とする。
（定義）
第２条　１～４　（略）
５　この法律において「特別管理産業廃棄物」とは，産業廃棄物のうち，爆発性，毒性，感染性その他の人の健康又は生活環境に係る被害を生ずるおそれがある性状を有するもの（中略）をいう。
６　（略）
（国及び地方公共団体の責務）
第４条　（略）
２　都道府県は，（中略）当該都道府県の区域内における産業廃棄物の状況をはあくし，産業廃棄物の適正な処理が行なわれるように必要な措置を講ずることに努めなければならない。
３～４　（略）
（特別管理産業廃棄物処理業）
第１４条の４　特別管理産業廃棄物の収集又は運搬を業として行おうとする者は，当該業を行おうとする区域（運搬のみを業として行う場合にあつては，特別管理産業廃棄物の積卸しを行う区域に限る。）を管轄する都道府県知事の許可を受けなければならない。（以下略）
２～４　（略）
５　都道府県知事は，第１項の許可の申請が次の各号に適合していると認めるときでなければ，同項の許可をしてはならない。
一　その事業の用に供する施設及び申請者の能力がその事業を的確に，かつ，継続して行うに足りるものとして環境省令で定める基準に適合するものであること。
二　（略）
６～１０　（略）
１１[④]　第１項（中略）の許可には，生活環境の保全上必要な条件を付することができる。

④条件を付すか否かについて，都道府県知事に裁量が認められる。

１２～１４　（略）
１５　特別管理産業廃棄物収集運搬業者（中略）以外の者は，特別管理産業廃棄物の収集又は運搬を（中略）受託してはならない。
１６～１８　（略）
（変更の許可等）
第１４条の５[⑤]　特別管理産業廃棄物収集運搬業者（中略）は，その特別管理産業廃棄物の収集若しくは運搬又は処分の事業の範囲を変更しようとするときは，都道府県知事の許可を受けなければならない。（以下略）
２　前条第５項及び第１１項の規定は，収集又は運搬の事業の範囲の変更に係る前項の許可について（中略）準用する。
３～５　（略）

⑤他者が搬入·搬出した特別管理産業廃棄物を取り扱うことについての条項は掲げられていない。

○　廃棄物の処理及び清掃に関する法律施行規則（昭和４６年厚生省令第３５号）（抜粋）

（特別管理産業廃棄物収集運搬業の許可の基準）
第１０条の１３　法第１４条の４第５項第１号（法第１４条の５第２項において準用する場合を含む。）の規定による環境省令で定める基準は，次のとおりとする。
一　施設に係る基準
イ　特別管理産業廃棄物が，飛散し，及び流出し，並びに悪臭が漏れるおそれのない運搬車，運搬船，運搬容器その他の運搬施設を有すること。
ロ～ホ　（略）
ヘ　積替施設を有する場合には，特別管理産業廃棄物が飛散し，流出し，及び地下に浸透し，並びに悪臭が発散しないよう必要な措置を講じ，かつ，特別管理産業廃棄物に他の物が混入するおそれのないように仕切り等が設けられている施設であること。
二　申請者の能力に係る基準
イ　特別管理産業廃棄物の収集又は運搬を的確に行うに足りる知識及び技能を有すること。
ロ　（略）
ハ　特別管理産業廃棄物の収集又は運搬を的確に，かつ，継続して行うに足りる経理的基礎を有すること。

〈出題趣旨の解析〉

本問は，廃棄物の処理及び清掃に関する法律に基づき特別管理産業廃棄物収集運搬業の許可を受けている収集運搬業者が，その事業範囲の変更許可を申請したのに対し，行政庁が一定の条件（以下「本件条件」という。）を付した上で変更許可（以下「本件許可」という。）をしたという事実を基にして，行政処分の附款に関わる訴訟方法及びその実体法上の制約について，基本的な知識・理解を試す趣旨の問題である。

設問１は，本件条件に不満がある場合において，いかなる訴訟を提起すべきかを問うものである。本件条件は本件許可の附款という性質を有することから，本件許可の取消訴訟において本件条件の違法性を争うことができるか，本件条件の取消訴訟を提起すべきかが主に問題となる。その際，本件許可と本件条件が不可分一体の関係にあるか否か，それぞれの取消訴訟における取消判決の形成力，拘束力（行政事件訴訟法第３３条）について，本件の事実関係及び法令の諸規定を基に論ずることが求められる。

設問2は，取消訴訟における本件条件の違法性に関する主張を問うものである。とりわけ，本件条件が付されたことに関して主に比例原則と信頼保護について，本件事実関係及び法令の諸規定とその趣旨を指摘し，また，信頼保護に関する裁判例（最高裁判所昭和６２年１０月３０日第三小法廷判決など）を踏まえ，本件条件の違法性を論ずることが求められる。

【分　析】

本問は，廃棄物の処理及び清掃に関する法律に基づき特別管理産業廃棄物収集運搬業の許可を受けている収集運搬業者が，その事業範囲の変更許可を申請したのに対し，行政庁が一定の条件（以下「本件条件」という。）を付した上で変更許可（以下「本件許可」という。）をしたという事実を基にして，行政処分の附款に関わる訴訟方法及びその実体法上の制約について，基本的な知識・理解を試す趣旨の問題である。

→　処分性，原告適格，狭義の訴えの利益といった頻出の訴訟要件については出題されていない。特に設問１では検討の必要のない論点が明示されていることから，誤ってそれらの論点を論ずることのないように注意したい。

設問１は，本件条件に不満がある場合において，いかなる訴訟を提起すべきかを問うものである。本件条件は本件許可の附款という性質を有することから，本件許可の取消訴訟において本件条件の違法性を争うことができるか，本件条件の取消訴訟を提起すべきかが主に問題となる。その際，本件許可と本件条件が不可分一体の関係にあるか否か，それぞれの取消訴訟における取消判決の形成力，拘束力（行政事件訴訟法第３３条）について，本件の事実関係及び法令の諸規定を基に論ずることが求められる。

→　本件条件の法的性質が附款であるとした上で，本件条件と本件許可の不可分一体性，取消判決の形成力（行訴法 32 条 1 項），拘束力（行訴法 33 条）がどのように働くのかについて論ずることが求められている。本件条件のみについて取消判決が確定すると，形成力によって本件条件が付されていない状態に戻り，拘束力による反復禁止効で同一理由によって本件条件を付すことができなくなる。よって，この場合は本件条件のみを対象として取消訴訟を提起すべきである，ということになる。

設問２は，取消訴訟における本件条件の違法性に関する主張を問うものである。とりわけ，本件条件が付されたことに関して主に比例原則と信頼保護について，本件事実関係及び法令の諸規定とその趣旨を指摘し，また，信頼保護に関する裁判例（最高裁判所昭和６２年１０月３０日第三小法廷判決など）を踏まえ，本件条件の違法性を論ずることが求められる。

→　Aの本件条件の違法性に関する主張としては，まず，本件条件は法令の趣旨に違反し，過度な負担を課すもので，比例原則に反するとの主張が考えられる。これに対するB県の反論としては，法令上，知事は条件を付すことが認められており，その裁量は公衆衛生の維持という目的に照らして広く，過度な負担ではない，との主張が考えられる。次に，Aの主張としては，信義則違反の主張が考えられ，これについては，最判昭 62.10.30 を踏まえることが必要である。これに対するB県の反論としては，行政法分野においては法律による行政の原理が妥当し信義則の働く余地は少なく，事前協議には拘束力がないとの主張が考えられる。さらに，出題趣旨には掲載されていないが，A県の主張としては，他県やこれまでの取扱いと異なるという，平等原則違反の主張が考えられる。これに対するB県の反論としては，知事には地域の実情や事案に応じて弾力的運用が許されており，平等原則違反は成立しないとの主張が考えられる。

〈論点〉

1　行政処分の附款に関わる訴訟方法
2　裁量権の逸脱・濫用
3　比例原則違反
4　信義則違反
5　平等原則違反

〈概観〉

令和３年の行政法は，行政処分の附款に関わる訴訟方法及びその実体法上の制約に関する出題がなされた。

設問１では，本件条件が条件か負担かを検討した上，取消訴訟は本件許可を対象とすべきか，本件条件のみを対象とすべきかを，取消判決の効力を踏まえて検討することが求められた。

本件許可の取消判決を受けた場合，Aは適法に事業ができなくなることを考慮すると，本件条件を取消対象とすることが望ましいといえる。ただし，本件条件がなければ本件許可がなされなかったという関係にある場合には，本件条件の瑕疵は本件許可全体に及ぶので，本件条件だけの取消訴訟は許されないと考えられる。

設問２では，本件条件の違法性につき，Aの立場に立ち，反論を踏まえて違法主張を検討することが求められた。

前提として，本件条件には裁量が認められることを認定する。

違法主張の１つ目は，そもそも本件条件は法令の趣旨に違反し，過度な負担を課すもので，比例原則に反するとの主張が考えられる。これに対する反論としては，法令上，知事は条件を付すことが認められており，その裁量は公衆衛生の維持という目的に照らして広く，過度な負担ではない，という内容が想定される。

２つ目は，事前協議と異なり信義則違反であるとの主張が考えられる。この点の反論としては，行政法分野においては法律による行政の原理が妥当し信義則の働く余地は少なく，事前協議には拘束力がないとの内容が想定される。しかし，判例上も，行政の態度を信頼して多大な出費をした場合には，信義則違反が認められた例があるので（最判昭 56.1.27，百選Ⅰ25 事件），本件の場合もこれと同様だとの主張が可能であろう。

最後に，他県やこれまでの取扱いと異なるという，平等原則違反の主張が考えられる。これに対しては，知事には地域の実情や事案に応じて弾力的運用が許されており，平等原則違反は成立しないとの反論が考えられる。この反論を踏まえると，結局，法の趣旨を逸脱した負担であるとの主張に行きつくので，1つ目の主張と重なることになる。

〈参考答案例〉

第１　設問１
１　本件条件の法的性質について
本件条件は「条件」となっているが，条件か，負担か。
⑴　条件も負担も行政行為の附款である。附款とは，行政行為に附加される従たる意思表示である。条件は，行政行為の効力発生・消滅を一定の事実にかからしめることをいう。負担とは，相手方に特定の義務を命じる附款である。
⑵　本件条件は，Ａに対する廃棄物の収集運搬業の許可について「積替え・保管施設への搬入は，自ら行うこと。また，当該施設からの搬出も，自ら行うこと。」という内容であり，Ａに特定の義務を命じるものであるから，負担に当たる。
２　取消訴訟の対象としては，本件許可処分と，本件条件が考えられる。
⑴　本件条件が行政事件訴訟法（以下「行訴法」という。）３条２項における「行政庁の処分その他公権力の行使に当たる行為」（処分）に当たるか。
処分とは，公権力の主体たる国または公共団体の行う行為のうち，その行為によって，直接国民の権利義務を形成しまたはその範囲を確定することが法律上認められているものをいう。
行政行為の負担も，国民に特定の義務を課すものであるから，処分性がある。
ただし，その負担がなければ，行政行為をしなかったと客観的に認められる場合は，その負担の瑕疵は，行政行為全体に及ぶと考えられるので，負担のみの取消訴訟は許されない。
⑵　本件では条件を付すか否かは，後述のとおり行政庁に裁量が存在しており（廃棄物の処理及び清掃に関する法律（以下「法」という。）14条の４第１項第11項），条件を付さなければならないものではない。加えて，条件を付すのはＢ県内では初めてのことであり，以前は条件を付けることなく変更許可処分を行ってきたという実情が存在する。そうすると，本件に限って，負担なしでは変更許可処分をしないことが客観的に認められる場合ではない。
⑶　よって，本件条件は，処分性が認められ，取消訴訟の対象となりうる。
３　では，本件許可と本件条件のいずれを取消訴訟の対象とすべきか。
⑴　本件許可を取消しの対象とし，取消判決がされた場合には，本件申請がなされた状態に戻ってしまい，ＡはＢ県内で適法に事業を行うことができない。よって，同時に「本件条件のない許可処分をせよ」との義務付け訴訟の提起が必要となる。
⑵　本件条件の取消訴訟を提起した場合，その取消判決の効力により，Ａは，負担のない許可を受けたことになるから，他者搬入・搬出による収集運搬業を適法に行うことが可能になる。本件条件は，本件許可に付け加えて特定の負担を課するものであり，本件条件が取り消されても，本件許可には影響がないからである。
⑶　以上から，Ａとしては本件条件のみを取り消す訴訟を提起するべきである。
第２　設問２
１　法は，行政庁たる都道府県知事が特別管理産業廃棄物収集運搬業の事業範囲の変更許可を与えるに当たっては，「生活環境の保全上必要な条件を付すことができる」（法14条の4第1項第11項，第14条の5第1項，2項）と規定しており，条件を付するかどうかについて裁量を認めている。

もっとも，裁量権の行使が社会通念上相当と認める範囲を超える場合には，裁量権の逸脱・濫用に該当し違法となる（行訴法30条）。具体的には，重大な事実誤認，法の趣旨目的違反，規制目的に比して規制手段が著しく重い比例原則違反，他事考慮・考慮不尽，信義則違反，平等原則違反などの一般原則違反があれば，裁量権の逸脱・濫用となり，違法となる。

2　本件条件は，法の趣旨及び規制目的に反し，違法であるとの主張が考えられる。

負担は，処分の弾力的運用を図る趣旨にすぎないから，法律による行政の原理から一定の限界があり，法の趣旨及び規制目的と無関係の附款はそもそも許容されず，違法である。

法は，特別管理産業廃棄物収集運搬業の事業範囲の変更許可を受けようとする者が，適正な施設，能力を有することを要求するが（法14条の4第5項1号，14条の5第1項2項），他者が搬入・搬出した特別管理産業廃棄物を取り扱うことについては何ら規制していない。

よって，法規制の目的外の義務を課する本件条件は違法であると考えられる。

これに対して，B県としては，行政行為の負担は，受益的処分において，法規制外の義務を課すことを許容しているとの反論，本件条件が，廃棄物収集運搬の責任の所在を明らかにするものであり，他者搬入・搬出をしていた別施設で不適正事例が発生したことがあるから，法目的と無関係とはいえないとの

3

反論が考えられる。

3　そこで，本件条件が許容されるとしても，過度な義務を課するものとして比例原則違反であるとの主張が考えられる。

裁量により負担を課することが認められるとしても，規制目的に比して規制手段が著しく重い場合には，比例原則違反となり，違法となりうる。

これに対して，他者に積替え・保管施設への搬入をさせることを禁じても，Aに過大な負担とはならないとの反論が考えられる。

しかし，そもそもAが事業範囲の変更を申請した目的は，積替え・保管施設を建設し，他の収集運搬業者の搬入・搬出にも利用させることで，事業の効率化を図ることにあり，これを前提として，多額の費用を投じ，相当規模の施設を建設したのである。それにもかかわらず，他者搬入・搬出が認められないことは，施設建設費用回収の面で，Aに過度の負担を課すものである。

したがって，本件条件は，Aに過大な義務を課すもので比例原則違反として違法である。

4　事前協議で了解を経ていたのに，本件条件を付されたことは，信義則違反（民法1条2項）であり違法と考えられる。

(1)　この点，B県からは，行政法では信義則よりも法律による行政の原理が優先され，事前協議に拘束力はないとの反論が予想される。

(2)　たしかに，行政法では，法律による行政の原理が優先する。もっとも，法律による行政の原理と抵触しない場面であれば，信義則違反を認めることに問題はない。そして行政庁の言動を信頼するに至った私人が，行政庁の方針転換等により，社会観念上看過することのできない損害を被った場合，私人

4

がその行政庁の言動を信頼する合理的な理由があったときは，信義則違反となると考える。

(3) 本問のAは，要綱等に従い，B県担当者に対し，他者搬入・搬出も目的としていることを明確に伝えた上で，複数回の事前協議を行っていたから，B県はこのことをよく認識した上，適当と認める旨の通知をしていた。このようなB県の言動を信頼して，Aは，高額な費用を投じてB県の法令の要件を満たす積替え・保管施設を建設した。このようにAが，他者搬入・搬出を前提とする許可がなされると信頼したことには合理性がある。

それにもかかわらず，事前連絡もなく本件条件を付するのは，Aの設備投資に多大な経済的負担を生じさせるもので，社会観念上看過することができず，信義則に反する。

5 近隣の県では本件条件のような条件は付されておらず，平等原則違反（憲法14条1項）である。

この点，B県からは，処分は地域による特色を踏まえて行われるものであり，従前の取扱いと異なるのは，不適正事例が新たに発覚したためであり，平等原則に違反しないとの反論が考えられる。

Aとしては，上述のとおり，本件条件は過大な負担であり，地域の特色等を踏まえてもAに課すことは許されないと主張する。

以上

5

6

〈A答案に求められるもの－A３通・C１通の解答言及表〉

A答案3通・C答案1通について，何を書いたか，分析してみました。

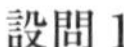

設問1

①本件条件の法的性質 ・本件条件は本件許可の附款であることに言及する。
②Aが提起すべき訴訟 ・考えられる取消しの対象としては，本件条件と本件許可が考えられる。 ・本件許可と本件条件が不可分一体の関係にあるか否かを検討する。 ・本件条件，本件許可それぞれの取消判決の形成力，拘束力（行訴法33条）について論ずる。

設問2

①裁量権の逸脱・濫用 ・裁量の認定
②本件条件の違法性について，以下の点を意識して，検討できている。 ・比例原則 ・信頼保護（最判昭62.10.30，百選Ⅰ24事件）

○：言及している，△：言及しているが不十分

A答案①	A答案②	A答案③	C答案	コメント
○	○	○	○	いずれの答案も，本件条件が本件許可の附款であることを論述できていた。もっとも，A答案①は，附款の中のどれに当たるかまで丁寧に検討できており，これが高く評価されたものと思われる。
○	○	○	△	A答案①～③は，いずれも本件許可と本件条件が不可分一体の関係にあるか否か，取消判決の形成力，拘束力について論述できていた。これに対して，C答案は，取消判決の拘束力に言及できておらず，これが評価を下げた原因と思われる。
	○		○	A答案①，③については，裁量の認定ができていなかった。もっとも，裁量の認定のできている答案よりも高い評価を受けている答案もあることから，この点を落としても致命傷にはならなかったものと思われる。
○	△	○	○	A答案②については，信義則違反のみの検討となっている。これに対し，A答案①，③，C答案は，いずれも信義則違反，比例原則違反，平等原則違反等複数の観点からの検討ができている。もっとも，A答案②は，信義則違反の当てはめが充実しており，この点が評価されたものと思われる。

〈再現答案①　評価Ａ〉

設問１

本件条件の法的性質が問題となる。付款とは主たる行政行為に付加された従たる意思表示である。その具体例は期限，条件，負担がある。

本件条件は法14条の５第２項，14条の４第11項を根拠とし，主たる行政行為たる本件許可に付された従たる意思表示にあたる。よってその法的性質は付款のうち条件である[①]。

考えうる取消訴訟の対象は①本件条件の付された本件許可②本件条件の二つが考えられる。

①付款の付された行政行為，又は②付款のいずれを対象とするかは付款が本体の行政行為と不可分一体の密接した関係にあるならば①を対象にし，分離できるならば②を対象とすべきと解する。

①を対象とした場合，本件許可が形成力（行政事件訴訟法（以下略）32条１項）によって申請後応答前の状態に戻り，拘束力（33条１項）により判決理由中の判断に拘束され同一理由による反復した処分が禁止される（反復禁止効）。よって，この場合は本件条件のない本件許可を求めて義務付け訴訟（３条６項２号）を提起するのが直截的な解決方法といえる。

②を対象とした場合，本件条件が形成力によって付されていない状態に戻り，拘束力による反復禁止効で同一理由によって本件条件を付すことができなくなる。よって，この場合は本件条件のみを対象として取消訴訟を提起すべきである[②]。

1

本件条件は「積替え……自ら……」という内容であり，本件許可と具体的数値目標などで密接に関連しているとはいえない[③]。そして，Ａは本件条件に対して不満を抱いているものの，本件許可自体については異論はない。

Ａは本件条件の名宛人であるから原告適格（９条１項）を満たす。また法に審査請求前置の規定はない（８条１項）。よって，ＡはＢ県を被告（11条１項１号）として処分の日から３か月以内に（14条１項）取消訴訟を提起できる。

したがって，②を対象として取消訴訟を提起するべきである。

設問２[④]

付款は法律の留保の原則に服するも，法律上の根拠があればいかなる内容でも許されるわけではない。法の趣旨，目的，内容に適合し必要な限度でのみ付することができる点で比例原則の適用がある。

「生活環境の保全上必要な」（14条の４第11項）限度で付することができるにとどまる。しかし本件条件は積替え・保管施設への搬入，搬出いずれにおいても第三者においてすることを禁じている点で過剰といえる。責任の所在を明確にしたいのならば，他者搬入・搬出について一定の範囲で認めその内容につき行政があらかじめ把握しておく等で足りるからである[⑤]。

したがって，比例原則違反が認められ違法事由となる。

重要な事実の基礎を欠き，他事考慮，考慮不尽や著しく明白に合理性を欠く評価によって判断が左右され，裁量の逸脱・濫用となった場

2

①本件の付款の法的性質は負担である。

②取消判決の効力を意識した検討ができている。

③条件を付すか否かは裁量事項であること，以前は条件を付けることなく変更許可処分を行ってきたことといった事情に着目し，付款がなかったならば，当該行政行為がなされなかったと客観的にいえるかどうかを検討したい。

④比例原則違反，信義則違反，平等原則違反の違法事由について論じられている。

⑤比例原則の観点から的確に指摘できている。

合取消の対象となる（30条参照）。
　申請者と行政庁が事前に協議を重ね，相当な資本を投入し高度な信頼関係を形成していた場合には，信義則上行政庁は信頼を裏切ることにより不測の損害を与えないように配慮する義務を負うと解する。
　Ａは複数回Ｂ県担当者に対して他社搬入・搬出も目的としていることを明確に伝えたうえで複数回にわたって事前協議を行っていた。よって高度な信頼関係を形成していた場合にあたる⑥。また，Ａは他社搬入・搬出が認められることを前提に高額な費用を投じ相当規模の積み替え・保管施設を設置した。よって，相当な資本を投入したといえる。にもかかわらず，事前連絡なしに本件申請直前に従来の運用を変更するに至っているから信頼を裏切ることにより不測の損害を与えたといえる。
　したがって，配慮すべき事項に配慮していない点で信義則違反が認められるから，この点考慮不尽として裁量の逸脱・濫用が認められ違法事由となる。
　近隣の県では本件条件のような内容の条件は付されていない。社会問題化しているのはＢ県特有の事情でないことからすればＢ県内でのみ運用を変更することは考慮すべきでない事項を考慮したことで判断が左右されたといえる。
　したがって，この点他事考慮として裁量の逸脱・濫用が認められ違法事由となる。

⑥他者搬出・搬入を前提とする許可がなされると信頼した合理的理由について指摘できている。

3

以上

4

〈再現答案②　評価A〉

第１　設問１

１　Aは，本件条件を対象として，本件条件の取消訴訟を提起するべきである。

２　まず，本件条件は，法 14 条の５第２項および法 14 条の４第 11 項に基づくものであるところ，同条により課される条件につき，これがなくとも法 14 条の５第１項に基づく変更の許可が可能であるから，本件条件の法的性質は附款である。

３　ここで，Aとしては，①本件許可及び②本件条件を取消対象として取消訴訟を提起することが考えられる。ここで，いずれを取消対象とすることがAの不満を解消することに役立つかが問題となる。

４(1)　この点，取消訴訟において，取消しが認められた場合，行政庁は当該判決に拘束される（行政事件訴訟法（以下略）33 条１項）。また，取消しには遡及効が生じる（32 条１項）ため，当該処分は，元々存在しなかったことになる。

一方で，附款については，附款と附款が付された処分とが不可分である場合は，附款のみを取り消すことはできないが，可分である場合には，附款のみを対象として取消訴訟を提起することができる。

(2)　本件では，Aの不満は，本件許可に本件条件が付されたことである。A本人としては，法 14 条の５第１項に基づく本件許可がなされることを望んでいるところ，本件許可が取り消された場

１

合，本件許可の効力が遡及的に喪失することになるが，これでは，Aは再度許可を得るために申請をし直す必要性が生じ[②]，紛争の抜本的解決として不十分である。また，行政庁が再度同様の条件を付す可能性も残存している以上，Aとしてはまた同様の状況になりうる可能性がある。そのため，本件許可を取消対象とすることは，Aの不満の解消のうえで十分ではない。

一方で，前述したとおり，本件条件は，これがなくとも本件許可が可能であることからすれば，本件条件と本件許可は可分である[③]。したがって，本件条件を取り消すことは可能である。そして，本件条件が取り消された場合，本件条件の部分のみが遡及的に取り消されることになり，本件許可の部分は残存する。Aとしては，本件許可自体についてなんら不満はなく，むしろ本件条件が付されていない本件許可を望んでいることからすれば，本件条件のみが取り消されることが，Aの上記不満の解消に最も適合するといえる。

５　したがって，Aは，本件条件が付されたときから６か月以内（14条）に，B県を被告（11 条１項１号）として，本件条件の取消訴訟を提起するべきである[①]。

第２　設問２

１　Aは，取消訴訟において，本件条件の違法性につき，B県側に信義則違反があるとして，裁量の逸脱濫用（30 条）があると主張するべきである。

２

①取消判決の効力との関係について，詳細に検討できている。

②本件許可が取り消されるだけであり，申請をし直す必要はない。

③本件許可と本件条件が可分である理由について具体的に記載したい。

2　まず，本件条件は，法14条の4第11項に基づくものであるところ，同項の「できる」という文言上，及び生活環境の保全という目的（法1条）の達成のためには，行政庁に事案に応じた柔軟な専門的判断が求められることから，Ｂ県知事には，本件条件を付すか否かにつき効果裁量が認められる④。

3　そして，実体法上，裁量の逸脱濫用があった場合には違法事由となる。ここで，信義則（民法1条2項）も法の一般原則である以上は，行政法規にも適用されるが，行政法規の公共性の観点から，その適用は慎重なものである必要がある。そこで，①個別具体的な協議があり，②公的見解が示され，③かかる見解を信頼しかつその信頼したことにつき合理的な理由があり，④それに反する処分が行われた場合には，⑤やむを得ない客観的事情が存在するなどの特段の事情がない限り，当事者の信頼関係を不当に破壊するものとして信義則違反となり，裁量の逸脱濫用にあたると解する⑤。

4(1)　まず，本件では，Ａは，Ｂ県担当者との間で，本件申請に関して，Ｂ県の関係する要綱に従って複数回にわたり事前協議を行っており，その際にＡは他者搬入・搬出も目的としていることを明確に伝えていたのであるから，他者搬入・搬出を含む本件申請につき，個別具体的な協議があったといえる（①）。これを受けて，Ｂ県知事は，Ｂ県担当課による審査を経て，Ａに対し，本件事前協議事項について適当と認める旨の協議終了通知を送付していたことからすれば，Ｂ県知事は，かかる協議の内容を認め

3

る旨の公的見解を示したといえる（②）。さらに，そもそもＢ県知事は，審査を経たものを個別的にＡに送付していること，また，本件申請に係る書類には，他者搬入・搬出に関する記載が必要とされていなかったところ，Ａとしては，他に伝える手段がない以上，口頭で伝えれば十分であると認識することも十分考えられる。したがって，かかる公的見解を信頼したことにつき合理的な理由があるといえる（③）。そして，Ｂ県知事は，このような事前協議があったにも拘らず，本件条件を付している（④）⑥。

(2)　これに対して，Ｂ県側は，他者搬入・搬出による不適切事例が発生し社会問題化していたこと，責任の所在が不明確となること，また，廃棄物の飛散，流出，異物混入などのおそれがあることから，本件条件を付すべきやむを得ない客観的事情が存在すると反論することが考えられる。

もっとも，そもそもそのような客観的事情は，突然生じたものではないのであり，事前に予見することも十分可能であったのだから，本件申請直前になって従来の運用を変更することは，やむを得ないということはできない。

さらに，そもそも本件申請の内容自体は，法施行規則10条の13等の各種基準に適合するものであり，それ自体で本件許可を受けることができる基準にあった（法14条の5第1項，2項，法14条の4第5項）。そのため，本来であれば本件条件を付する必要性もなかったのであるから，やはり上記特段の事情はな

4

④裁量について認定できている。

⑤信義則違反に関する規範を定立できており，よい。

⑥自分が立てた規範に沿って信義則違反を具体的に検討できている。

い（⑤）。

5　以上より，B県知事の行為は，Aとの信頼関係を不当に破壊するものとして，信義則違反による裁量の逸脱濫用（30条）となるとAは主張するべきである。

以上

5

6

〈再現答案③　評価A〉

第１　設問１
１　本件条件の法的性質
本件条件の法的性質は，附款である。
附款とは，行政庁の意思表示に付加された従たる意思表示をいうが，本件条件は本件許可に付された従たる意思表示といえるからである。
２　取消訴訟の対象
本件では，本件許可が「処分」（行政事件訴訟法（以下略）３条２項）としてその取消訴訟を提起できる。
また，本件条件については，本件許可と内容的に可分な附款であり，行政庁たるＢ県知事の一方的行為であることから「公権力の行使」として取消訴訟の対象となる①。
３　取消判決の効力②
(1)　本件許可の取消判決の効力について，本件条件が付された本件許可が取り消されると，本件許可が無かったことになり，本件申請がなされている状態に戻る。そしてかかる状況では，Ｂ県はＡが本件条件を受け入れなければ，事実上このことを考慮して本件申請に対する不許可処分を行うことも可能である。
(2)　他方，本件条件を取り消す場合について，取消訴訟では取り消す判決は，処分をした行政庁を拘束し（33 条１項），判決の趣旨に従い，改めて処分をすべきとされている（33 条２項）ところ，判決の趣旨に従って，本件条件のみが取り消され，Ａは単に

1

無条件である本件許可の効力のみを享受できる③。
４　よってＡは，本件条件の取消訴訟を提起すべきである。
第２　設問２
１　本件条件が平等原則（憲法 14 条）に違反すること
(1)　まずＡとしては，近隣の県では付されていない本件条件を付すことが，平等原則に反し，Ｂの裁量を超える（30 条）ものとして違法である旨主張すると考えられる④。
(2)　これに対し，Ｂ県としては，法 14 条の４第 11 項が，生活環境の保全上必要な条件を付すことを認めているところ，本件条件は特別管理産業廃棄物の他者搬出入によって収集・運搬の責任の所在が不明確になったり，廃棄物の飛散・流出・異物混入等のおそれがあることに基づくもので⑤，生活環境の保全上必要といえる，と反論することが考えられる。
(3)　これに対してＡとしては，法 14 条の４第 11 項は法 14 条の５の許可に生活環境の保全上必要な条件を付す裁量を認めているが，かかる生活環境上の影響はおそれにすぎないのに，本件許可に，他県にはない本件条件という加重要件を課すものであり，それによってＰＣＢ廃棄物の輸送効率が上がらず，予定していた効率的な輸送が著しく阻害されるものであるから⑥，平等原則に反するものとして，本件条件は裁量に反し違法である旨主張する。
２　本件条件を付すことが信義則違反（民法１条２項）であること

2

①本件条件と本件許可が可分である理由について，より具体的に記載したい。

②問題文を意識した見出しが立てられている。

③取消判決の効力について，具体的かつ的確に記載できている。

④平等原則が問題になることについて適切に指摘できている。

⑤不適正事例が新たに発覚したことについて指摘したい。

⑥施設建設費用回収の面で，Ａに過度の負担を課すものであることについても指摘したい。

⑴　次にAとしては，本件条件が付された経緯に鑑みて，本件条件を付すことが信義則に反し違法である旨主張することが考えられる。

⑵　この点B県としては，本件条件を付したのは他者搬入・搬出をしていた別の業者の積替え・保管施設において，ＰＣＢ廃棄物の飛散・流出・異物混入などの不適正事例が発覚し社会問題化したことによるもので，かかる状況のもと，本件申請の直前に従来の運用を変更し，本件許可に本件条件を付すことになったのもやむをえないものであると主張することが考えられる。

⑶　これに対しAとしては，Aは積替え・保管施設の建設に関し，他者搬入・搬出も目的としていることを明確にB県に伝えたうえで，関係する要綱等に従って複数回B県と事前協議を行っており，これに対し，B県による審査を経て，Aに対して積替え・保管施設の建設が適当と認める旨の協議終了通知書を送付している。また，Bとの協議に従って，AはB県内の所有地に高額の費用を投じ，各種の規制に適合する積替え・保管施設を建設している。

さらに，本件申請に係る書類には，他者搬入・搬出に関する記載が必要とされていなかったところ，B県はこれを奇貨として本件条件を付した本件許可を行ったものと考えられる⑦。

以上から，B県が本件条件を付したことはその経緯に照らして信義則に反するものであり，違法である。

⑦信義則違反に関わる事実を記載できている。もっとも，なぜ信義則違反となるかについて，事実を評価すべきである。

3

以上

4

〈再現答案④　評価Ｃ〉

第１　設問１（以下，行政事件訴訟法は「行訴法」という。）
１　本件条件の法的性質
本件条件の根拠規定たる法 14 条の５第２項の準用する法 14 条の４第 11 項は「第１項の許可には，生活環境の保全上必要な条件を付することができる。」とする。これより本件条件は，本件許可（同条１項）を主たる内容とし，これに付した付帯的な処分といえる。よって附款にあたる。
２　考えられる取消し（行訴法３条２項）の対象と取消判決の効力①
(1)　附款は主たる処分と別個独立の処分である。そこで原則として附款のみを対象として取消訴訟を提起できる。この取消判決の効力は附款のみに及ぶ。
(2)　ただし行政処分本体と附款が不可分の場合には，附款つき行政処分全体の取消訴訟と附款のない行政処分を求める義務づけ訴訟を併合提起すべきである。この取消判決の効力は主たる処分と附款の両方に及ぶ。
３　Ａが提起すべき訴訟
(1)　本件許可と本件条件を一体とした取消訴訟では，本件許可も取り消されＡは効率化を実現できない。ゆえに附款である本件条件のみの取消訴訟を提起する必要がある②。
(2)ア　本件条件のみの取消訴訟は提起できるか。
イ　主たる処分と附款が一体不可分かは，根拠規定の趣旨に照らし主たる処分のみで法目的を実現できるかで判断する。

1

ウ　本件許可と本件条件の可分性
(ア)　本件許可の根拠規定である法 14 条の５第１項の準用する法 14 条の４第１項の趣旨は，法の目的である「適正な分別……等の処理」「生活環境の清潔」（法１条）の実現のため，施設及び申請者の能力が事業を的確かつ継続して行うに足りるとして環境省令で定める基準に適合（同条第５項１号）等の各号に適合するかを判定し，許可を行うか否かを決定（同項柱書）することにある。
この「許可」（法 14 条の５第１項）は申請（行政手続法２条３号）者に事業を変更する権利の範囲を直接確定する受益的処分③である。
(イ)　一方，本件条件の根拠規定である法 14 条の５第２項の準用する法 14 条の４第 11 項の趣旨は，申請者の申請内容が単独では法 14 条の５第５項の「適合」要件を充足せず，または「許可しない」と決定できる場合に，「生活環境の保全上必要」（法１条，法 14 条の４第 11 項）な範囲で義務を上乗せして許可することにある。
これより同条の「条件」は申請者を「名あて人として直接に義務を課」す不利益処分（行政手続法２条４号）である。
(ウ)　以上より，本件条件が「生活環境の保全上必要」といえず違法な場合とは，本件申請が単独で法 14 条の４第５項の要件を充足しかつ効果裁量の行使によっても許可すべき

2

①「取消判決の効力を踏まえて」という問題文を意識できている。

②取消判決の効力により，負担のない許可を受けたことになることについても指摘したい。

③可分か否かの判断において，受益的処分か，不利益処分かは重要ではない。

場合にあたる。
　したがって本件条件のみを取消しすれば，附款のない許可処分により，法14条の5第1項の準用する法14条の4第5項の趣旨を実現し「生活環境の保全」（法1条）という法目的を実現できる④。
　ゆえに本件許可と本件条件は可分であり，本件許可のみの取消訴訟が提起できる。
(エ)　よってAは本件条件のみの取消訴訟を提起すべきである。
第2　設問2
1　取消訴訟におけるAの主張
　本件条件は比例原則及び信義則違反により法 14 条の5第2項の準用する法 14 条の4第 11 項の裁量権逸脱濫用（行訴法 30 条）にあたり違法である。
2　当否
(1)ア　法14条の5第2項の準用する法14条の4第11項の要件「生活環境の保全上必要」の判断には廃棄物処理行政の専門技術的な総合考慮を要するので，要件裁量が認められる。また同項は「条件を付すことができる」と不確定表現とすること，条件の内容は法定されず知事に委ねられることより，効果裁量が認められる⑤。
イ　裁量処分は裁量権の逸脱濫用の場合に限り取消しできる

④条件を付すか否かは裁量事項であること，以前は条件を付けることなく変更許可処分を行ってきたことといった事情に着目し，付款がなかったならば，当該行政行為がなされなかったと客観的にいえるかどうかを検討したい。

⑤裁量があることを認定できている。もっとも，前提事項であるため，より簡潔な記載にとどめてもよい。

3

（行訴法30条）。裁量権の行使は，法が裁量を付与した趣旨に照らし，事実の基礎を欠くか，法の一般原則たる比例原則，平等原則違反等により判断過程が不合理であり社会観念上著しく妥当を欠く場合に逸脱濫用にあたる。
(2)　本件条件付加にかかる裁量権行使の逸脱濫用
ア　比例原則違反
　Aは，近隣の県では付されない本件条件は「生活環境の保全」という法目的に照らし過剰な規制であり比例原則に反すると主張する。
　これに対しB県より，B県においては他者搬入・搬出をしていた別の収集運搬業者の積替え・保管施設でPCB廃棄物等の飛散等の不適切事例があるため，隣県より厳しい本件条件も法目的充足に必要であり⑥比例原則に反しないとの反論が考えられる。
　他者搬入・搬出により「生活環境の保全」を脅かす具体的危険が現実化したことからこの反論は認められ比例原則違反は成立しない。
イ　信義則違反
(ア)　Aは，事前連絡なく本件条件を付したことは，他者搬入・搬出が許可要件充足との信頼を裏切り信義則違反に当たると主張する。
(イ)　行政庁の言動を信頼した私人が行政庁の方針転換等によ

⑥平等原則についての反論になってしまっている。

4

り損害を被り，信頼保護の必要が方針転換する公益上の必要を上回る場合には，信義則違反となる。

本件についてみると，確かに他者搬入・搬出による危険防止は「生活環境の保全」という公益目的に必要である。しかしAに事前連絡をせず行うほどの緊急性は認められない。

一方Aは本件申請前に，適当との審査結果を信頼し，高額な費用を投じ相当規模の積替え・保管施設を既に建設した。本件条件への対応によりこの出費が相当程度無駄になり，多額の損失を被る。

そしてAは他者搬入・搬出目的を明確に伝え，B県要綱等に従い複数回の事前協議を行った上で，B県担当課の審査で適当との協議終了通知を受けており，規制違反が生じないよう可能な限りの注意を払った⑦。したがって信頼が生じたことに何らの帰責事由もない。

このようなAの損害の大きさと帰責事由不存在にかんがみ，Aの信頼保護の必要性は，事前連絡なく本件条件を付す公益上の必要性よりも大きいといえる。

したがって信義則違反が認められる。

ウ　以上より本件条件付加にかかる裁量権行使は，判断過程が不合理であり社会観念上著しく妥当を欠き逸脱濫用にあたり違法である。

以上

⑦他者搬入・搬出を前提とする許可がなされると信頼した合理的理由について検討できている。

5

6

《民　法》

次の文章を読んで，後記の〔設問１〕及び〔設問２〕に答えなさい。

【事実】

1．Aは，酒類及び食品類の卸売を主たる業務とする株式会社である。令和３年４月頃，Aは，冷蔵保存を要する高級ワインの取扱いを新しく開始することを計画し，海外から酒類を輸入販売することを主たる業務とする株式会社Bと協議を重ねた上で，同年６月１日，Bとの間で，以下の内容の売買契約を締結した（以下「本件ワイン売買契約」という。）。

当事者　買主A，売主B

目的物　冷蔵倉庫甲に保管中の乙農園の生産に係るワイン１万本（以下「本件ワイン」という。）

代　金　５０００万円

引渡日　令和３年９月１日

また，Aは，Bとの交渉の際に，本件ワインの引渡日までに高級ワインの保存に適した冷蔵倉庫を購入し又は賃借することを予定しており，本件ワインの販売が順調であれば，将来的には取り扱う高級ワインの種類や数量も増やしていく予定であることを伝えていた。なお，本件ワインと同種同等のワインは他に存在しない。

2．ところが，令和３年７月末になっても，Aの事業計画に適した冷蔵倉庫は見つからず，購入や賃借の見込みは全く立たなかった。そこで，Aは，Bに対して，適切な規模の冷蔵倉庫が見つかるまでの当面の保管場所として同人の所有する冷蔵倉庫甲を借りたいと伝えて，交渉し，Bの了承を得て，同年８月２７日，冷蔵倉庫甲を，賃料を月２０万円とし，賃借期間を同年９月１日から１年間の約定で賃借する旨の契約を締結した（以下「本件賃貸借契約」という。）。Bは，翌２８日，冷蔵倉庫甲から本件ワイン以外の酒類を全て搬出し，本件賃貸借契約の開始に備えた。

3．令和３年８月３０日未明，冷蔵倉庫甲に隣接する家屋において落雷を原因とする火災が発生し，高熱によって冷蔵倉庫甲の配電設備が故障した。同日夕方頃に同火災は鎮火したが，火災による高熱に加え，配電設備の故障によって空調機能を喪失していたことから，冷蔵倉庫甲の内部は異常な高温となり，これによって本件ワインは飲用に適さない程度に劣化してしまった。なお，同日深夜までに配電設備の修理は完了し，冷蔵倉庫甲の空調機能は復旧し，その使用には何らの支障がなくなっている。

4．令和３年９月１日，Bは，Aに対して，本件ワイン及び冷蔵倉庫甲の引渡しをしようとしたが，Aはこれを拒絶した。

〔設問１〕

Ａは，本件ワイン売買契約及び本件賃貸借契約を解除したいと考えている。Ｂからの反論にも言及しつつ，Ａの主張が認められるかどうかを検討しなさい。

【事実（続き）】

５．Ａは，レストラン等に飲料及び食料品等を販売しており，そのため大量の飲料及び食料品等を貯蔵できる保管用倉庫丙を別に所有していた。倉庫丙は，冷蔵設備を備えた独立した建物であり，内部には保管のための多くの棚が設置されていた。Ａは，複数の製造業者や流通業者から購入した飲料及び食料品を一旦倉庫丙に貯蔵し，レストラン等からの注文があると，注文の品を取り出してレストラン等に配送していた。

６．Ａは，令和３年１０月，一時的に資金不足に陥ったため，日頃から取引のあるＣから５０００万円の融資を受けることになり，ＡとＣは，同月１日，金銭消費貸借契約を締結した（以下「本件金銭消費貸借契約」という。）。本件金銭消費貸借契約を締結するに当たり，ＡとＣは，以下のような合意をした（以下「本件譲渡担保契約」という。）。

　①　Ａは，ＡのＣに対する本件金銭消費貸借契約に係る貸金債務を担保するために，倉庫丙内にある全ての酒類（アルコール分１パーセント以上の飲料をいう。以下同じ。）を目的物として，Ｃに対してその所有権を譲渡し，占有改定の方法によって引き渡す。

　②　Ａは，通常の営業の範囲の目的のために倉庫丙内の酒類を第三者に相当な価額で譲渡することができる。

　③　Ａは，②により倉庫丙内の酒類を第三者に譲渡した場合には，遅滞なく同種同品質の酒類を倉庫丙内に補充する。補充された酒類は，倉庫丙に搬入された時点で，当然に①の譲渡担保の目的となる。

７．令和３年１０月１５日，Ａは，ウイスキーの流通業者Ｄから，国産ウイスキー１００ダース（以下「本件ウイスキー」という。）を１２００万円で購入した（以下「本件ウイスキー売買契約」という。）。ＡとＤが締結した本件ウイスキー売買契約には，以下のような条項が含まれていた。

　①　本件ウイスキーの引渡しは，同月２０日とし，代金の支払は引渡しの翌１１月１０日とする。

　②　本件ウイスキーの所有権は，代金の完済をもって，ＤからＡに移転する。

　③　ＤはＡに対して，本件ウイスキーの引渡日以降，本件ウイスキーの全部又は一部を転売することを承諾する。

８．令和３年１０月２０日，Ｄは，本件ウイスキー売買契約に従って，本件ウイスキーを倉庫丙に搬入した。本件ウイスキーは倉庫丙内の他の酒類とともに棚に保管されたが，どのウイスキーが本件ウイスキーかは判別できる状態にあった。

9．令和３年１１月１０日，Ａは，本件ウイスキーの代金１２００万円をＤに支払わなかった。このためＤが，本件ウイスキーの引渡しをＡに対して求めたところ，Ａは，Ｃから，①倉庫丙内の酒類は，本件譲渡担保契約により担保の目的でＣに所有権が譲渡され，対抗要件も具備されていると主張されているとして，本件ウイスキーの引渡しを渋っている。これに対してＤは，②本件譲渡担保契約は何が目的物かもはっきりせず無効であること，③仮に本件譲渡担保契約が有効であるとしても，本件ウイスキーには，本件譲渡担保契約の効力が及ばないことなどを主張している。

〔設問２〕

⑴　Ｃは，本件譲渡担保契約の有効性について，第三者に対して主張することができるか，【事実】９の①の主張と②の主張に留意しつつ論じなさい。

⑵　Ｄは，Ｃに対して，本件ウイスキーの所有権を主張することができるか，【事実】９の③の主張に留意しつつ論じなさい。

〈問題文の解析〉

※文中のグレー網掛けは辰已法律研究所

次の文章を読んで，後記の〔設問１〕及び〔設問２〕に答えなさい。

【事実】

1．Aは，酒類及び食品類の卸売を主たる業務とする株式会社である。令和３年４月頃，Aは，冷蔵保存を要する高級ワインの取扱いを新しく開始することを計画し，海外から酒類を輸入販売することを主たる業務とする株式会社Bと協議を重ねた上で，同年６月１日，Bとの間で，以下の内容の売買契約を締結した(以下「本件ワイン売買契約」という。)。

当事者　買主A，売主B

目的物　冷蔵倉庫甲に保管中の乙農園の生産に係るワイン１万本①（以下「本件ワイン」という。）

代　金　５０００万円

引渡日　令和３年９月１日

また，Aは，Bとの交渉の際に，本件ワインの引渡日までに高級ワインの保存に適した冷蔵倉庫を購入し又は賃借することを予定しており，本件ワインの販売が順調であれば，将来的には取り扱う高級ワインの種類や数量も増やしていく予定であることを伝えていた。なお，本件ワインと同種同等のワインは他に存在しない②。

2．ところが，令和３年７月末になっても，Aの事業計画に適した冷蔵倉庫は見つからず，購入や賃借の見込みは全く立たなかった。そこで，Aは，Bに対して，適切な規模の冷蔵倉庫が見つかるまでの当面の保管場所として同人の所有する冷蔵倉庫甲を借りたいと伝えて，交渉し，Bの了承を得て，同年８月２７日，冷蔵倉庫甲を，賃料を月２０万円とし，賃借期間を同年９月１日から１年間の約定で賃借する旨の契約を締結した（以下「本件賃貸借契約」という。)。Bは，翌２８日，冷蔵倉庫甲から本件ワイン以外の酒類を全て搬出し，本件賃貸借契約の開始に備えた。

3．令和３年８月３０日未明，冷蔵倉庫甲に隣接する家屋において落雷を原因とする火災が発生し，高熱によって冷蔵倉庫甲の配電設備が故障した。同日夕方頃に同火災は鎮火したが，火災による高熱に加え，配電設備の故障によって空調機能を喪失していたことから，冷蔵倉庫甲の内部は異

①目的物の性質から，制限種類債権であることが分かる。

②本件ワインが滅失すれば，履行不能となることが分かる。

常な高温となり，これによって本件ワインは飲用に適さない程度に劣化してしまった[3]。なお，同日深夜までに配電設備の修理は完了し，冷蔵倉庫甲の空調機能は復旧し，その使用には何らの支障がなくなっている[4]。

4．令和３年９月１日，Ｂは，Ａに対して，本件ワイン及び冷蔵倉庫甲の引渡しをしようとしたが，Ａはこれを拒絶した。

〔設問１〕

Ａは，本件ワイン売買契約及び本件賃貸借契約を解除したいと考えている。Ｂからの反論にも言及しつつ，Ａの主張が認められるかどうかを検討しなさい。

【事実（続き）】

5．Ａは，レストラン等に飲料及び食料品等を販売しており，そのため大量の飲料及び食料品等を貯蔵できる保管用倉庫丙を別に所有していた。倉庫丙は，冷蔵設備を備えた独立した建物であり，内部には保管のための多くの棚が設置されていた。Ａは，複数の製造業者や流通業者から購入した飲料及び食料品を一旦倉庫丙に貯蔵し，レストラン等からの注文があると，注文の品を取り出してレストラン等に配送していた。

6．Ａは，令和３年１０月，一時的に資金不足に陥ったため，日頃から取引のあるＣから５０００万円の融資を受けることになり，ＡとＣは，同月１日，金銭消費貸借契約を締結した（以下「本件金銭消費貸借契約」という。）。本件金銭消費貸借契約を締結するに当たり，ＡとＣは，以下のような合意[5]をした（以下「本件譲渡担保契約」という。）。

① Ａは，ＡのＣに対する本件金銭消費貸借契約に係る貸金債務を担保するために，倉庫丙内にある全ての酒類（アルコール分１パーセント以上の飲料をいう。以下同じ。）を目的物として，Ｃに対してその所有権を譲渡し，占有改定の方法によって引き渡す。

② Ａは，通常の営業の範囲の目的のために倉庫丙内の酒類を第三者に相当な価額で譲渡することができる。

③ Ａは，②により倉庫丙内の酒類を第三者に譲渡した場合には，遅滞なく同種同品質の酒類を倉庫丙内に補充する。補充された酒類は，倉庫丙に搬入された時点で，当然に①の譲渡担保の目的となる。

③本件ワインの引渡しの本旨弁済は不能となったことをうかがわせる事情である。

④賃貸借契約における賃貸人の債務は，一時的に履行不能となっているが，現在は履行可能である。

⑤ ①～③の内容から，流動動産譲渡担保であることが分かる。

7．令和３年１０月１５日，Ａは，ウイスキーの流通業者Ｄから，国産ウイスキー１００ダース（以下「本件ウイスキー」という。）を１２００万円で購入した（以下「本件ウイスキー売買契約」という。）。ＡとＤが締結した本件ウイスキー売買契約には，以下のような条項[⑥]が含まれていた。

① 本件ウイスキーの引渡しは，同月２０日とし，代金の支払は引渡しの翌１１月１０日とする。

② 本件ウイスキーの所有権は，代金の完済をもって，ＤからＡに移転する。

③ ＤはＡに対して，本件ウイスキーの引渡日以降，本件ウイスキーの全部又は一部を転売することを承諾する。

⑥ ①～③の内容から，所有権留保特約が付されていることが分かる。

8．令和３年１０月２０日，Ｄは，本件ウイスキー売買契約に従って，本件ウイスキーを倉庫丙に搬入した。本件ウイスキーは倉庫丙内の他の酒類とともに棚に保管されたが，どのウイスキーが本件ウイスキーかは判別できる状態にあった。

9．令和３年１１月１０日，Ａは，本件ウイスキーの代金１２００万円をＤに支払わなかった。このためＤが，本件ウイスキーの引渡しをＡに対して求めたところ，Ａは，Ｃから，①倉庫丙内の酒類は，本件譲渡担保契約により担保の目的でＣに所有権が譲渡され，対抗要件も具備されていると主張されているとして，本件ウイスキーの引渡しを渋っている。これに対してＤは，②本件譲渡担保契約は何が目的物かもはっきりせず無効であること，③仮に本件譲渡担保契約が有効であるとしても，本件ウイスキーには，本件譲渡担保契約の効力が及ばないことなどを主張している。

〔設問２〕

⑴ Ｃは，本件譲渡担保契約の有効性について，第三者に対して主張することができるか，【事実】９の①の主張と②の主張に留意しつつ論じなさい。

⑵ Ｄは，Ｃに対して，本件ウイスキーの所有権を主張することができるか，【事実】９の③の主張に留意しつつ論じなさい。

〈出題趣旨の解析〉

設問１は，制限種類債権の全部が履行不能になったと評価できる事例を題材として，その目的が相互に密接に関連付けられている２個の契約の一方の債務不履行を理由として他方を解除することができるかを問う問題である。どのような場合に履行不能と評価されるかという問題を通して，債権法の基本的な理解を問うとともに，複合的契約の債務不履行と解除という応用的な事例について，論理的な思考力及び事案に応じた当てはめを行うことを求めるものである。

設問２は，集合動産譲渡担保と所有権留保の優劣が問題になり得る事例を題材として，集合動産譲渡担保及び所有権留保という非典型担保の効力について，事案を分析して，法的に論述する能力を試す問題である。非典型担保に関する判例法理についての基本的な理解を問うだけでなく，非典型担保の法的構成や物権変動論への理解を組み合わせて，事案に応じた分析及び法的思考に基づく結論を説得的に論述することが求められる。

【分　析】

設問１は，制限種類債権の全部が履行不能になったと評価できる事例を題材として，

→　問題文の事情から，ＡＢ間の売買契約（555条）の目的物たる本件ワインが制限種類物であることを読み取り，Ｂの引渡債務が履行不能（412条の２第１項）といえれば無催告解除（542条１項１号）が可能となることから，制限種類債権の全部が履行不能になったと評価できることについて検討する必要がある。

その目的が相互に密接に関連付けられている２個の契約の一方の債務不履行を理由として他方を解除することができるかを問う問題である。

→　ＡＢ間の賃貸借契約は，火災による高熱と配電設備の故障により空調機能を喪失したが，その後配電設備の修理が完了し，空調機能が復旧したため，使用には支障がない状態になっている。したがって，賃貸借契約自体は債務不履行状態になく，債務不履行を理由とする解除は認められない。しかし，ＡＢ間の賃貸借契約は，ＡＢ間の売買契約の目的物を保管するために締結されたものであり，２個の契約は密接に関連している。そして，売買契約における目的物引渡債務が履行不能である場合，その目的物を保管することも不可能となるから，賃貸借契約を維持する必要性はない。そうだとすれば，

売買契約の債務不履行を理由として賃貸借契約を解除することも認められるべきである。この点について，最判平8.11.12（百選Ⅱ44事件）も，同一当事者間の債権債務関係がその形式は甲契約及び乙契約といった２個以上の契約から成る場合であっても，それらの目的とするところが相互に密接に関連付けられていて，社会通念上，甲契約又は乙契約のいずれかが履行されるだけでは契約を締結した目的が全体としては達成されないと認められる場合には，甲契約上の債務の不履行を理由に，その債権者は，法定解除権の行使として甲契約と併せて乙契約をも解除することができる，とする。

どのような場合に履行不能と評価されるかという問題を通して，債権法の基本的な理解を問うとともに，複合的契約の債務不履行と解除という応用的な事例について，論理的な思考力及び事案に応じた当てはめを行うことを求めるものである。

→　「契約その他の債務の発生原因及び取引上の社会通念に照らして不能である」（412条の２第１項）といえるかを，問題文の事実を的確に摘示して評価する必要がある。そして，「複合的契約の債務不履行と解除」は「応用的事例」ではあっても百選掲載判例であるから，出題されても文句は言えない。もっとも，判例知識がなくとも，「冷蔵倉庫甲……の使用には何らの支障がなくなっている」という事実から，賃貸借契約の使用収益させる債務は不能となっていないことは読み取れるから，それでも解除しようとすれば，売買契約の履行不能を理由とするしかない，ということに気付きたいところである。

設問２は，集合動産譲渡担保と所有権留保の優劣が問題になり得る事例を題材として，

→　小問(1)でＣが締結した譲渡担保契約の有効性及びその第三者への対抗の可否，小問(2)でＤのＣに対する所有権の対抗の可否が問われていることから，集合動産譲渡担保と所有権留保の優劣が問題となることは明らかである。

集合動産譲渡担保及び所有権留保という非典型担保の効力について，事案を分析して，法的に論述する能力を試す問題である。

→　事実6に挙げられている①，②，③の事実を読めば，流動動産譲渡担保の有効性やその対抗要件という典型論点が問題となっていることはすぐに看取できるであろう。そこで，最判昭62.11.10の規範を記述し，①，②，③の事実を当てはめて契約の有効性及び対抗要件を検討することになる。

非典型担保に関する判例法理についての基本的な理解を問うだけでなく，非典型担保の法的構成や物権変動論への理解を組み合わせて，事案に応じた分析及び法的思考に基づく結論を説得的に論述することが求められる。

→　流動動産譲渡担保と所有権留保のいずれについても，その法的構成をどのように解するかが問題となる。そして，その法的構成いかんにより対抗の可否も変わり得る。近時は，判例との整合性から，譲渡担保，所有権留保のいずれについても，債権者に目的物の所有権が帰属するが，それは担保目的により制限され，かつ，債務者にも物権的権利（譲渡担保であれば設定者留保権，所有権留保であれば物権的期待権）が帰属する，と説明する見解が有力である。

〈論点〉

1　制限種類債権の履行不能
2　無催告解除の要件
3　複数契約の解除
4　集合物譲渡担保の法的構成
5　集合物譲渡担保（流動動産譲渡担保）の有効性及び対抗要件
6　所有権留保の法的構成
7　集合物譲渡担保（流動動産譲渡担保）と所有権留保の優劣

〈概観〉

令和３年の民法は，担保物権法，債権総論及び契約法総論からの出題であった。

〔設問１〕

まず，本件ワイン売買契約の解除が認められるためには，Bの引渡債務が履行不能（民法412条の２第１項）といえれば無催告解除（民法542条１項１号）が可能となるため，履行不能か否かを検討することになる。

次に，本件賃貸借契約の解除が認められるためには，本件賃貸借契約の目的物である冷蔵倉庫甲は使用に支障がなくなっていたことから，本件ワイン売買契約の引渡債務の履行不能を理由とする必要があると思われる。そうすると，複数の契約がある場合に，その形式を尊重して一方契約の債務不履行は他方の契約の解除原因とはならないとするか，それとも実質を考慮して相互の契約の牽連性を認めるべき場合があるのかが問題となる。この点について，最判平8.11.12・民集50－10－2673（『民法判例百選Ⅱ（第８版）』44事件）は，甲契約と乙契約が別々の契約であることを前提に，それらの目的とするところが相互に密接に関連付けられていて，社会通念上，甲契約又は乙契約のいずれかが履行されるだけでは契約を締結した目的が全体としては達成されないと認められる場合には，甲契約上の債務の不履行を理由に，その債権者が法定解除権の行使として甲契約と併せて乙契約をも解除することができると判示した。本問の検討においては，別個独立の契約の一つに解除事由がある場合であっても，他の契約は別個の契約である以上その解除をすることはできないのが原則であることを指摘した上で，上記最判平8.11.12の規範を踏まえ，本問の事実を摘示し，評価して論じる必要がある。

〔設問２〕小問(1)

本件譲渡担保契約は，合意①～③の内容から，集合物の構成物が随時変動していく流動動産を目的とする譲渡担保であることを指摘した上で，その有効性について第三者に対して主張することができるかを検討していくことになる。まず，集合物を目的とする譲渡担保設定契約が有効とされるためには，目的物が特定されている必要がある。最判昭62.11.10・民集41－８－1559は，流動動産についても，その種類，所在場所及び量的範囲を指定するなどの方法によって目的物の範囲が特定される場合には，１個の集合物として譲渡担保の目的とすることができると判示している。次に，前掲最判昭62.11.10は，流動動産譲渡担保の場合には，譲渡担保設定契約時に占有改定がされていれば，その効力は，集合物としての同一性が維持されている限り，新たにその構成部分となった動産にも及ぶと判示している。本問の検討においては，この判例の規範を踏まえて，本問の事実を摘示し，評価して論じていく必要がある。

〔設問２〕小問(2)

譲渡担保契約を締結して占有改定による引渡しも了した後に，債務者が第三者から所有権留保特約付きで動産を購入し，その動産が倉庫内に搬入された場合，小問(1)で検討したところによると，留保所有権の対象動産にも譲渡担保権の効力が及び，第三者は，譲渡担保権者に対して対象動産の所有権を主張できないのではないか，流動動産譲渡担保と所有権留保の関係が問題となる。

ここで，所有権留保の法的構成につき，売主側が有しているのは制限物権的な担保権であり，所有権は買主に移転するとする担保権的構成を採ると，留保所有権の対抗要件具備は動産の売買時となるため，先に対抗要件を具備した譲渡担保権者が優先すると解することができる。これに対して，最判平30.12.7・民集72－６－1044（『令和元年度重要判例解説』民法４事件）は，当該動産の所有権は，代金が完済されるまで売主から買主に移転しないものと解されるから，譲渡担保権者は，売主に対して譲渡担保権を主張することができないと判示している。本問の検討においては，譲渡担保権や所有権留保の法的構成における自らの立場に矛盾しないよう論じる必要がある。

〈参考答案例〉

第１　設問１
１　本件ワイン売買契約の解除の可否
⑴　Ａは，本件ワイン売買契約（民法（以下，省略する。）555条）の解除（542条１項１号）を主張しているが，Ａの主張は認められるか。本件ワインの引渡債務は履行不能といえるかが問題となる。
⑵　履行不能か否かは，契約その他の債務の発生原因及び取引上の社会通念に照らして判断される（412条の２第１項）。
　本件ワイン売買契約は，専門業者同士の売買契約であり，本件ワインは，飲用に適さない程度に劣化してしまったので，売買目的物としての価値がなくなったといえる。したがって，本件ワインの引渡債務は，本件ワイン売買契約及び取引上の社会通念に照らして履行不能といえる。
⑶　これに対して，Ｂは，本件ワインは，落雷による火災が原因で劣化したため，Ｂに帰責事由はなく，解除をすることができないと反論する。
　しかしながら，債務不履行解除の制度の目的は，債権者を契約の拘束力から解放させることにあるから，解除権の発生に債務者の帰責事由は要件とされない。
　したがって，Ｂの反論は認められない。
⑷　よって，Ａの本件ワイン売買契約の解除の主張は認められる。
２　本件賃貸借契約の解除の可否
⑴　Ａは，本件ワイン売買契約の引渡債務の履行不能を理由に，本件賃貸借契約（601条）の解除を主張しているが，Ａの主張は認められるか。
⑵　Ｂは，本件ワイン売買契約と本件賃貸借契約とは別個の契約であるから，

1

Ａは本件賃貸借契約の解除をすることはできないと反論する。
⑶　解除を認める趣旨は，前述のように，債権者を契約の拘束力から解放させることにある。そうすると，別個独立の契約の一つに解除事由があったとしても，原則として，他の契約の解除をすることはできない。しかし，複数の契約が密接不可分であり，単独の契約では本来の目的を達成することができないような場合にこれを認めないのは，取引通念に反し，一方当事者に酷な結果となる。
　そこで，①複数契約が相互に密接に関連しており，②社会通念上いずれかが履行されるだけでは契約を締結した目的が全体として達成されないという関係があれば，一つの契約の債務不履行を理由に，他の契約も解除することができると解する。
⑷　本件ワイン売買契約の交渉の際に，ＡはＢに対して，本件ワインの販売が順調であれば将来的に取り扱う高級ワインの種類や数量を増やしていく予定であるという事業計画を伝えていること，及び，本件賃貸借契約の際には，上記事業計画に適した冷蔵倉庫が見つかるまでの当面の保管場所として冷蔵倉庫甲を借りる旨を伝えて，交渉していることから，両契約は相互に密接に関連しているといえる（①充足）。
　また，本件ワインの引渡債務が全て履行不能となったことにより，Ａは冷蔵倉庫甲を使用する必要性がなくなったといえること及び上記事業計画からすると，Ａが他の高級ワインをすぐに取り扱うことは難しいことからも，本件賃貸借契約が履行されるだけでは契約を締結した目的が全体として達成されないという関係があるといえる（②充足）。

2

したがって，Aは，本件ワイン売買契約の引渡債務の履行不能を理由に，本件賃貸借契約も解除することができる。

(5) よって，Aの本件賃貸借契約の解除の主張は認められる。

第２ 設問２

１ 小問(1)

Cは，本件譲渡担保契約の有効性について，第三者に対して主張することができる。以下，その理由を述べる。

(1) 本件譲渡担保契約は，合意①〜③の内容から，流動動産を目的とする譲渡担保である。流動動産譲渡担保は，その目的物を１個の集合体そのものと捉え，個々の動産が変動しても，集合体としては譲渡担保設定契約の時から同一性を保ったまま存続するものと解する。

では，Dの②の主張のように，本件譲渡担保契約は何が目的物かはっきりせず無効であるのではないか。

集合物を目的とする譲渡担保設定契約が有効とされるためには，第三者の取引安全の見地から，目的物が特定されている必要がある。なぜなら，担保物権という強力な権利の効力がどこまで及ぶかが明らかでないと，一般債権者などの第三者の期待を害し，取引の安全を害するからである。

判例は，流動動産についても，その種類，所在場所及び量的範囲を指定するなどの方法によって目的物の範囲が特定される場合には，１個の集合物として譲渡担保の目的とすることができるとしている。

本件譲渡担保契約は，合意①により，「倉庫丙内」にある「全て」の「酒類」を目的物とするとしており，種類，所在場所及び数量を指定する方法に

よって目的物の範囲が特定されているといえる。

したがって，本件譲渡担保契約は，有効である。

(2) 次に，Cの①の主張のように，倉庫丙内の酒類は，本件譲渡担保契約により担保の目的でCに所有権が譲渡され，対抗要件も具備されているかが問題となる。

譲渡担保の法律構成については，所有権移転の形式を一応尊重しつつ，担保の実質も考慮して，譲渡担保権者に所有権は移転するがそれは担保目的により制約され，設定者のもとに所有権から担保権を控除した物権的権利である設定者留保権が残ると解する。

そして，集合物を一物として，占有改定により１個の集合物として対抗要件が具備される。流動動産の場合，譲渡担保設定契約時に占有改定がされていれば，その効力は，集合物としての同一性が維持されている限り，新たにその構成部分となった動産にも及ぶ。

本件譲渡担保契約では，合意①により，占有改定の方法によって引き渡すとされている。

したがって，倉庫丙内の酒類は，本件譲渡担保契約により担保の目的でCに所有権が譲渡され，対抗要件も具備されている。

(3) よって，Cは，本件譲渡担保契約の有効性について，第三者に対して主張することができる。

２ 小問(2)

(1) Cは，本件ウイスキーが倉庫丙に搬入されたことにより譲渡担保権の効力が及んでいるとして，Cの所有権が優先すると主張する。これに対して，

Dは，Cに対し，本件ウイスキーの所有権を主張することができるか。本件ウイスキーには本件譲渡担保契約の効力が及ばないとのDの③の主張が認められるかが問題となる。

(2) 本件ウイスキー売買契約は，条項②により，所有権留保特約付きである。そして，債権者が担保目的で特定の目的物の所有権を有している点で譲渡担保との共通性が認められることから，所有権留保の法的構成は，売主に目的物の所有権が帰属するが，それは担保目的により制約され，買主にも代金完済時には所有権を取得できるという物権的期待権があると解すべきである。

そして，このような法的構成によれば，所有権留保特約付き売買の買主から売主への物権変動は生じていないから，売主と買主側の第三者は対抗関係に立たないと解すべきである。したがって，買主が代金を完済しない限り，買主の譲渡担保権者は，売主に対して所有権を主張できない。

(3) 本問では，Aは支払期日が過ぎても代金 1200 万円を完済していないから，本件ウイスキーの所有権はDにある。

したがって，本件ウイスキーには本件譲渡担保契約の効力が及ばないとのDの③の主張が認められる。

(4) よって，Dは，Cに対して，本件ウイスキーの所有権を主張することができる。

以上

5

6

〈A答案に求められるもの－A３通・C１通の解答言及表〉

A答案3通・C答案1通について，何を書いたか，分析してみました。

設問1

①制限種類債権の履行不能 ・412条の2第1項に言及した上で，問題文の事情を当てはめる
②無催告解除の要件 ・542条1項1号に当てはめる
③複数契約の解除 ・複合的契約における債務不履行と契約解除の判例（最判平8.11.12，百選Ⅱ44事件）を意識

○：言及している，△：言及しているが不十分

A答案①	A答案②	A答案③	C答案	コメント
○	○	○	△	いずれの答案も，412条の2第1項に言及した上で，問題文の事情を当てはめることができている。もっとも，点数が下になればなるほど当てはめの精度が低くなっており，特にC答案はなぜ履行不能なのかの説明がほとんどない。
○	○	○	△	A答案はいずれも丁寧に検討できていた。C答案はほぼ結論のみの論述であった。
○	○	○	△	A答案はいずれも複合的契約における債務不履行と契約解除の判例（最判平8.11.12，百選Ⅱ44事件）を意識した論述ができていた。C答案も判例の規範に近い規範を挙げることはできていたが，問題文の具体的事情はあまり使えておらず，当てはめが薄かったことが評価を下げた原因と思われる。

設問２

①集合物譲渡担保の法的構成
②集合物譲渡担保（流動動産譲渡担保）の有効性及び対抗要件 ・最判昭62.11.10を意識
③所有権留保の法的構成
④集合物譲渡担保（流動動産譲渡担保）と所有権留保の優劣 ・最判平30.12.7（重判令元民法４事件）を意識

○：言及している，△：言及しているが不十分

A答案①	A答案②	A答案③	C答案	コメント
○	○			A答案①，②は，集合物譲渡担保の法的構成に言及していた。所有権留保の法的構成と比較する意味でも論じておきたかったところである。
△	○	○	△	いずれの答案も検討できていたが，A答案が最判昭62.11.10をかなり正確に論じることができていたのに対し，C答案はやや不正確であった。超重要基本論点だけに，書き負けると差を付けられるものと思われる。
○				検討できていたのはA答案①のみであった。集合物譲渡担保（流動動産譲渡担保）と所有権留保の優劣を論ずる前提となる論点であることから，軽くでも言及しておきたいところである。
○	△	△	△	いずれの答案も検討できていたが，最判平30.12.7（重判令元民法4事件）はあまり意識できていなかった。A答案①は，所有権留保の法的構成についての担保的構成から一貫した論述ができており，読みやすかった。

〈再現答案①　評価Ａ〉

第一　設問１
１　本件ワイン売買契約について
　Ａが解除をするためには民法（以下略）542条１項１号の要件を充たす必要がある。履行不能（412条の２）であるといえるか。
　本件ワインは飲むように購入したものである。しかし，本件ワインは飲用に適さない程度に劣化してしまっている。また，同種同等のワインは他に存在しない。そうであれば，この本件ワイン自体を引き渡すことは可能であるとしても，飲用に適さないのであるから，契約目的を達成できない程度の瑕疵が生じている。したがって，社会通念上，本件ワインの引渡は履行不能になったといえる①。
　ここで，Ｂは履行不能の原因が，Ａにあったとして，543条により解除をすることができないと反論すると考える。本件では，冷蔵庫はＢの冷蔵庫を利用するものではなく，他の冷蔵庫を利用する予定であった。そうであれば，Ｂの冷蔵庫を利用したことは，予定とは違うのであるから，Ａの帰責性であるといえるとも思える②。しかし，ＡＢ間で冷蔵庫の賃貸借契約を結んだ時点で，Ｂは本件ワインを手元に置いておくことを認容していた。そうであれば，履行不能になったことはＡの責任であったとはいえない。したがって，Ｂの反論は認められない。
　次にＢは本件ワインの引渡があったことから，567条により，危険が移転しているという反論がありうる。本件では，本件ワイン以外の酒類を全部搬出しているものの，履行期は到来していない

１

のであるから，いまだ引渡がなされたとはいえない。したがって，同条により危険の移転がしていたとはいえない。
２　本件賃貸借契約について
　本件賃貸借契約を解除するためには，541条１項１号の要件を充たす必要がある。本件では，本件ワインの売買契約が履行不能になっているから，本件賃貸借契約についても履行不能であるとの主張をすべきである。
　これに対してＢは本件賃貸借契約と本件ワイン売買契約は別個の契約であるから，このような主張は認められないとの反論がありうる③。
　しかし，両方の契約が密接に関連して，他方の契約が履行不能になった場合には，もう片方の契約の目的が達成できないといえる場合にはその他方の契約についても履行不能であるとして解除をすることができると考える。本件では，本件ワインの売買契約があることを前提に冷蔵庫の賃貸借契約がなされているのであるから，本件ワインの売買契約がなければ，本件賃貸借契約を締結する動機がない。この場合には両者の契約が密接に関連しており，本件ワインの売買契約がなければ，本件賃貸借契約の契約目的を達成できない。したがって，本件賃貸借契約は履行不能であり，解除をすることができる。
３　結論
　よって，本件ワイン売買契約及び，本件賃貸借契約を解除する旨

２

①412条の２の文言に忠実に当てはめができている。

②このような考え方もあろうが，冷蔵庫甲に隣接する家屋における落雷を原因とする火災が発生し，高熱によって冷蔵庫甲の配電設備が故障した事実を評価したいところである。

③「目的が相互に密接に関連付けられている２個の契約の一方の債務不履行を理由として他方を解除することができるか」という出題趣旨記載の問題の所在を意識した論述ができている。

のＡの主張は認められる。
第二　設問２
１　問(1)
　本件譲渡担保契約は集合動産譲渡担保契約であり，一物一権主義に反するのではないか。
　一物一権主義は，複数の動産に一個の権利を認める必要性がないこと，権利を認めてもそれを公示する手段がないことを趣旨とする。本件のような集合動産譲渡担保は，担保価値を高めるためにそれを認める必要性があり，また占有改定の方法によって公示をすることができるから，一物一権主義の例外として認めることができる。したがって，①の主張は適当であるといえる。
　この場合であっても，譲渡担保の目的物が特定されていなければならない。本件では，倉庫丙内のすべての酒類として他の物と区別が可能である[④]。したがって，特定がなされている。②の主張は失当である。
　したがって，本件譲渡担保契約は有効である。
２　問(2)
　ＡはＤから本件ウイスキーを購入したが，代金の完済をもって所有権が移転するとの特約がなされている。もっとも，当事者の意思としては，代金債権の担保として所有権を留保していると考えられること，引渡日以降であればＡが転売することを許容していることからすれば，その実質は担保であると考えるべきである。し

3

たがって，本件ウイスキー売買契約によって所有権はＡに移転し，Ｄには担保権のみが残っているとみるべきである[⑤]。そして，本件ウイスキーは丙倉庫内に移転したのであるから，これについて占有改定により対抗要件を備えているＣはＤに優先して譲渡担保権を主張できる[⑥]。したがって，③の主張は失当である。
　よって，ＤはＣに対して本件ウイスキーの所有権を主張することはできない。

以上

4

④特定の必要性に気がついて論述ができている。当てはめも端的に必要な論述ができている。

⑤当事者の意思に配慮しつつ，所有権留保の法的構成についての自説を論理的に展開できている。

⑥対抗要件具備の先後で優劣を判断している点で，最判平 30.12.7を意識した論述となっている。

〈再現答案②　評価A〉

第1　設問1
1　本件ワイン売買契約の解除について
(1)　Aは，本件ワイン売買契約にかかるBの本件ワインの引渡債務は履行不能（民法412条の2第1項）となっているから，「債務の全部の履行が不能であるとき」にあたり，本件ワイン売買契約を無催告解除（542条1項1号）することができると主張することが考えられる①。
(2)　これに対し，Bは，本件ワインはいまだ引渡し可能であるから，履行不能ではない，と反論することが考えられる。
(3)　履行不能であるかどうかは，「契約その他の債務の発生原因及び取引上の社会通念に照らして」判断される（412条の2第1項）。
　Bは，Aとの本件ワイン売買契約締結の交渉の際，Aが本件ワインを売却する目的であることを知っていたと考えられる。そうだとすれば，落雷を原因とする火災により，本件ワインが飲用に適さなくなっている以上，Bの本件ワインの引渡債務は「契約その他の債務の発生原因及び取引上の社会通念に照らして」履行不能となっているといえる。
(4)　したがって，Aは本件ワイン売買契約を無催告解除することができる。なお，上記履行不能は，落雷という不可抗力が原因であるから，履行不能が「債権者の責めに帰すべき事由によるものである」（543条）とはいえず②，本件ワイン売買契約を解除できることに問題はない。

1

①適切な条文の指摘及び問題の所在の正確な把握ができている。

②解除の可否，帰責事由の有無について，端的に指摘できており，高評価であろう。

2　本件賃貸借契約の解除について
(1)　Aは，本件ワインの引渡し債務が履行不能となっている以上，本件賃貸借契約も解除することができると主張することが考えられる。
(2)　これに対し，Bは，本件ワイン売買契約と本件賃貸借契約とは別個の契約であるから，本件ワインの引渡し債務が履行不能であるとしても，本件賃貸借契約を解除することはできないと反論することが考えられる③。また，冷蔵倉庫甲の配電設備の修理は完了し，甲の空調機能は復旧し，その使用には何らの支障がなくなっており，Aが将来取得する高級ワインを保管するために使用することができるのであるから，本件賃貸借契約に履行不能はないと反論することも考えられる。
(3)　たしかに，両者は別個の契約である。しかし，複数の契約が密接に関連しており，一方の契約の債務不履行により他方の契約を締結した目的が達成できない場合には，一方の契約の債務不履行を理由として他方の契約をも解除することができると解すべきである④。
　Aは，Bとの交渉の際に，本件ワインの引渡し日まで高級ワインの保存に適した冷蔵倉庫を購入し又は賃借することを予定していることを伝えていた。また，冷蔵倉庫の購入や賃借の見込みが全く立たず，Aは，Bに対して，適切な規模の冷蔵倉庫が見つかるまでの当面の保管場所として同人の所有する冷蔵倉庫を借

2

③「目的が相互に密接に関連付けられている2個の契約の一方の債務不履行を理由として他方を解除することができるか」という出題趣旨記載の問題の所在を意識した論述ができている。

④最判平8.11.12を意識した判断基準を端的に指摘できている。

りたいと伝えて本件賃貸借契約を締結している。そうだとすれば，AとBとの間では，本件賃貸借契約は本件ワインを保管するためのものであることが前提となっていたといえる。そのため，本件ワインの引渡し債務が履行不能となれば，本件ワインの保管のためという本件賃貸借契約を締結した目的を達成することはできないものといえる。

したがって，両契約は密接に関連するものといえる。

⑷　以上より，Aは，上記履行不能を理由として，本件賃貸借契約を解除することができる（542条1項1号）。

第2　設問2⑴

1　本件譲渡担保契約は集合動産譲渡担保契約である。動産譲渡担保契約はその必要性があるし，占有改定による公示も可能であるから，一物一権主義には反しない。もっとも，目的物が種類や所在場所によって特定されている必要がある。AとCは，本件譲渡担保契約において，目的物を倉庫丙内にあるすべての酒類と合意しているから，目的物は特定されている。したがって，本件譲渡担保契約は有効である[⑤]。

2　動産に関する物権の譲渡は，その動産の引渡しがなければ，第三者に対抗することができない（178条）。

譲渡担保契約は，その形式を重視して，目的物の所有権は譲渡担保権者に移転するものと解すべきである。そのため，譲渡担保権者が譲渡担保契約の有効性を第三者に対抗するためには，引渡しを

3

⑤特定の必要性に気がついて論述ができている。当てはめも端的に必要な論述ができている。

受ける必要がある。

本件で，Cは，占有改定（183条）によって目的物の引渡しを受けている。

3　したがって，Cは本件譲渡担保契約の有効性を第三者に対抗することができる。

第3　設問2⑵

1　Dは，Aとの間で本件ウイスキー売買契約を締結し，Aに対し本件ウイスキーを売却しているが，所有権留保特約を結んでいる。そして，Aは，Dに対し，本件ウイスキーの代金1200万円を支払っていない。そのため，Dは本件ウイスキーの所有権を有する。

2　では，CとDのいずれが優先するか。

本件ウイスキーは，倉庫丙内の他の酒類とともに棚に保管されている。ここで，本件譲渡担保契約における合意③によれば，補充された酒類は倉庫丙に搬入された時点で，当然に譲渡担保の目的となるとされている。しかし，本件ウイスキーは，「補充された酒類」には当たらないと考えられるから[⑥]，本件ウイスキーは本件譲渡担保契約の目的物とはならない。そのため，本件ウイスキーには，本件譲渡担保契約の効力は及ばない。なお，本件ウイスキーは丙内の他のウイスキーと判別できる状態にあったことからもこのように解すべきである。したがって，本件ウイスキーの所有権はDに帰属する。

3　以上より，Dは，Cに対して，本件ウイスキーの所有権を主張することができる。　以上

4

⑥合意の文言に着目している点で，事案に応じた分析ができているが，非典型担保に関する判例法理の理解や非典型担保の法的構成についての論述が不十分になってしまっている。

〈再現答案③　評価A〉

第1　設問1
1　本件ワイン売買契約（555条）
(1)　Aは，Bに対して，本件ワインの引渡債務の全部の履行が不能であるとして542条1項1号に基づき本件契約の解除を主張することが考えられる。
(2)　Bは，本件ワインは滅失したわけではない以上，本件ワインの引渡債務が履行不能には当たらないと反論することが考えられる。
ア　債務が履行不能か否かは「契約その他の債務の発生原因及び取引上の社会通念に照らして」判断すべきである（412条の2第1項）①。
イ　本件では，Aは，酒類及び食品類の卸売を主たる業務とする株式会社であり，令和3年4月頃，Aは，冷蔵保存を要する高級ワインの取扱いを新しく開始することを計画し，海外から酒類を輸入販売することを主たる業務とする株式会社Bと協議を重ねた上契約した。そのため当事者の認識ではワインは飲食用だったと考えられる。そのため，本件のように，ワインが飲食用に適しない程度に劣化した場合には，たとえそれ以外の目的として使用できるようになったとしても，当事者間の目的は達成できないといえる②。そのため，「契約」「取引上の社会通念に照らして」債務が不能になったといえる。
(3)　したがって，本件契約の解除が認められ，Aの主張が認められ

1

る。
2　本件賃貸借契約（601条，以下「本件契約」という。）
(1)　Aは，Bに対して，本件契約も542条1項1号に基づき解除できる旨主張することが考えられる。
ア　これに対し，Bは，冷蔵倉庫甲は，修理が完了し，空調機能は復旧しており，その使用には何らの支障がなくなっているため，本件賃貸借解除はできない旨反論する。
イ　当事者間で複数の契約を締結した場合，契約の相対効の原則から，各契約は本来別個の契約であるから一方の契約の不履行を理由として他方の契約の解除はできないのが原則である。もっとも，①両契約が相互に密接に関連しており，②一方の契約のみでは契約の目的が全体として達成できない場合には，一方の契約上の不履行を理由に，他方の契約の解除が認められると解する③。
ウ　本件賃貸借契約は，本件売買で購入した本件ワインの保管に適切な規模の冷蔵倉庫が見つかるまでの当面の保管場所としてBの所有する冷蔵倉庫甲を借りたものであった。そうだとすれば，売買契約が履行される事が賃貸借契約の前提となり，両契約は相互に密接に関連しているといえる。そして，賃貸借契約では本件ワインを保存することができないことから②も認められる。
(2)　したがって，売買契約が履行不能により解除されたことを理

2

①条文の文言に引きつけて，的確に問題の所在が把握できている。

②A社の業務やB社との契約に至る過程にまで目を向けた，十分な当てはめである。

③「目的が相互に密接に関連付けられている2個の契約の一方の債務不履行を理由として他方を解除することができるか」という出題趣旨記載の問題の所在を意識した論述ができている。

由に，賃貸借契約も履行不能としても542条1項1号に基づき解除でき，Aの主張が認められる。
第2　設問2(1)
1　Cの本件譲渡担保契約の有効性について
(1)　集合物譲渡担保契約は，一物一権主義の観点からその有効性が問題となるが，集合物譲渡担保は，必要性，公示の点から問題ないため有効であると解するべきである。具体的には，集合物の範囲が種類場所量等の範囲が指定する形で特定されている場合には，有効であると解する。
(2)　本件では，目的物は，倉庫丙内にある全ての酒類（アルコール分1パーセント以上の飲料をいう。）を目的物としている。そのため，場所種類量の範囲が指定する形で特定されているといえる④。
(3)　そこで，本件譲渡担保契約は有効である。
(4)　次に，対抗要件が具備されているといえるか。
(5)ア　対抗要件を逐一具備しなければならないとするとあまりにも煩雑になる。そのため，対抗要件は占有改定により，集合物について対抗要件が具備され集合物としての同一性が損なわれない限り，新たにその構成部分となった動産についても対抗要件が備えられる⑤。
イ　本件では，令和3年10月20日，Dは，本件ウイスキー売買契約に従って，本件ウイスキーを倉庫丙に搬入した。本件ウ

④特定の必要性に気がついて論述ができている。当てはめも端的に必要な論述ができている。

⑤最判昭62.11.10を意識した適切な規範の定立ができている。

3

イスキーは倉庫丙内の他の酒類とともに棚に保管されたが，どのウイスキーが本件ウイスキーかは判別できる状態にあった。そのため，Cは対抗要件を備えている。
ウ　したがって，Cは第三者に対して譲渡担保の有効性を主張することができる。
第3　設問2(2)
1　DがCに対して本件ウイスキーの所有権を主張することができるか。
(1)　対抗要件は占有改定により，集合物について対抗要件が具備され集合物としての同一性が損なわれない限り，新たにその構成部分となった動産についても対抗要件が備えられると解する。
(2)　本件ではすでにCが対抗要件を備えている。
(3)　したがって，DはCに対して本件ウイスキーの所有権を主張することができる⑥。

以上

⑥本件が，譲渡担保契約を締結して占有改定による引渡しも了した後に，債務者が第三者から所有権留保特約付きで動産を購入し，その動産が倉庫丙に搬入された場合であることに留意せず，問題の所在に気がついていない論述となってしまっている。

4

〈再現答案④　評価C〉

第１　設問１
１　本件ワイン売買契約
(1)　ＡのＢに対する請求として本件ワイン売買契約解除(555条，542条１項１号）に基づく原状回復請求としての代金返還請求が考えられる。
(2)　本件ワイン売買契約の成立でＢは引渡日を令和３年９月１日とするＡに対する本件ワインの引渡債務を負っている。特定のためには準備と通知に加えて分離まで要求されるが，本件ワインと同種同等のワインは他に存在しないから特定は問題とならない。
(3)　本件ワインは飲用に適さない程度に劣化しているから，飲用物であるワインの「取引上の社会通念に照らして」履行不能（412条の2）といえる。よって，引渡「債務の全部の履行が不能であるとき」(542条１項１号）にあたる①。
(4)　したがって，Ａは本件ワイン売買契約を催告なく解除することができる（542条１項)。
２　本件賃貸借契約
(1)　甲の空調機能は復旧したから，本件賃貸借契約のＢのＡに対する甲を使用収益させる債務は債務不履行に陥っていない。しかし，Ａとしては本件ワイン売買契約が解除されれば甲を利用する実益がない。では，本件ワイン売買契約とともに本件賃貸借契約を解除することができるか。

１

①条文の文言に引きつけた適切な当てはめができている。

(2)　契約は相対効が原則であるから一方の債務不履行が当然に他方の契約に影響するわけではない。もっとも，双方の契約の目的が密接不可分の関係にあり，一方が目的不達成なら他方の契約を維持する実益に乏しい場合には，一方の債務不履行を理由に他方の契約も共に解除できると解する②。
(3)　甲は本件ワインの当面の保管場所として賃貸されているから，契約の目的が密接不可分の関係にあるといえる。甲はＢの下にあるからＡは他の目的で使用することは困難であるといえ，一方が目的不達成なら他方の契約を維持する実益に乏しい場合にあたる。
(4)　したがって，Ａは本件賃貸借契約を本件ワイン売買契約と共に解除することができる。
第２　設問２(1)
１(1)　②の主張は，集合物譲渡担保契約は一物一権主義の単一性に反し認められないとするものである。
(2)　公示手段について，占有改定（183条）による引渡しが認められる他，集合物全体につきその必要性が認められる③。よって，一物一権主義に反しない。
２(1)　①の主張はＣが本件ウイスキーにつき対抗要件を具備しているから，Ｄの引渡し請求は認められないとするものである。
(2)　第三者対抗要件として占有改定による引渡し（183条）を受けていて，かつ目的物が判別できる状態にあることが必要であ

２

②「目的が相互に密接に関連付けられている２個の契約の一方の債務不履行を理由として他方を解除することができるか」という出題趣旨記載の問題の所在を意識した，規範の定立ができている。

③結論としては正しいが、なぜ占有改定による引渡しが認められるのかについての理由を論述すべきである。

る。もっとも，設定者の下を離れ流通に至った場合は公示の衣[④]の外にあるとして第三者に対抗できないと解する。

(3)　本件ウイスキーは令和3年10月20日に丙に搬入され占有改定を受け，他の種類と判別できる状態にあった[⑤]。丙の外に流通し即時取得されるなどの事情もない。よって，本件ウイスキーにつきCは第三者対抗要件を具備している。

(4)　したがって，Cは本件譲渡担保契約の有効性を第三者に主張できる。

第3　設問2(2)

1[⑥](1)　DのCに対する請求は本件ウイスキーの所有権に基づく返還請求権としての動産引渡請求である。

(2)　Cの抗弁として所有権喪失の抗弁があげられ，Dはその再抗弁として所有権留保の特約を主張しうる。そしてCの再再抗弁として①代金完済②即時取得（192条）③権利濫用があげられる。

(3)　Aは代金1200万円を支払わなかったから①は失当である。そして即時取得は支配領域を離れ流通するに至った動産に対する第三者の信頼保護を目的とするから，「占有を始めた」につき占有改定は含まない。よって，②も失当である。

(4)　ではDの主張に対し③権利濫用の主張はできないか。本件ウイスキー売買契約ではその条項に転売の承諾が含まれる。転売につき譲渡担保の設定を含むか問題となるも，Dは本件ウイス

3

キーにつき第三者が所有権を取得することを容認していたとはいいうる。Dは自ら第三者が権利を取得することを容認しておきながら，所有権留保特約を主張しているものとして信義則に反するから権利濫用にあたる。

(5)　したがって，Dの請求は認められない。

以上

4

④「公示の衣」というワードが先行し、中身を伴わない不十分な論述になっている。

⑤目的物の特定が問題になることに気がついてはいるが、なぜ「識別できる状態であった」といえるのかのかについて，もう少し論述を加えるべきである。

⑥非典型担保に関する判例法理の理解や非典型担保の法的構成についての論述が不十分になってしまっている。

《商　法》

次の文章を読んで，後記の〔設問1〕及び〔設問2〕に答えなさい。

1．甲株式会社（以下「甲社」という。）は，医療用検査機器等の製造販売を業とする取締役会設置会社であり，監査役設置会社である。甲社は種類株式発行会社ではなく，その定款には譲渡による甲社株式の取得について甲社の取締役会の承認を要する旨の定めがある。甲社の発行済株式の総数は１０００株であり，昨年までは創業者であるAがその全てを保有していた。Aは創業以来甲社の代表取締役でもあったが，昨年高齢を理由に経営の第一線から退いた。Aの後任を選定する取締役会においては，以前Aが他社から甲社の取締役として引き抜いてきたBが代表取締役に選定された。また，Aは，退任に際し，Bと，Aの子であるCに，それぞれ１００株を適法に譲渡した。その結果，甲社株主は８００株を保有するAのほか，１００株ずつ保有するBとCの３名となった。創業以来，甲社において株主総会が現実に開かれたことはなく，役員等の選任は，３年前の改選時も含め，Aによる指名をもって株主総会決議に代えていた。また役員報酬や退職慰労金は，役職や勤続年数に応じた算定方法を定めた内規（以下「本件内規」という。）を基に，Aの指示によって支払われてきた。そしてAの退任時も本件内規に従った退職慰労金が支払われた。

2．甲社の定款では，取締役の任期については「選任後１０年以内に終了する事業年度のうち最終のものに関する定時株主総会の終結の時まで」と規定されている。また「代表取締役は取締役会決議によって定めるものとするが，必要に応じ株主総会の決議によって定めることができる」旨の定めがある。役員の報酬については定款に定められていない。甲社の取締役は，代表取締役社長であるBのほか，代表権のない取締役であるC，D及びEの計４名であった。

3．従来，甲社の事業は，医療用検査機器の製造販売が中心であったが，次代の社長を自負するCは，家庭用検査機器の製造販売を拡充すべきであると主張し，度々Bと経営戦略について対立するようになった。またAも，いずれはCに甲社を継がせたいと考えており，少なくともBと同等の権限をCにも与えるべきであると考えるようになっていた。

4．Aの意向を知ったCは，Bら他の取締役の承諾を得ることなく，自ら「代表取締役副社長」と名乗って取引先と交渉するようになった。さらに，Cは，Aと相談して了承を得た上で，Cを代表取締役に選定する臨時株主総会決議があったものとして株主総会議事録を作成し，Cを代表取締役に追加する旨の登記申請をし，その旨登記された。これらCの一連の行動を，Bら他の取締役が察知することはなかった。

5．そのような中，Ｃは，家庭用検査機器の製造販売を拡充するべく部品の調達先を確保しようと考え，新たに乙株式会社（以下「乙社」という。）と取引基本契約を締結することとした。Ｃは，甲社の代表者印が常に経理担当従業員Ｆに預けられていることを知っており，契約書に「代表取締役副社長Ｃ」と記名してＦに指示して代表者印を押印させた。乙社の代表取締役は，甲社の代表取締役副社長として振る舞うＣを信頼して取引に応じ，この契約書に記名押印した。その後，乙社が甲社に対して供給した部品の代金２０００万円（以下「本件代金」という。）の支払を請求したところ，Ｃによる一連の行動はＢら他の取締役の知るところとなり，ＢとＣとの関係が更に悪化した。Ｂは，Ｃは適法な会社代表者ではなく，甲社は乙社と契約など締結していないとして，本件代金の請求に応じない意向を示している。

〔設問１〕

甲社に対して本件代金を請求するために，乙社の立場において考えられる主張及びその当否について，論じなさい。

6．ＢとＣとの対立は，その後も激化の一途をたどり，ついにＣはＢを代表取締役から解職することを決意した。Ｃは，Ｄ及びＥの協力を取り付けた上で適法な招集手続を経て取締役会を招集し，Ｂの解職と改めてＣを代表取締役に選定する旨の決議が成立した。

7．Ｂは，もはや甲社に自分の居場所はないと考え，取締役を辞任することを決意した。Ａは強く翻意を促したが，Ｂは聞き入れず，直後に開催された取締役会で取締役を辞任することを申し入れ，了承された。Ｂに申し訳ないことをしたと感じていたＡは，Ｂを引き抜いた際，取締役退任時には本件内規に基づいて退職慰労金が支給されると説明したことを思い出し，Ｆに対して，本件内規に基づく退職慰労金をＢに支給することの検討を依頼した。Ｆは，この依頼に応じ，本件内規に基づいて算定された金額である１８００万円の退職慰労金（以下「本件慰労金」という。）をＢに支払った。

8．本件慰労金が支給されてから程なくしてＡが死亡した。Ａが保有していた甲社株式８００株は全てＣが相続によって取得した。Ａの死後，Ｃは，Ｆから報告を受けた際，Ｂに本件慰労金が支給されたことを知った。そこで，Ｃは，甲社として，Ｂに対して本件慰労金の返還を請求することとした。

〔設問２〕

甲社のＢに対する本件慰労金の返還請求の根拠及び内容について説明した上で，これを拒むために，Ｂの立場において考えられる主張及びその当否について，論じなさい。

〈問題文の解析〉

※文中のグレー網掛けは辰巳法律研究所

次の文章を読んで，後記の〔設問１〕及び〔設問２〕に答えなさい。

1．甲株式会社（以下「甲社」という。）は，医療用検査機器等の製造販売を業とする取締役会設置会社であり，監査役設置会社である。甲社は種類株式発行会社ではなく，その定款には譲渡による甲社株式の取得について甲社の取締役会の承認を要する旨の定めがある。甲社の発行済株式の総数は１０００株であり，昨年までは創業者であるＡがその全てを保有していた。Ａは創業以来甲社の代表取締役でもあったが，昨年高齢を理由に経営の第一線から退いた。Ａの後任を選定する取締役会においては，以前Ａが他社から甲社の取締役として引き抜いてきたＢが代表取締役に選定された。また，Ａは，退任に際し，Ｂと，Ａの子であるＣに，それぞれ１００株を適法に譲渡した。その結果，甲社株主は８００株を保有するＡのほか，１００株ずつ保有するＢとＣの３名となった①。創業以来，甲社において株主総会が現実に開かれたことはなく，役員等の選任は，３年前の改選時も含め，Ａによる指名をもって株主総会決議に代えていた。また役員報酬や退職慰労金は，役職や勤続年数に応じた算定方法を定めた内規（以下「本件内規」という。）を基に，Ａの指示によって支払われてきた。そしてＡの退任時も本件内規に従った退職慰労金が支払われた。

①B，Cに100株ずつ譲渡しても，いまだAは800 株を保有しており，甲社において支配的地位を有することが読み取れる。

2．甲社の定款では，取締役の任期については「選任後１０年以内に終了する事業年度のうち最終のものに関する定時株主総会の終結の時まで」と規定されている。また「代表取締役は取締役会決議によって定めるものとするが，必要に応じ株主総会の決議によって定めることができる」旨の定めがある②。役員の報酬については定款に定められていない。甲社の取締役は，代表取締役社長であるＢのほか，代表権のない取締役であるＣ，Ｄ及びＥの計４名であった。

②このような定款規定の有効性を検討すべきことが分かる。

3．従来，甲社の事業は，医療用検査機器の製造販売が中心であったが，次代の社長を自負するＣは，家庭用検査機器の製造販売を拡充すべきであると主張し，度々Ｂと経営戦略について対立するようになった。またＡも，いずれはＣに甲社を継がせたいと考えており，少なくともＢと同等の権限をＣにも与えるべきであると考えるようになっていた。

4．Ａの意向を知ったＣは，Ｂら他の取締役の承諾を得ることなく，自ら「代表取締役副社長」と名乗って取引先と交渉[③]するようになった。さらに，Ｃは，Ａと相談して了承を得た上で，Ｃを代表取締役に選定する臨時株主総会決議があったものとして株主総会議事録を作成し[④]，Ｃを代表取締役に追加する旨の登記申請をし，その旨登記された[⑤]。これらＣの一連の行動を，Ｂら他の取締役が察知することはなかった。

5．そのような中，Ｃは，家庭用検査機器の製造販売を拡充するべく部品の調達先を確保しようと考え，新たに乙株式会社（以下「乙社」という。）と取引基本契約を締結することとした。Ｃは，甲社の代表者印が常に経理担当従業員Ｆに預けられていることを知っており，契約書に「代表取締役副社長Ｃ」と記名してＦに指示して代表者印を押印させた。乙社の代表取締役は，甲社の代表取締役副社長として振る舞うＣを信頼して取引に応じ，この契約書に記名押印した。その後，乙社が甲社に対して供給した部品の代金２０００万円（以下「本件代金」という。）の支払を請求したところ，Ｃによる一連の行動はＢら他の取締役の知るところとなり，ＢとＣとの関係が更に悪化した。Ｂは，Ｃは適法な会社代表者ではなく，甲社は乙社と契約など締結していないとして，本件代金の請求に応じない意向を示している。

〔設問１〕

甲社に対して本件代金を請求する[⑥]ために，乙社の立場において考えられる主張及びその当否について，論じなさい。

6．ＢとＣとの対立は，その後も激化の一途をたどり，ついにＣはＢを代表取締役から解職することを決意した。Ｃは，Ｄ及びＥの協力を取り付けた上で適法な招集手続を経て取締役会を招集し，Ｂの解職と改めてＣを代表取締役に選定する旨の決議が成立した。

7．Ｂは，もはや甲社に自分の居場所はないと考え，取締役を辞任することを決意した。Ａは強く翻意を促したが，Ｂは聞き入れず，直後に開催された取締役会で取締役を辞任することを申し入れ，了承された。Ｂに申し訳ないことをしたと感じていたＡは，Ｂを引き抜いた際，取締役退任時には本件内規に基づいて退職慰労金が支給されると説明したことを思い出

③「副社長」（354 条）の文言に当てはまることから，表見代表取締役の適用について検討すべきことが分かる。

④Ａの承諾があることにより株主総会決議があったといえるかについて検討すべきことが分かる。

⑤代表取締役選任決議があったといえない場合でも，それがある旨の登記があることから，908 条2項により，甲社は乙社に対して Ｃ が代表取締役ではないことを主張できないのではないかについて検討すべきことが分かる。

⑥これが認められるには，Ｃ・乙社間の取引の効果が甲社に帰属することが必要である。

し，Ｆに対して，本件内規に基づく退職慰労金をＢに支給することの検討を依頼した。Ｆは，この依頼に応じ，本件内規に基づいて算定された金額である１８００万円の退職慰労金（以下「本件慰労金」という。）をＢに支払った⑦。

8．本件慰労金が支給されてから程なくしてＡが死亡した。Ａが保有していた甲社株式８００株は全てＣが相続によって取得した。Ａの死後，Ｃは，Ｆから報告を受けた際，Ｂに本件慰労金が支給されたことを知った。そこで，Ｃは，甲社として，Ｂに対して本件慰労金の返還を請求することとした。

〔設問2〕

甲社のＢに対する本件慰労金の返還請求の根拠及び内容⑧について説明した上で，これを拒むために，Ｂの立場において考えられる主張及びその当否について，論じなさい。

⑦退職慰労金も「報酬等」（361条1項）に当たることは大前提として指摘し，その上で，その支給について定款規定及び株主総会決議のいずれも存在しないことを論ずる必要がある。

⑧「報酬等」（361条1項）の支給に必要な手続が履践されていないことから，不当利得返還請求（民法703条）が根拠であることが分かる。

〈出題趣旨の解析〉

設問１では，Ｃと乙社との取引が甲社に効果帰属するための主張及びその当否を指摘することが求められている。具体的には，①Ｃは甲社の代表取締役として適法に選定された者といえるかにつき，取締役会設置会社における株主総会による代表取締役選定に関する定款規定の有効性に関する議論（最判平成２９年２月２１日参照）を前提に，Ａの承諾をもって株主総会決議としてよいか，さらにＣが甲社の代表取締役であるとは認められない場合であっても，②Ｃが登記簿上は代表取締役であることから，会社法第９０８条第２項に基づき，甲社は乙社にＣが代表取締役ではないと主張することができないと解する余地があるか，あるいは③Ｃが表見代表取締役（同法第３５４条）に該当するために，甲社はＣの行為についての責任を負うと解する余地があるかについて，検討することが期待されている。上記②及び③を検討するに当たっては，大株主であるＡの関与や代表者印の管理不備の問題をどのように評価するかがポイントとなる。

設問２では，本件慰労金の返還請求の根拠・内容として，本件慰労金が取締役の報酬等（会社法第３６１条第１項）に当たることを前提に，本件慰労金の支給について定款の定めも株主総会決議もないことから，Ｂは本件慰労金相当額の具体的請求権を有しているとはいえず，本件慰労金は不当利得となることを指摘することが求められる。本件慰労金の返還を拒むために，Ｂの立場からは，本件慰労金を不確定額の報酬（同項第２号）と捉えて，ＡがＢをスカウトした際にその支給を約束し，かつその当時は甲社の全株式を有していたＡがその支給について同意したと主張することが考えられる。また，甲社における取締役報酬支給の慣行，ＡがＢをスカウトした際の説明，及び本件慰労金の返還請求に至った経緯等を前提とすると，甲社による本件慰労金の返還請求は信義則に反し，権利濫用に当たると主張することが考えられる（最判平成２１年１２月１８日参照）。

【分　析】

設問１では，Ｃと乙社との取引が甲社に効果帰属するための主張及びその当否を指摘することが求められている。

→　設問１が，乙社が甲社に対して本件代金を請求できるか否かを問うものであることから，Ｃ乙社間の売買契約（取引基本契約）の効果が甲社に帰属しているか否かを検討することになる。

具体的には，①Cは甲社の代表取締役として適法に選定された者といえるかにつき，取締役会設置会社における株主総会による代表取締役選定に関する定款規定の有効性に関する議論（最判平成２９年2月２１日参照）を前提に，Aの承諾をもって株主総会決議としてよいか，

→　まず，乙社としては，契約の甲社への効果帰属を主張するために，Cが甲社の代表取締役であって，取引基本契約はその代表権（349条4項）に基づいてなされたと主張することが考えられる。そのためには，Cが甲社の代表取締役として適法に選定されたことが前提となるところ，本問では，甲社が取締役会設置会社であるにもかかわらず，株主総会により代表取締役が選定されていることから，取締役会設置会社における株主総会による代表取締役選定に関する定款規定の有効性を検討することになる。

さらにCが甲社の代表取締役であるとは認められない場合であっても，②Cが登記簿上は代表取締役であることから，会社法第９０８条第2項に基づき，甲社は乙社にCが代表取締役ではないと主張することができないと解する余地があるか，

→　本問の事情の下においては，Cが甲社の代表取締役に適法に選定されたものとはいい難い。そこで，甲社がCを代表取締役として登記していることから，甲社に対する責任追及の手段として，不実登記の効力に関する908条2項の適用により，乙社が保護されないかを検討することになる。

あるいは③Cが表見代表取締役（同法第３５４条）に該当するために，甲社はCの行為についての責任を負うと解する余地があるかについて，検討することが期待されている。

→　さらに，問題文に「自ら『代表取締役副社長』と名乗って」という非常に分かりやすい誘導があることから，表見代表取締役に関する354条の適用により，乙社が保護されないかを検討することになる。

上記②及び③を検討するに当たっては，大株主であるＡの関与や代表者印の管理不備の問題をどのように評価するかがポイントとなる。

→ 問題文に挙げられている「甲社株主は800株を保有するＡのほか，100株ずつ保有するＢとＣの３名となった」「創業以来，甲社において株主総会が現実に開かれたことはなく，役員等の選任は，３年前の改選時も含め，Ａによる指名をもって株主総会決議に代えていた」「Ｃは，甲社の代表者印が常に経理担当従業員Ｆに預けられていることを知っており，契約書に『代表取締役副社長Ｃ』と記名してＦに指示して代表者印を押印させた」等の事情を摘示し，的確に評価する必要がある。

設問２では，本件慰労金の返還請求の根拠・内容として，本件慰労金が取締役の報酬等（会社法第３６１条第１項）に当たることを前提に，

→ 本件慰労金が「職務執行の対価として株式会社から受ける財産上の利益」（361条１項柱書）に当たることを前提として論述する必要がある。

本件慰労金の支給について定款の定めも株主総会決議もないことから，Ｂは本件慰労金相当額の具体的請求権を有しているとはいえず，本件慰労金は不当利得となることを指摘することが求められる。

→ 報酬の支給は，「定款に当該事項を定めていないときは，株式会社の決議によって定める」（361条１項柱書）ものとされているところ，本件慰労金の支給について定款の定めも株主総会決議もないということを指摘した上で，不当利得返還請求権（民法703条）の要件に当てはめて論述することになる。

本件慰労金の返還を拒むために，Ｂの立場からは，本件慰労金を不確定額の報酬（同項第２号）と捉えて，ＡがＢをスカウトした際にその支給を約束し，かつその当時は甲社の全株式を有していたＡがその支給について同意したと主張することが考えられる。

→ 本件慰労金を不確定額の報酬（361条１項２号）と捉え，「以前Ａが他社から甲社の取締役として引き抜いてきたＢ」「Ｂを引き抜いた際，取締役退任時には本件内規に基づいて退職慰労金が支給され

ると説明した」「甲社の発行済株式の総数は1000株であり，昨年までは創業者であるAがその全てを保有していた」等の事情を引用して，Aが本件慰労金の支給に同意したと主張することになる。

また，甲社における取締役報酬支給の慣行，AがBをスカウトした際の説明，及び本件慰労金の返還請求に至った経緯等を前提とすると，甲社による本件慰労金の返還請求は信義則に反し，権利濫用に当たると主張することが考えられる（最判平成21年12月18日参照）。

→ 最判平21.12.18（百選A22事件）を意識し，「役員報酬や退職慰労金は，役職や勤続年数に応じた算定方法を定めた内規（以下「本件内規」という。）を基に，Aの指示によって支払われてきた」「Bを引き抜いた際，取締役退任時には本件内規に基づいて退職慰労金が支給されると説明した」「本件慰労金が支給されてから程なくしてAが死亡した。Aが保有していた甲社株式800株は全てCが相続によって取得した。Aの死後，Cは，Fから報告を受けた際，Bに本件慰労金が支給されたことを知った。そこで，Cは，甲社として，Bに対して本件慰労金の返還を請求することとした。」等の事情を引用して，信義則違反，権利濫用の当てはめをすることになる。

〈論点〉

1　取締役会設置会社における株主総会決議による代表取締役選定に関する定款の効力
2　不実登記の効力
3　表見代表取締役
4　「報酬等」（361条1項）の意義
5　退職慰労金の「報酬等」該当性
6　定款の定め及び株主総会決議を欠いて支給された退職慰労金の返還請求の可否
7　不当利得返還請求（民法703条）の可否

〈概観〉

令和3年の予備試験の商法の問題は，設問1で適切な手続によって代表取締役に選任された事実のない者が行った取引の効力が会社に帰属するかどうか，設問2では株主総会による普通決議を経ないで支払われた退職慰労金を会社はいかなる根拠で返還請求することが考えられるかについて検討させる問題である。

令和2年は，多重株主代表訴訟の訴訟要件と本案主張そして自己株式の処分に関する一連の手続について，普段受験生が検討したことがない事項の検討が求められた。これに対して，令和3年は，多くの受験生が一見して論点が分かる問題であったと思われる。そのため，設問中の事実を適切に抽出，評価し他の受験生に書き負けないようにする必要があった。

設問1では，乙社が本件代金を甲社に請求するためには，C乙社間の売買契約（以下「本件売買契約」とする。）の効力が甲社に帰属している必要がある。

まず，乙社の主張として，Cが甲社の代表取締役として選定されているとの主張が考えられる。この主張が認められるかどうかを検討するに当たっては，取締役会設置会社である甲社における株主総会決議による代表取締役選定に関する定款規定が会社法に反しないかどうか（最判平29.2.21，会社法百選41事件参照）に関して，一人会社時代ではAの独断によって役員等が選任されてきた事実や本件売買契約時ではAの他に株主が2人存在している事実などを抽出し評価する必要がある。

次に，乙社の主張として，Cが甲社の代表取締役であるとは認められない場合であっても，Cが登記簿上は甲社の代表取締役とされていることから，908条2項に基づき，甲社は乙社にCが代表取締役ではないと主張することはできないとの主張が考えられる。この主張が認められるかどうかを検討するに当たっては，「故意又は過失」の有無について大株主であるAの関与等の事情を抽出し評価する必要がある。

さらに，乙社の主張として，Cは，甲社の「代表取締役副社長」と名乗り本件売買契約を締結していることから，会社法354条の適用によって本件代金を請求することができるとの主張が考えられる。この主張が認められるかどうかを検討するに当たっては，Cが「代表取締役副社長」と名乗るに至った経緯や他の取締役がCの一連の行動を察知することができなかった事情などを抽出し評価する必要がある。

本設問においては，結論はどちらに立ってもよいが，適切に事実を摘示して評価することが必須である。

設問2では，甲社は，Bに対する不当利得返還請求権（民法703条）の行使として本件慰労金の返還請求をすることが考えられる。本件慰労金の支払が，「利得」，「損失」及び因果関係の要件を充足することは問題なく認められる。

そして，甲社は，Bの甲社に対する報酬支払請求権が生じていないことが「法律上の原因がない」に該当すると主張することになる。すなわち，退職金の法的性質が労働対価の後払い性質を有することから，「報酬等」（361条1項柱書）に該当し，株主総会の普通決議（309条1項）が必要であるにもかかわらず，本件慰労金の支払について株主総会決議がないことから，報酬支払請求権が発生しておらず，Bへの本件慰労金の支払は「法律上の原因がな」くされたものであるという主張である。

他方，Bの反論としては，甲社の返還請求が権利の濫用（民法1条3項）に該当するとの主張が考えられる。この主張が認められるかどうかは，最判平21.12.18（会社法百選A22事件）と本事例との異同を意識しつつ論じる必要がある。その際には内規の存在やこれまでの甲社の実情，Cが本件慰労金の支払を知ってからBに対して返還請求した期間の短さなどの事実を拾い適切に評価することが求められる。

本設問においても，結論はどちらでもよいが，適切な事実の摘示と評価が高評価につながる。

〈参考答案例〉

〔設問１〕
１　Ｃが適法に選定された代表取締役であるとの主張
乙社としては，Ｃが適法に選定された代表取締役であるため，本件における取引基本契約（以下，「本件契約」という。）は甲社に帰属しているとして，本件代金を請求することが考えられる。
(1)　本件では，代表取締役を必要に応じて株主総会の決議によって定めることができる旨の定款（以下，「本件定款」という。）に従い，臨時株主総会でＣを代表取締役に選定している。もっとも，この定款の定めは，取締役会の監督権限を喪失させるものとして無効とならないかが問題となる。
ア　株主総会は，法に規定する事項及び定款で定めた事項に限り決議をすることができることとなるが（会社法（以下，法名略）295条２項），法において，この定款で定める事項の内容を制限する明文の規定はない。また，取締役会設置会社である非公開会社において，取締役会の決議によるほか株主総会の決議によっても代表取締役を定めることができることとしても，代表取締役の選定及び解職に関する取締役会の権限（362条２項３号）が否定されるものではなく，取締役会の監督権限の実効性を失わせるとはいえない。
イ　本件における甲社も非公開会社（２条５号反対解釈）であり，上記の理由が妥当するため，甲社における本件定款も有効である。
(2)　もっとも，臨時株主総会において招集手続が一切されていないため同総会は不存在（830条参照）であり，Ｃは適法に選定された代表取締役とはいえないのではないか。

1

本件では，招集通知（299条１項）が株主であるＡ，Ｂ，Ｃに一切されていない。また，他の株主であるＢ，Ｃが本件における臨時株主総会に同意したとの事情もないことから，招集手続の省略（300条）もできない。そのため，株主への招集手続が一切されておらず，法的瑕疵が著しいといえるため，臨時株主総会は不存在となる。
したがって，Ｃは適法に選定された代表取締役とはいえない。
２　908条２項により，甲社は責任を負うとの主張
(1)　乙社としては，Ｃが代表取締役副社長であるという登記が存在することから，908条２項により，甲社は責任を負うと主張することが考えられる。同項の要件は，①不実の登記の存在，②その登記の作出について登記権者が故意又は過失があること，③不実であることについて善意であることである。
(2)　本件では，Ｃが代表取締役副社長であるという不実の登記が存在している。したがって，①を充たす。本件ではＣが不実の登記をしているが，Ｃは真の登記権者ではないから，かかる登記は会社の帰責性によるものではなく，したがって，②の要件を充たさないとも思える。しかし，Ｃが登記をすることについてＡとＣという９割の株主の同意があったことに照らすと，この登記は会社の帰責性によりなされたものというべきである。したがって，908条２項を類推適用することができる。乙社は登記を信頼して取引関係に入ったわけではないため，同項を類推適用できないとも思える。しかし，908条２項の趣旨は禁反言法理にもあるから，登記をみていなくても，同項を類推適用できると解する。したがって，乙社がＣを代表取締役副社長で

2

あると信頼した本件においては，③を充たす。
(3) よって，908条2項の類推適用により，甲社は責任を負う。
3 Cが表見代表取締役（354条）であるとの主張
乙社としては，Cが表見代表取締役ゆえ，Cが締結した本件契約の効果は甲社に帰属しているとして，本件代金を請求することが考えられる。そこで，354条の適用が認められるかが問題となる。
(1) 本件では，甲社「取締役」Cが代表取締役副社長という「副社長その他株式会社を代表する権限を有するものと認められる名称」を使用している。
(2) また，Cは，甲社を代表する権限を有する者でなければ容易に押印させることのできない代表印を契約書に押印させている。さらに，乙社は新たに甲社と取引を開始するものであるから，Cが甲社の代表者であるかを容易に判断できる状況にはなかった。加えて，甲社の登記簿上，Cは代表取締役となっている。これらのことからすれば，Cが甲社の代表者であるとの外観が存在しているといえ，乙社がこれを信頼するのも無理からぬことである。そのため，甲社の取引の相手方である乙社は「善意の第三者」である。
(3) もっとも，Cは，Bら他の取締役の承諾を得ることなく，「代表取締役副社長」と名乗っているだけであり，甲社がこの名称を「付した」とはいえないのではないか。
ア この点につき，会社による名称の付与は明示でも黙示でもよい。そして，黙示の付与といえるためには，名称の使用を会社が知ることを要するが，取締役には，代表取締役あるいは取締役会に知らせる（366条1項）などして，そうした違法状態を是正する職責があるから，取締役の1人で

3

も知って放置すれば，黙示の付与となる。
イ 本件では，Cが「代表取締役副社長」と名乗ることを甲社が明示的に許諾したとの事情はない。もっとも，本件では，Cは甲社の株式の8割を有するAと相談して了承を得た上で，Cを代表取締役に選定する臨時株主総会があったものとして株主総会議事録を作成し，Cを代表取締役に追加する旨の登記申請をしていることから，甲社による黙示の付与はあったものといえる。
(4) したがって，354条の適用が認められ，甲社は責任を負う。
4 よって，908条2項の類推適用又は354条の適用により，乙社の本件代金の請求は認められる。
〔設問2〕
1 甲社の請求
甲は，Bに報酬請求権が存在していないにもかかわらず，本件慰労金を支給されているため，不当利得返還請求権（民法703条）に基づき1800万円の返還を請求する。
(1) そもそも，退職慰労金は取締役の職務執行の対価であり，報酬の後払いであるため，「報酬」（361条）に当たる。
そして，甲社においては役員の報酬については定款に定めがないため，株主総会の決議によって定める必要がある（361条1項柱書）。しかし，Aは本件内規に基づいて算定したのみで，株主総会の決議を経ないまま本件慰労金をBに支給しており，全株主の同意があるわけでもないことから，Bに報酬支払請求権は発生していない。

4

(2) したがって,「法律上の原因なく」Bは1800万円の「利得」を得ており,それによって甲社には同額の「損失」が生じている。

2 Bの反論

Bは,甲社がBに対して本件慰労金の返還を請求することは,信義則(民法1条2項)に反し,権利の濫用(民法1条3項)として許されないと反論する。

(1) 本件では,甲社の全株式を有するAが,本件内規を基に,Aの指示によって支払うことをもって株主総会に代えてきたものである。そのため,慣行に基づいた適法な退職慰労金の支給であるとBが信じることも無理からぬことである。また,Bが代表取締役として退職慰労金を受け取るに相応しくない業績を上げたとの事情も存在しない。

したがって,Bに対して退職慰労金を不支給とすべき合理的な理由があるなど特段の事情がない限り,甲社がBに本件慰労金の返還を請求することは信義則に反し,権利の濫用として許されないとも思える。

(2) しかし,上記慣行は,Aが甲社の全株式を有していた時代のものである。そのため,Aが甲社株式の80%を有している現在において,本件内規を基にAの指示で退職慰労金が支給されたとしても,株主全員同意によって株主総会決議に代えることができず,報酬支払請求権が発生したと信頼する外観は存在しない。また,本件慰労金の支給を指示したのはAであり,代表取締役に選定されたCは,この支給を知らなかった。さらに,CがAより甲社株式を相続してから間もなく,本件慰労金の返還請求をしていることも踏まえれば,本件慰労金の支給をCが黙認していたともいえない。

したがって,甲社がBに本件慰労金の返還を請求することは信義則に反

5

し,権利の濫用として許されないとはいえない。

3 以上より,甲社の上記請求に対するBの反論は認められない。

以上

6

〈A答案に求められるもの－A２通・B１通・C１通の解答言及表〉

A答案２通・B答案１通・C答案１通について，何を書いたか，分析してみました。

設問１

①取締役会設置会社における株主総会決議による代表取締役選定に関する定款の効力 ・最判平 29.2.21（会社法百選 41 事件）を前提に，Aの承諾をもって株主総会決議としてよいかを検討する。
②不実登記の効力 ・Cが登記簿上は代表取締役であることから，908 条２項に基づき，甲社は乙社にCが代表取締役ではないと主張することができないと解する余地があるかについて検討する。
③表見代表取締役 ・354 条の要件である①外観，②与因，③外観への信頼（善意・無重過失）を丁寧に検討する。

○：言及している，△：言及しているが不十分

A答案 ①	A答案 ②	B答案 ③	C答案	コメント
	○			A答案②以外はいずれの答案も検討できていなかった。まずは，有効な契約責任の追及をするのが原則であることに留意したいところである。
○			△	A答案②，B答案は検討できていなかった。問題文に「Cを代表取締役に追加する旨の登記申請をし，その旨登記された。」という比較的分かりやすい誘導があることから，気付きたかったところである。C答案はもう少し丁寧に当てはめをした方がよいと思われる。
○	○	○	○	設問１のメインの論点と思われることから，A答案，B答案，C答案のいずれも，354条の趣旨から丁寧に検討できていた。逆にいえば，ここを書けないと大きく差を付けられることになる。

設問２

①「報酬等」（361条１項）の意義
②退職慰労金の「報酬等」該当性
③定款の定め及び株主総会決議を欠いて支給された退職慰労金の返還請求の可否 ・最判平21.12.18（会社法百選A22事件）と本事例との異同を意識しつつ論じる必要がある。
④不当利得返還請求（民法703条）の可否 ・民法703条の要件に丁寧に当てはめる。

○：言及している，△：言及しているが不十分

A答案 ①	A答案 ②	B答案 ③	C答案	コメント
△	△	○	△	「職務執行の対価」というキーワードが書けていたのはB答案だけであった。退職慰労金が「報酬等」といえるかの前提として，「報酬等」とは何かについて簡単でよいので言及しておく必要がある。
○	○	○	○	いずれの答案も，361条1項の趣旨がお手盛り防止にあることを指摘した上で論述できていた。
○	○	○	△	A答案，B答案は丁寧に論述できていた。C答案は，時間不足からか，問題文の事情をほとんど摘示できていなかった。当てはめに使える事実が多く挙がっていたことから，これらに言及できなかったことが評価を下げた原因と思われる。
△	△	○	△	民法 703 条の要件に丁寧に当てはめることができていたのはB答案のみであった。もっとも，これができていない答案がA評価となっていること，民法の答案ではないことから，民法 703 条への当てはめはそれほど重視されていなかった可能性もある。

〈再現答案①　評価A〉

第１　設問１

１　Cは代表取締役に選任されていないにもかかわらず[①]，甲社を代表して乙社と契約を締結している。したがって，乙社とCの間の契約の効力は甲社に帰属しないことが原則である。

２　では会社法（以下略）354条により，甲社は契約責任を負わないか。

同条の要件は，①会社を代表する名称の存在，②その名称を付したことの帰責性，③第三者の善意である。

本件では，Cは代表取締役副社長を名乗っており①を充たす。確かに，甲社の取締役会などでCが代表取締役副社長を名乗ることについて決定をしていない。また，株主総会があったように議事録を作成しているが，これは誰にも招集手続等をとっていないため，瑕疵が著しく不存在である。したがって，名称を付したとはいえないように思える。しかし，CとAは相談して，Cが代表取締役副社長を名乗ることに承諾をしている。AとCは合わせて甲社の株式の９割を有していることに照らすと，ほとんどの株主が副社長と名乗ることに同意をしているといえる。そのため，表見責任を負わせるほどの帰責性が甲社に認められるといえる。したがって，②を充たす[②]。乙社の代表取締役は，Cを代表取締役副社長であると信じて取引を行っており，無権限であることについて善意[③]である。したがって，354条の要件を充たす。

３　また，908条２項により，甲社は契約責任を負うとの主張が考

1

えられる。同項の要件は，①不実の登記の存在，②その登記の作出について登記権者が故意または過失があること，③不実であることについて善意であることである。本件では，Cが代表取締役副社長であるという不実の登記が存在している。したがって，①を充たす。本件ではCが不実の登記をしているが，Cは真の登記権者ではないから，かかる登記は会社の帰責性によるものではなく，したがって，②の要件を充たさないとも思える。しかし，Cが登記をすることについてAとCという９割の株主の同意があったことに照らすと，この登記は会社の帰責性によりなされたものというべきである。したがって，908条２項を類推適用することができる。乙社は登記を信頼して取引関係に入ったわけではないため，同項を類推適用できないとも思える。しかし，908条２項の趣旨は禁反言法理にもあるから，登記をみていなくても，同項を類推適用できると解する。したがって，乙社がCを代表取締役副社長であると信頼した本件においては，③を充たす[④]。

４　よって，354条及び908条２項によって，甲社は本件代金の支払い責任を負う。

第２　設問２

１　甲社のBに対する慰労金の返還請求権の根拠は以下のとおりである。

退職慰労金は，将来自分が受けることになる点で，自ら支給を受けるものでなくてもお手盛りの危険がある。361条はこのような

2

①代表取締役を必要に応じ株主総会の決議によって定めることができる旨の定款が有効か，また，Cが選定された臨時株主総会に瑕疵がないかという問題点についても，検討してほしい。

②「付した」ことについて，しっかり事情を使って検討できている。

③善意につき検討している点は良いが，代表印の存在や新たに取引を開始させている点等より深く事案の事情を拾えれば，さらに良い答案になる。

④要件を適切に検討できており，実力を感じさせる。

お手盛りを防止する趣旨であるから，退職慰労金の支払いについても同条の規制がある。実質的に見ても，退職慰労金は報酬の後払い的性格がある⑤。

本件では，報酬を支払う旨の定款規定や，株主総会決議はない⑥。したがって，報酬請求権は発生しない。本件の支払いは法律上の原因がないものであり不当利得（民法703条）である⑦。

2　これに対して，Ｂは株主総会決議があったとの主張，仮にこれがないとしても，信義則上返還請求は認められないとの主張をすることが考えられる。

本件では，Ａが甲社の全株式を有しているときから退職慰労金の支払いがあった。したがって，Ａによる株主総会決議がその時点で存在していたということができる。この場合には，本件内規にしたがって退職慰労金の支払い請求をすることが可能である。

仮に株主総会決議がなかったとしても，Ｂの前までは退職慰労金は支払われていたこと，８割の株式を有するＡが支払いについて同意していることに照らせば，Ｂは退職慰労金を受けることについて信頼しており，これは法的保護に値するから，返還請求をすることは信義に反し許されないというべきである⑧。このような信義則による返還請求の制限をした判例もある。

3　よって，Ｂは以上のような主張をすべきである。

以上

3

4

⑤退職慰労金について，条文を示しつつ，適切な理由付けと共に報酬と同様の規制に触れることを示せている。

⑥商法は特に条文を示すことが重要な科目であるため，ここでも361条１項柱書は指摘しておきたい。

⑦不当利得を指摘できている点は良いが，科目として民法ではなくとも不当利得についての要件の検討はすべきである。

⑧事案の事情を自分なりに評価し，主張を示せている。それだけに，「当否」まで解答してほしかったところである。

〈再現答案② 評価A〉

第１ 設問１

１ 乙社は甲社に対して本件代金を請求することができるか。

まず，乙社は，契約の相手方であるＣが甲社の代表取締役（会社法（以下，法令名省略）349条１項ただし書）であれば，その契約の効果が甲社に帰属することから本件代金を請求することができる。

しかし，本件ではＣを代表取締役に選定する取締役会決議や株主総会決議は存在しないため，Ｃは代表権を持たない取締役にすぎない。また，合計で甲社の株式の1000株中900株を所有するＣとＡが相談してＡの了承を得たうえで，臨時株主総会議事録を作成しＣが代表取締役に選定された旨の不実の登記をしているとはいえ，株主総会が開かれていない以上は株主総会決議が存在したとは言えず，Ｃが代表取締役に選出されたとは言えない[①]。

したがって，Ｃは代表取締役ではないから，Ｃとの取引は甲社に効果帰属せず，乙社は甲社に本件代金を請求できないのが原則である。

２ もっとも，Ｃは上記のように代表取締役のような外観を呈していることから，Ｃを代表取締役と誤信した乙社を保護すべく表見代表取締役（354条）の規定を適用することはできないか。

(1) 表見代表取締役が認められるための要件は，①「社長，副社長，その他株式会社を代表する権限を有するものと認められる名称」の存在，②会社が①の名称を「付した」こと，③行為の相

１

①定款が有効か，また，Ｃが選定された臨時株主総会に瑕疵がないかという問題点について，検討すべきである。この書き方だと事実誤認をしているか，会社法の体系の理解が不足していると捉えられかねない。

手方が「善意の第三者」であることの３つである。

なお，③の善意においては，重過失も悪意と同視しうることから善意無重過失[②]であることを要する。

(2) 本件では，Ｃは代表権を持たないが代表取締役副社長と名乗って乙社と契約を締結していることから，①は満たす。しかしながら，この名称はＣが他の取締役の承諾を得ることなく勝手に名乗りだしたものであるから，「株式会社は，……名称を付した場合」に当らず，②を満たさない[③]。したがって，354条を直接適用することはできない。

３(1) ここで，354条は代表権を有しない者が代表権を有する者と認められる名称を使用していたときに，その外観を信頼して取引を行った善意無重過失の者を保護する権利外観法理の規定である。その趣旨は代表権を有しない者に代表権を有すると誤認させるような名称を付してその者に代表権があるかのような外観を作出した帰責性を有する株式会社の犠牲のもとに，善意無重過失の第三者を保護するというものである。

よって，株式会社に同程度の帰責性がある場合，354条を類推適用することができるものと解する。

(2) 本件では，Ｃが会社に許可を得ずに無断で代表取締役副社長の名称を名乗っており，Ａの了承を得た上で臨時株主総会決議があったものとして株主総会議事録を作成して不実の登記を行っている。よって甲社の株式の1000株中900株を所有す

２

②善意の第三者のみでは終わらせず，判例と同旨であることを示せており，印象が良い。

③下記のような類推適用の話ではなく，「付した」といえるかについて，より深い検討をしてほしかった。ここは他の受験生と差がついた部分であると思われる。

る株主であるＡとＣは，Ｃが上記名称を名乗ることを容認した上，Ｃに代表権があるかのような外観を作出したと言える。また，Ｂにも上記外観の作出を放置した点で帰責性が認められる。
したがって，甲社の株主全員がＣの虚偽の代表権という外観の作出に関して帰責性を有するのであり，かかる帰責性は甲社自らがＣに代表権があると誤認されるような名称を付した場合と同視できるほど重い。
(3)　よって，本件では354条を類推適用することができる。
(4)　次に，乙社はＣが代表権を有することにつき善意無重過失であったといえるかが問題となる。ここで，甲社にはＣが代表取締役に選定された旨の不実の登記が存在し，乙社はこれを信じて取引に及んでいる④。そして，登記された事項については特段の事情がない限りその内容を信じて取引をするのが通常であるから，この点につき乙社は善意無重過失であるといえる。
4　以上より，③も満たすから354条の類推適用によって本件契約は甲社に帰属し，乙社は本件代金を甲社に請求することができる。
第２　設問２
1　甲社のＢに対する請求の根拠及び内容
まず，退職金は報酬等（361条１項）に含まれるところ⑤報酬等は定款の定めが無い場合には株主総会決議により定める必要があるのが原則である。しかし，本件慰労金は定款の定めが無いにもかかわらず，Ａの指示によって本件内規に基づいて支払われている

3

ため，甲社としては本件慰労金を不当利得（民法703条）として，返還請求をすることが考えられる⑥。
2　Ｂによる主張及びその当否
まず，本件慰労金はＢを引き抜いた際に，本件慰労金が内規に従って支給されることがＡから説明されており契約内容となっていたといえる。また，361条１項が報酬等を定めるにあたり株主総会の決議を要求したのはお手盛りを防止する趣旨であり，当該内規はＡが甲社の全株を保有する，いわゆる１人株主でありかつ代表取締役であった時に設けられたものであり株式会社の決議がなくてもかかる趣旨に反しない。さらに，内規は勤続年数に応じて一定の算定方法によって定められており，Ａ自身もこの内規に従って慰労金の支払いを受けているのであるから，内規は客観的にも合理的な内容であるはずである。
それにもかかわらず本件慰労金の返還を請求することは権利濫用（民法１条３項）にあたり許されない。
よって，Ｂの主張は妥当であり，Ｂは本件慰労金を返還する必要はない⑦。

以上

4

④代表印や甲社との取引が初めてである点にも触れられるとなおよい。

⑤ここは，361条の趣旨から，なぜ退職慰労金が「報酬等」に含まれるかを論じなければならない。基本的な部分なので，確実に得点したいところである。

⑥不当利得返還請求権の要件は，簡潔でもいいので検討すべきである。

⑦Ｂの主張と当否が分かりにくいが，事情を拾い自分なりに評価し，結論を導けている。

〈再現答案③　評価B〉

1　乙社の主張
乙社は，甲社に対し，354条に基づき，本件代金の支払いを請求する。
2　その当否
Bは，甲社の適法な会社代表者ではないから，Bが乙社と行った取引の効果は，甲社に効果帰属しないのが原則である①。
Cが「代表取締役副社長」と名乗っていることを，甲社代表取締役であるBを始め，他の取締役が察知することはなかった。そのため，「株式会社」である甲社が，「代表取締役以外の取締役」であるCに，「株式会社を代表する権限を有するものと認められる名称を付した」とはいえないから，354条を直接適用することはできない。
同条の趣旨は，虚偽の外観を作出した帰責性ある会社よりも，外観を信頼して取引した第三者を保護して取引の安全を図る点にある。そのため，事実上の主宰者が「名称を付した」場合，354条の類推適用により善意の第三者の保護を図るべきである。
Aは，甲社の創業者であり，創業から昨年までは，甲社の全ての株式を保有しており，今なお甲社の発行済株式総数の80%である800株を保有している。また，Aは，創業から昨年高齢を理由に退任するまで甲社の代表取締役であった。そのため，Aは大きな影響力を有していたといえるから，事実上の主宰者と評価できる。
Aは，CがCを代表取締役に選定する臨時株主総会決議があっ

1

たものとして株主総会議事録を作成し，Cを代表取締役に追加する旨の登記申請をすることに承諾を与えている。そのため，事実上の主宰者であるAが，「名称を付した」といえる②。
乙社の代表取締役は，甲社の代表取締役副社長として振る舞うCを信頼して取引に応じた。そのため，乙社の代表取締役は，取引時に，Cが甲社の適法な代表権を有しないことについて「善意の第三者」であるといえる③。
したがって，354条の類推適用により，乙社は保護される。
よって，乙社の主張は認められる。
第2　設問2
1　甲社のBに対する本件慰労金の返還請求
退職慰労金は，職務執行の対価としての性質を有するので，「報酬等」にあたる（361条1項柱書）④。
甲社の定款において，役員の報酬についての定めはない。そのため，甲社がBに本件慰労金を支給するには，株主総会普通決議を要する（361条1項1号，309条1項）。しかし，株主総会決議は行われていない。そのため，Bは，「法律上の原因なく」，「他人」である甲社の会社「財産」によって，本件慰労金2000万円という「利益を受け」，そのために甲社に同額の「損失」を及ぼしたといえる⑤。
2　Bの主張
(1)　創業以来，甲社において株主総会決議が現実に開かれたこと

2

①書き間違えであろうが，印象は良くないのでケアレスミスは避けた方が良い。

②ここは甲社が黙示的に「付した」と言えるかを検討してほしい部分であった。

③代表印や，登記簿上の記載等多くの事情を拾って評価すれば，さらに点数が伸びるところである。

④端的であるが，理由付けと共に退職慰労金の位置付けについて示せている。

⑤条文を示しながら，丁寧に思考過程を表せている。さらに，不当利得返還請求の要件の検討も怠らず，高評価である。それだけに不当利得の条文は忘れずに示したいところであった。

はなかったから，決議がなくても問題ない。
(2)　本件慰労金は，本件内規に基づいて算定されたものだから，361条の趣旨に反しない。
(3)　Aの退任時にも退職慰労金が支払われているのに，Bに対してのみ返還を請求するのは，権利の濫用であり許されない（民法1条3項)。
(4)　本件慰労金には，「法律上の原因」がある（703条）[⑥]。
3　その当否
(1)　本件慰労金は，Aの依頼により支払われている。甲社の議決権の過半数を有するといえるAが本件慰労金を支払うことに同意していたといえるから，株主総会の欠缺という瑕疵は治癒される（309条1項，361条1項1号)。そのため，主張(1)は認められる。
(2)　361条の趣旨は，お手盛りの弊害を防止する点にある。本件慰労金は，本件内規に基づいて算定されたものだから，お手盛りの弊害はないといえる。そのため，仮に本件慰労金の支給に株主総会決議が必要と解したとしても，同条の趣旨に反しないから，本件慰労金は適法に支給されているといえる。したがって，主張(2)は認められる。
(3)　主張(3)も認められうる。
(4)　甲社とBには，任用契約があるから（会社法330条，民法643条)，本件慰労金には「法律上の原因」があるといえる（703条)。

3

そのため，主張(4)は認められる[⑦]。

以上

4

⑥このような箇条書きのような体裁に問題があるわけではないが，「法律上の原因」があると主張するならば，なぜそのような結論に至るのか示すことを求められているのである。この記載内容では，説得的とは到底言えず，点数は伸びないと思われる。

⑦時間の問題で詳細に示すことができなかったのだと思われるが，やはり論理的に問題のある論述が目立つ。結論に対して，説得的な論述を心がけてほしい。

〈再現答案④　評価C〉

第１　設問１
１　乙社は，甲社の「代表取締役副社長」と名乗って交渉するＣを信頼して取引をしたため，甲社は表見代表取締役（354条）の責任を負い，本件代金の支払いに応じるべきであると主張すると考えられる。
　甲社は，名称を「付した」とはいえないと反論することが考えられる。
　では，「付した」といえるか①。
　354条の趣旨は，代表権があるかのような外観の作出につき帰責性ある会社の犠牲の下，代表権を信頼して取引に入った第三者を保護するという権利外観法理にある。そこで，「付した」とは，積極的に名称を付した場合だけでなく，明示または黙示に承認したか，またはそれらと同視しうる帰責性があることをいうと考える②。
　本件において，Ｃは，契約書に代表者印を押しており，Ｃを代表取締役に選定する臨時株主総会決議があったものとして株主総会議事録を作成し，Ｃを代表取締役に追加する旨の登記申請をしている。また，Ａがそれについて承認を与えている。役員等の選任はＡの指名によって行われ，役員報酬等もすべてＡの指示によって支払われており，1000株中800株をＡが保有しているから，Ａは事実上，甲社の支配者であったといえる。そのＡが了承をしたことは，甲社が承認を与えたのと同視でき，「付した」といえる③。

1

　甲社は，Ｂら他の取締役はＣの行動を知らなかったため，帰責性はないと反論すると考えられるが，ＢらはＣに対して監督義務（362条２項２号）を負っており，察知しなかったことをもって免責を主張することはできない。
　よって，甲社は，354条の責任を負い，乙社の主張は認められる④。
２　また，乙社は，Ｃを代表取締役に追加する旨の登記が存在するから，「その事項が不実であることをもって善意の第三者に対抗することができない」（908条２項）から，本件代金の請求に応じるべきであると主張する⑤と考えられる。
　甲社の事実上の支配者であるＡの了承によって，登記がなされているため，甲社が「不実の登記をした」といえ，当然故意も認められる。
　よって，「善意の第三者」乙社に対抗することができない。
　以上より，乙社の主張は認められる。
第２　設問２
１　甲社のＢに対する本件慰労金の返還請求の根拠
　甲社は，退職慰労金は，在職中の職務に対する報酬という性質を有する⑥し，本件慰労金は「報酬等のうち額が確定していないもの」（361条１項２号）に当たり，「定款に当該事項を定めていない」から，株主総会の決議が必要であるところこれがないことを理由として，返還請求をしている⑦。

2

①本問の問題意識に気付けている。

②趣旨から本問に即した規範定立ができている。

③事実を拾い，適切に当てはめができている。

④「付した」と言えるかという論点に気づけていただけに，第三者の善意という基本的な要件の検討を怠ってしまったのは，残念である。

⑤908条２項についても触れることができており，印象が良い。

⑥退職慰労金の性質については，361条の趣旨から「報酬等」に該当するのか検討してほしい。ここは多くの受験生ができるところである。

⑦361条１項２号に該当することを指摘するのは問題ないが，多くの受験生が解答する不当利得返還請求については，触れなくてはならない。ここは他の受験生と差がついたと思われる。

2　Bの立場において考えられる反論

報酬規制（361条）の趣旨は，お手盛りによる会社財産の流出防止にある。そこで，算定方法等が定められた内部規則があり，それによって機械的に算出でき，額を株主が推知できる場合には，かかる趣旨に反しない。

本件において，役職や勤続年数に応じた算定方法を定めた内規が存在し，本件慰労金はそれに基づいて支払われており，株主Bはそれを推知できる。

よって，報酬規制の趣旨に反しない。

以上より，Bの主張は認められない。

以上

3

4

《民事訴訟法》

(〔設問1〕と〔設問2〕の配点の割合は，7：3)

次の文章を読んで，後記の〔設問1〕及び〔設問2〕に答えなさい。

【事例】

Xは，Yに対して貸付債権を有していた(以下「本件貸付債権」という。)が，Xの本件貸付債権の回収に資すると思われるのは，Yがその母親から相続によって取得したと思われる一筆の土地(以下「本件不動産」という。)のみであった。不動産登記記録上，本件不動産は，相続を登記原因とし，Yとその兄であるZの，法定相続分である2分の1ずつの共有とされていたが，Xは，YとZが遺産分割協議を行い，本件不動産をYの単独所有とすることに合意したとの情報を得ていた。

そこで，Xは，本件不動産のZの持分となっている部分について，その所有者はZではなくYであると主張し，本件貸付債権を保全するため，Yに代位して，Zを被告として，本件不動産のZの持分2分の1について，ZからYに対して遺産分割を原因とする所有権移転登記手続をすることを求める訴えを提起した(以下「本件訴訟」という。)。

〔設問1〕((1)と(2)は，独立した問題である。)

(1) Yとしては，Xの主張する本件貸付債権は既に弁済しており，XY間には債権債務関係はないと考えている。他方，本件不動産のZの持分の登記については，遺産分割協議に基づいて，自己に登記名義を移転してほしいと考えている。

この場合に，Yが本件訴訟に共同訴訟参加をすることはできるか，訴訟上考え得る問題点を挙げて，検討しなさい。

(2) Xの得ていた情報とは異なり，YZ間の遺産分割協議は途中で頓挫していた。そのため，Yとしては，Zに対して登記名義の移転を求めるつもりはない。他方，YがXY間には債権債務関係はないと考えている点は，(1)と同様である。

この場合に，Yが本件訴訟に独立当事者参加をすることはできるか，訴訟上考え得る問題点を挙げて，検討しなさい。

〔設問２〕

〔設問１〕の場合と異なり，本件訴訟係属中に，ＸからＹに対して訴訟告知がされたものの，Ｙが本件訴訟に参加することはなく，ＸとＺのみを当事者として訴訟手続が進行し，その審理の結果，Ｘの請求を棄却する旨の判決がされ（以下「本件判決」という。），同判決は確定した。

本件判決の確定後，Ｙの債権者であるＡは，その債権の回収を図ろうとし，Ｙの唯一の資産と思われる本件不動産の調査を行う過程で，既にＸから本件訴訟が提起され，Ｘの請求を棄却する本件判決が確定している事実を初めて知った。

Ａとしては，本件不動産についてＹの単独所有と考えており，Ｙに代位して，Ｚを被告として，本件不動産のＺの持分２分の１について，ＺからＹに対して遺産分割を原因とする所有権移転登記手続を求める訴えを提起することを検討しているが，確定した本件判決の効力がＡに及ぶのではないか，という疑問を持った。

本件判決の効力はＡに及ぶか，本件判決の既判力がＹに及ぶか否かの検討を踏まえて答えなさい。

〈問題文の解析〉

※文中のグレー網掛けは辰已法律研究所

（〔設問1〕と〔設問2〕の配点の割合は，7：3）

次の文章を読んで，後記の〔設問1〕及び〔設問2〕に答えなさい。

【事例】

Xは，Yに対して貸付債権を有していた（以下「本件貸付債権」という。）が，Xの本件貸付債権の回収に資すると思われるのは，Yがその母親から相続によって取得したと思われる一筆の土地（以下「本件不動産」という。）のみであった。不動産登記記録上，本件不動産は，相続を登記原因とし，Yとその兄であるZの，法定相続分である2分の1ずつの共有とされていたが，Xは，YとZが遺産分割協議を行い，本件不動産をYの単独所有とすることに合意したとの情報を得ていた。

そこで，Xは，本件不動産のZの持分となっている部分について，その所有者はZではなくYであると主張し，本件貸付債権を保全するため，Yに代位して，Zを被告として，本件不動産のZの持分2分の1について，ZからYに対して遺産分割を原因とする所有権移転登記手続をすることを求める訴えを提起した（以下「本件訴訟」という。）[①]。

①本件訴訟は，XのYに対する貸金返還請求権を被保全債権とし，YのZに対する所有権に基づく移転登記手続請求権を被代位権利とする債権者代位訴訟であることが読み取れる。

〔設問1〕（(1)と(2)は，独立した問題である。）

(1) Yとしては，Xの主張する本件貸付債権は既に弁済しており，XY間には債権債務関係はないと考えている[②]。他方，本件不動産のZの持分の登記については，遺産分割協議に基づいて，自己に登記名義を移転してほしいと考えている。

この場合に，Yが本件訴訟に共同訴訟参加をすることはできるか[③]，訴訟上考え得る問題点を挙げて，検討しなさい。

②Yは，Xには当事者適格がないと考えていることが分かる。

③共同訴訟参加（52条）の要件を摘示して当てはめる。

(2) Xの得ていた情報とは異なり，YZ間の遺産分割協議は途中で頓挫していた。そのため，Yとしては，Zに対して登記名義の移転を求めるつもりはない。他方，YがXY間には債権債務関係はないと考えている点は，(1)と同様である。

この場合に，Yが本件訴訟に独立当事者参加をすることはできるか[④]，訴訟上考え得る問題点を挙げて，検討しなさい。

④独立当事者参加（47条）の要件を摘示して当てはめる。

〔設問２〕

〔設問１〕の場合と異なり，本件訴訟係属中に，ＸからＹに対して訴訟告知⑤がされたものの，Ｙが本件訴訟に参加することはなく，ＸとＺのみを当事者として訴訟手続が進行し，その審理の結果，Ｘの請求を棄却する旨の判決がされ（以下「本件判決」という。），同判決は確定した⑥。

本件判決の確定後，Ｙの債権者であるＡは，その債権の回収を図ろうとし，Ｙの唯一の資産と思われる本件不動産の調査を行う過程で，既にＸから本件訴訟が提起され，Ｘの請求を棄却する本件判決が確定している事実を初めて知った。

Ａとしては，本件不動産についてＹの単独所有と考えており，Ｙに代位して，Ｚを被告として，本件不動産のＺの持分２分の１について，ＺからＹに対して遺産分割を原因とする所有権移転登記手続を求める訴えを提起することを検討しているが，確定した本件判決の効力がＡに及ぶのではないか⑦，という疑問を持った。

本件判決の効力はＡに及ぶか，本件判決の既判力がＹに及ぶか否かの検討を踏まえて答えなさい。

⑤民訴法53条１項，民法423条の６の条文を指摘する。

⑥確定判決の既判力が誰に及ぶかについて，条文を指摘しつつ検討する必要がある。

⑦条文上は明確に他の債権者に既判力が及ぶ旨の規定は存在しないため，解釈で決する必要がある。

〈出題趣旨の解析〉

本問は，債権者代位訴訟に関する訴訟法上の論点について，民法改正も踏まえた基本的理解を問うものであり，いずれの設問も，条文上の根拠を明確にし，いかなる要件や効果との関係で問題となるのか，問題の所在を適切に指摘することがまずは求められる。

〔設問１〕では，債務者が本問の事実状況において，当事者として債権者代位訴訟へどのような形で関与し得るかが問われており，その形態として，共同訴訟参加と独立当事者参加の検討を求めている。設問１(1)は，まずＹがＸに共同訴訟参加する場合の一般的要件として，当事者適格の存在や合一確定の必要を論じた上で，次に本問の事実状況からはＹの主張によればＸとＹが共同訴訟人としての協力関係にないことがうかがわれるため，その点を踏まえてなお共同訴訟参加を認めることが適当か，合一確定の要請等も踏まえ，分析する論述が求められる。設問１(2)では，債権者代位訴訟における債権者の被保全債権の存否を争っているため，独立当事者参加として片面的な権利主張参加の可否が問題となる。Ｙの主張するところをＸに対する本件貸付債権に係る債務の不存在確認請求と法律構成した上で，権利主張参加の可否に関し，例えば，請求の非両立性といった規範を定立し，ＸとＹの各請求内容やそれを基礎付ける主張事実を比較した場合はどうかにつき，Ｙにとって本件訴訟を牽制する必要性が高いという実質的観点も踏まえ，本件事案に即して具体的に検討されているかが問われている。

〔設問２〕は，債権者代位訴訟の判決効に関する問題である。まず債権者代位訴訟における既判力が債務者（Ｙ）に及ぶかについて，改正後の民法下での理論構成を論じることが求められる。その上で，本件訴訟の判決効を代位債権者以外の債権者（Ａ）に拡張することが肯定されるかを，第三債務者（Ｚ）の保護等の観点も勘案しつつ，その理論構成と合わせて検討されているかを問うものである。

【分　析】

本問は，債権者代位訴訟に関する訴訟法上の論点について，民法改正も踏まえた基本的理解を問うものであり，いずれの設問も，条文上の根拠を明確にし，いかなる要件や効果との関係で問題となるのか，問題の所在を適切に指摘することがまずは求められる。

→　問題文を読めば，債権者代位訴訟が問題となっていることは明らかである。そして，債権者代位権が民法改正により大幅な変更を受けたことを踏まえて，条文を正確に摘示した上で，どの論点がいかなる条文上の要件・効果との関係で問題となっているのかを明らかにすることが求められている。

〔設問１〕では，債務者が本問の事実状況において，当事者として債権者代位訴訟へどのような形で関与し得るかが問われており，その形態として，共同訴訟参加と独立当事者参加の検討を求めている。

→ ⑴で共同訴訟参加の要件，⑵で独立当事者参加の要件が問題となっていることは明らかである。債権者代位訴訟の特質を踏まえた上で，論述を展開することが必要である。

設問１⑴は，まずＹがＸに共同訴訟参加する場合の一般的要件として，当事者適格の存在や合一確定の必要を論じた上で，

→ 民法改正により，債権者代位訴訟における債務者にも当事者適格が認められるようになったことや合一確定の必要の意味を明らかにすることが要求されている。

次に本問の事実状況からはＹの主張によればＸとＹが共同訴訟人としての協力関係にないことがうかがわれるため，その点を踏まえてなお共同訴訟参加を認めることが適当か，合一確定の要請等も踏まえ，分析する論述が求められる。

→ 合一確定の意味を，判決効の拡張がある場合を捉えると，債務者の共同訴訟参加が認められることになるが，債権者であるＸと債務者であるＹが共同訴訟人としての協力関係にない場合でも債務者の共同訴訟参加を認めてもよいのかについて検討する必要がある。

設問１⑵では，債権者代位訴訟における債権者の被保全債権の存否を争っているため，独立当事者参加として片面的な権利主張参加の可否が問題となる。

→ 問題文から，「Ｙとしては，Ｚに対して登記名義の移転を求めるつもりはない」ことが分かるから，片面的独立当事者参加の可否が問題となることが読み取れる。

Ｙの主張するところをＸに対する本件貸付債権に係る債務の不存在確認請求と法律構成した上で，権利主張参加の可否に関し，例えば，請求の非両立性といった規範を定立し，ＸとＹの各請求内容やそれを基礎付ける主張事実を比較した場合はどうかにつき，Ｙにとって本件訴訟を牽制する必要性が高いという実質的観点も踏まえ，本件事案に即して具体的に検討されているかが問われている。

→　「訴訟の目的の全部若しくは一部が自己の権利であること」(47条１項）とは請求の非両立性を意味するとした上で，請求の趣旨が非両立である場合にも参加を肯定すると考えると，Ｙの請求が認められればＸのＺに対する請求は却下され，Ｙの請求が認められなければ，ＸのＺに対する請求について本案判決がなされる関係にあること，Ｙは本件訴訟をけん制する必要性が高いこと等を踏まえ，参加の可否を論ずる必要がある。

〔設問２〕は，債権者代位訴訟の判決効に関する問題である。まず債権者代位訴訟における既判力が債務者（Ｙ）に及ぶかについて，改正後の民法下での理論構成を論じることが求められる。

→　訴訟告知（民法423条の６）を踏まえた上で，115条１項２号により債権者代位訴訟の既判力が債務者にも及ぶことを論ずる必要がある。

その上で，本件訴訟の判決効を代位債権者以外の債権者（Ａ）に拡張することが肯定されるかを，第三債務者（Ｚ）の保護等の観点も勘案しつつ，その理論構成と合わせて検討されているかを問うものである。

→　①訴訟当事者となっていない他の債権者らにも当事者適格がある以上，敗訴判決の効力を他の債権者に及ぼすべきではないとする立場，②債権者代表訴訟は，他の債権者も含んだ代表訴訟的性格を有するため判決効の拡張を肯定する立場，③訴訟担当にもとづく訴訟法上の効果として，他の債権者にも判決効を及ぼすという立場が考えられることから，自説の立場を明らかにして論述する必要がある。

〈論点〉

1　共同訴訟参加（52 条）の要件
2　債権者代位訴訟における債務者の当事者適格
3　債権者代位訴訟における債務者の共同訴訟参加の可否
4　独立当事者参加（47 条）の要件
5　債権者代位訴訟における債務者の独立当事者参加の可否
6　債権者代位訴訟における債権者敗訴の判決の既判力の債務者に対する効力
7　債権者代位訴訟における債権者敗訴の判決の既判力の他の債権者に対する効力

〈概観〉

〔設問 1 〕⑴

本小問においては，共同訴訟参加（民事訴訟法（以下法名略）52 条）が認められるための要件についての記述が求められたと考えられる。

共同訴訟参加の要件は，①参加人の請求と，係属中の訴訟の請求とが，合一にのみ確定すべき場合であること，②他人間で訴訟が係属していること，③参加人が当事者適格を持つ者であることである。

まず，①参加人の請求と，係属中の訴訟の請求とが，合一にのみ確定すべき場合であることについて，通説は，これを判決効（既判力，対世効）の拡張がある場合ととらえている。

本件訴訟において，XはYの権利についての債権者代位訴訟を提起しているところ，XはYの法定訴訟担当者であるため，本件訴訟の確定判決の効力は，Yにも及ぶこととなる（115 条 1 項 2 号）。

したがって，参加人YのZに対する請求と，本件訴訟におけるXのZに対する請求は，合一にのみ確定すべき場合であるといえる。

次に，②は，Xが，Yに代位して，Zを被告として，本件訴訟を提起していることから，他人間で訴訟が係属していることは明らかである。

そして，③は，参加人が当事者適格を持つ者であることという論点には，民法（債権関係）改正の影響が現れることとなる。

平成 29 年民法（債権関係）改正前の判例（大判昭 14.5.16）は，債権者が代位行使に着手し，債務者にその事実を通知するか，又は債務者がそのことを了知した場合には，債務者は被代位権利について取立てその他の処分をすることができないとしていた。しかし，債権者代位権は，債務者の責任財産の保全が目的であり，債務者が自ら権利を行使しない場合に限って債権者に行使を認めるものであるから，債権者の代位行使着手後であっても，債務者が自ら権利を行使するのであれば，それにより責任財産の保全は可能であるから，債務者による処分を制限することは，債務者の財産管理に対する過剰な介入となる。そこで，平成 29 年民法（債権関係）改正により，債権者が代位行使に着手した場合であっても，債務者はその権利について取立てその他の処分をすることができ，相手方も債務者に対して履行をすることは妨げられないとした（民法 423 条の５）。

したがって，本件訴訟においても，Ｙは，Ｘ側に共同訴訟参加をするための当事者適格を有するといえ，③を満たしている。

〔設問１〕⑵

本小問においては，独立当事者参加（47 条）の要件が問われた。

独立当事者参加の要件は，①他人間に訴訟が係属していること，②「訴訟の目的の全部若しくは一部が自己の権利であること」（47 条１項）である。

①については，前述のように，問題文から明らかである。

②について，「訴訟の目的の全部若しくは一部が自己の権利であること」とは，原告の請求と参加人の定立する請求とが論理的に両立しない場合をいうとされる。「論理的に両立しない」ことの意義としては，狭義の訴訟物の次元でのみ両立不可能と考える立場や，参加人の請求の趣旨レベルで判断するという立場などがあるため，自説の立場を明らかにする必要がある。

参加人の請求の趣旨レベルで論理的に両立しないと考える立場を採った場合，本件訴訟において，原告であるＸの債権者代位権行使による請求は，ＹのＸに対する債務の不存在という主張と，債権者代位の要件という点で論理的に両立しないといえる。

したがって，Ｙは②の要件を満たしている。

よって，Ｙは本件訴訟に独立当事者参加をすることができる。

〔設問２〕

本問においては，Ｘの請求を棄却した本件判決の既判力がＹに及ぶか，及び本件判決の効力がＡに及ぶかということが問われている。

まず，本件判決の既判力がＹに及ぶかという点が問題となる。

本件訴訟がＸの債権者代位訴訟として提起されていることから，ＸはＹの法定訴訟担当者であるといえる。もっとも，ＸはＹの債権者でありＸＹには利害対立があることから，Ｙに対する手続的保障の観点から，ＹのＺに対する所有権移転登記手続請求権が否定された本件判決の既判力をＹに及ぼすべきではないとも思える。しかし，XからYに対しては訴訟告知（民法423条の6）がされており，Yに対する手続的保障がされていることから，115条1項2号により，本件判決の既判力はYにも及ぼすべきであるといえる。

次に，本件判決の効力が訴訟当事者となっていないYの債権者であるAに及ぶかという点が問題となる。

この点については，①訴訟当事者となっていない他の債権者らにも当事者適格がある以上，敗訴判決の効力を他の債権者に及ぼすべきではないとする立場，②債権者代表訴訟は，他の債権者も含んだ代表訴訟的性格を有するため判決効の拡張を肯定する立場，③訴訟担当にもとづく訴訟法上の効果として，他の債権者にも判決効を及ぼすという立場等が考えられることから，自説の立場を明らかにして論述する必要がある。

〈参考答案例〉

〔設問１〕⑴
１⑴　共同訴訟参加（民事訴訟法（以下法令名略）52条）の要件は，①「訴訟の目的が当事者の一方及び第三者について合一にのみ確定すべき場合」，②訴訟の係属中であること，③参加申出人が当事者適格を有することである。
⑵　共同訴訟参加を申し出た者と被参加人は，訴訟共同の必要はないが，共同訴訟になった場合には，合一確定の要請により，判決内容を統一して判決効の矛盾抵触を回避すべき関係にあるといえる。
したがって，52条における「訴訟の目的が当事者の一方及び第三者について合一にのみ確定すべき場合」とは，互いに判決効が拡張する場合を意味すると考えられる。
債権者であるXは，債務者であるYに代位して所有権移転登記手続請求をしており，本件訴訟は債権者代位訴訟（民法423条）である。
そうすると，Xは，被代位者であるYのための法定訴訟担当者であり，Xが本件訴訟で受ける終局判決の既判力がYに拡張される（115条１項２号）ため，「訴訟の目的が当事者の一方及び第三者について合一にのみ確定すべき場合」に当たる（①充足）。
⑶　本件訴訟は係属中である（②充足）。
⑷　また，債権者代位において債権者が第三債務者に，被代位権利について請求した場合でも，債務者は同権利につき管理処分権限を失わない（民法423条の5）。
Xにより本件訴訟が提起されたとしても，YはZへの遺産分割を原因とする所有権移転登記手続請求権を失わず，本件訴訟についての当事者適格を

1

有する（③充足）。
２⑴　しかし，Yは，Xの主張する本件貸付債権（被保全債権）は既に弁済により消滅しており，XY間に債権債務関係はないと考えているから，被保全債権の存否を争っているといえる。では，原告の当事者適格を争っている第三者が，原告側に共同訴訟参加することができるか。
⑵　52条１項の趣旨は，判決内容を統一するために，主観的追加的併合を許容する点にある。そうだとすれば，共同訴訟人間において，判決内容を統一できないような利害対立が存在する場合には，同条項の趣旨から，共同訴訟参加は認められないと解すべきである。
⑶　本件では，Yも自己への登記名義の移転を請求しており，請求としてはXY間に対立はない。しかし，YはXの原告適格を争っており，これは本件訴訟の却下判決を求める主張であるから，本件訴訟の判決内容を統一できないような利害対立が生じている。
３　したがって，Yは，本件訴訟に共同訴訟参加することはできない。
〔設問１〕⑵
１　Yは，Zに対し登記移転請求をするつもりはなく，XY間には債権債務関係がないと考えている。
この場合，Yとしては，Xに対し，本件貸付債権についての債務が存在しないという趣旨の債務不存在確認請求をしたうえで，片面的独立当事者参加（47条）を申し出ることが考えられるため，これが認められるか，以下で検討する。
２⑴　本件訴訟は，XがYの責任財産を保全するために提起した訴訟であると考えられるため，「訴訟の結果」によりYの「権利が害される」ことはない

2

と考えられる（47条1項）。
　そのため，Ｙは権利主張参加により参加を申し出ると考えられることから，その可否を検討する。
⑵　権利主張参加の要件は，①他人間に訴訟が係属していること，②「訴訟の目的の全部若しくは一部が自己の権利であること」である。
⑶　本件訴訟により他人であるＸＺ間に訴訟が係属している（①充足）。
⑷　独立当事者参加の趣旨は，同一の権利関係をめぐる三面訴訟により，矛盾のない解決を図ることにある。
　したがって，「訴訟の目的の全部若しくは一部が自己の権利である」とは，本訴請求と参加人の請求が論理的に両立し得ない関係にある場合を意味する。そして，その際には，判決内容の実現可能性の次元（請求の趣旨の次元）まで含めて両立不可能性を考えるべきである。
　本件では，ＹのＸに対する債務不存在確認請求が認容された場合，Ｘには被保全債権がないことになる。債権者代位訴訟において，債権者に被保全債権が存在することが，被代位権利行使の前提となるため（民法423条1項），被保全債権が存在しない場合，債権者には当事者適格が認められない。
　そのため，Ｙの請求が認められれば，本件訴訟におけるＸのＺに対する請求は却下判決により認められないことになる。
　また，Ｙの請求が認められなければ，Ｘに被保全債権が存在し，当事者適格が認められるから，ＸのＺへの請求について本案判決がなされることになる。
　そうすると，本訴請求であるＸのＺに対する請求と，参加人であるＹの請

3

求は，判決内容の実現可能性の次元で論理的に両立し得ないといえる（②充足）。
3　よって，前記のような片面的独立当事者参加をする場合，要件を充足するため，Ｙは本件訴訟に独立当事者参加をすることができる。
〔設問2〕
1　Ｘは，法定訴訟担当者として本件訴訟において訴訟追行をしていたのであるから，被担当者であるＹは，本件判決の既判力の拡張を受ける立場にある（115条1項2号）。
　もっとも，ＸはＹの債権者であり，ＸＹ間には実体法上の利害対立があり，このような場合にも敗訴判決について既判力を拡張させてもよいか，問題となる。
2⑴　115条1項2号による既判力拡張の根拠は，訴訟担当者が被担当者に代わり訴訟を追行したことによる代替的手続保障である。
⑵　本件では，確かにＸＹ間に前記のような利害対立があるので代替的手続保障が充分ではなく，敗訴判決の場合には既判力が及ばないとも考えられる。
　しかし，債権者代位訴訟においては，訴訟告知が義務付けられるようになり（民法423条の6），債務者に訴訟参加の機会が保障されるようになった。
　このような機会が付与されれば，訴訟担当者と被担当者との間に利害対立があったとしても，被担当者が自ら訴訟に参加してその利益を保護することができるから，訴訟担当者による訴訟追行によって代替的手続保障が及ん

4

でいるといえる。
　したがって，債権者代位訴訟において訴訟告知が債務者にされた場合，敗訴判決であったとしても既判力は拡張されると解する。
　本件では，ＸからＹに対し訴訟告知がされており，Ｙには本件訴訟に参加する機会が付与されていたといえるから，本件判決の既判力が及ぶ。
3(1)　そして，債権者代位訴訟で原告たる債権者が敗訴した場合においては，債務者に敗訴判決の既判力が拡張されることにより，被代位権利が不存在であることを債務者本人も争えなくなる。
　そうすると，訴訟担当者は，本来的な権利義務の帰属主体の権利を行使するのであるから，本来的な権利義務の帰属主体である債務者が被代位権利を行使できない以上，その反射的効果として，債務者の他の債権者も被代位権利である債権を債権者代位訴訟により行使することはできなくなる。
(2)　したがって，Ｙに本件判決の効力が及ぶ以上，Ａは，Ｙに代位して，Ｚに対し本件不動産のＺの持分２分の１について，遺産分割を原因とする所有権移転登記手続請求権を債権者代位訴訟によって行使することはできなくなる。
(3)　このような意味で，本件判決の効力がＡに及ぶ。

以上

5

6

〈A答案に求められるもの－A３通・C１通の解答言及表〉

A答案３通・C答案１通について，何を書いたか，分析してみました。

設問１(1)

①共同訴訟参加（52条）の要件 ・①参加人の請求と，係属中の訴訟の請求とが，合一にのみ確定すべき場合であること，②他人間で訴訟が係属していること，③参加人が当事者適格を持つ者であることを正確に論述する。
②債権者代位訴訟における債務者の当事者適格 ・民法423条の５に言及する。
③債権者代位訴訟における債務者の共同訴訟参加の可否 ・債権者代位訴訟の特質や本問の事情を考慮して論ずる。

設問１(2)

①独立当事者参加（47条）の要件 ・①他人間に訴訟が係属していること，②「訴訟の目的の全部若しくは一部が自己の権利であること」（47条１項）を正確に書く。
②債権者代位訴訟における債務者の独立当事者参加の可否 ・要件②の「訴訟の目的の全部若しくは一部が自己の権利であること」とは，原告の請求と参加人の定立する請求とが論理的に両立しない場合をいうとした上で，債権者代位訴訟の特質に触れつつ論述する。

○：言及している，△：言及しているが不十分

A答案①	A答案②	A答案③	C答案	コメント
○	△	△	△	A答案①ではコンパクトに論述できていたが，他の答案は不十分な論述であった。特に，C答案は二重起訴の禁止について詳細に論じており，出題趣旨からずれたことを書いていることから，評価を下げたものと思われる。
○	○			A答案①②以外は言及できていなかったことから，合否にはそれほど影響しなかったと推測される。
○	△	△	△	A答案①は概ね適切に論述できている。C答案は，二重起訴の禁止に関する記述がメインになってしまっており，非常に薄い論述しかできていなかったことが評価されなかった原因と考えられる。
○	○	○	△	①②の要件を正確に挙げた答案はなかった。
○	○	○	△	A答案は一通りの検討はできていた。これに対し，C答案は，片面的独立当事者参加の可否についての抽象的な論述に終始しており，債権者代位訴訟の特質には全く触れられていない。この点が低評価の原因であったように思われる。

設問２

①債権者代位訴訟における債権者敗訴の判決の既判力の債務者に対する効力 ・115条１項２号，民法423条の６に言及する。
②債権者代位訴訟における債権者敗訴の判決の既判力の他の債権者に対する効力 ・①訴訟当事者となっていない他の債権者らにも当事者適格がある以上，敗訴判決の効力を他の債権者に及ぼすべきではないとする立場，②債権者代表訴訟は，他の債権者も含んだ代表訴訟的性格を有するため判決効の拡張を肯定する立場，③訴訟担当にもとづく訴訟法上の効果として，他の債権者にも判決効を及ぼすという立場が考えられることから，自説の立場を明らかにして論述する必要がある。

○：言及している，△：言及しているが不十分

A答案①	A答案②	A答案③	C答案	コメント
○	○	○	○	A答案①，②，C答案は，115条1項2号に言及して簡潔に肯定していた。A答案③は，詳細な論述がなされており，高く評価されたものと思われる。
○	○	○	△	A答案①，③については，手続保障の観点から説得的な論述ができていた。これに対して，A答案②，C答案は，条文に当てはまらないことからあっさり否定しており，あまり評価されなかったものと思われる。

〈再現答案①　評価A〉

第１　設問１
１　問(1)
　共同訴訟参加は，民事訴訟法（以下略）52条により，合一確定の必要性がある場合に認められる。合一確定の必要性とは，判決効が及ぶ場合をいう。本件では，ＸＺ間の訴訟はＸの債権者代位訴訟であるところ，Ｙは115条１項２号によりこの訴訟の既判力の拡張を受ける①。したがって，Ｙについて判決効が及ぶため，共同訴訟参加の要件を充たすように思える。
　問題となる点の一つは，債権者代位訴訟を提起することで債務者が訴訟を提起することができないのではないかという点である。この点について民法423条の５によれば，債務者は自ら権利を行使することができる。したがって，自ら権利行使をして訴訟に参加することもできる②。
　問題となる点の二つ目は，ＹがＸの当事者適格を争っている点である。共同訴訟参加は，Ｘと共同して訴訟を追行するものであるから，Ｘの原告適格を否定する主張をすることは共同訴訟参加の趣旨に反することになる。また，後述の通り，独立当事者参加を認めれば足りるから，原告適格を争う場合に共同訴訟参加を認める必要性はない。したがって，共同訴訟参加は認めるべきではない。
　よって，共同訴訟参加をすることは認められない。
２　問(2)
　独立当事者参加は47条１項により，訴訟の目的の全部若しく

1

は一部が自己の権利であることを主張する第三者に認められる。これは，独立当事者参加が，矛盾なき統一的解決を目指す趣旨を有することから，法律上非両立の関係にある場合に認められる③。
　この非両立性が認められるかが問題となる。確かに，債務者も訴えを提起することができることからすれば，非両立関係はないように思える。しかし，債務者が，債権者の被保全債権の存在を否定することに成功すれば，債権者は原告適格を欠くことになり，訴えが却下される④。この場合には，適切な訴訟担当者により訴訟が提起されていなかったことから，債務者に判決効が及ばない（この意味で問(1)は，原告適格を争う場合には，判決効が及ばないことから，合一確定の必要性がないといえる。）。したがって，被保全債権の存否を争うことによって，原告適格について非両立関係があるといえるから，独立当事者参加は認められる。このとき，ＹはＸに対して被保全債権の不存在の確認訴訟を提起するべきである。なお，このような片面的参加も認められる⑤。
　よって，Ｙの独立当事者参加は認められる。
第２　設問２
１　上記の通り，Ｙは訴訟を担当されているものとして，115条１項２号により既判力が及ぶ⑥。問題は，他の債権者についても既判力の拡張が認められるかである。
２　既判力の趣旨は，紛争の蒸し返し防止であり，その正当化根拠は手続保障による自己責任である。115条１項は既判力が及ぶ者に

2

①要件の一つを満たすことを指摘できている。

②当事者適格について検討できている。

③独立当事者参加について，要件を解釈し端的に示せている。ただ，独立当事者参加には詐害防止参加もあり得るため，本件事案では権利主張参加であることを説明したうえで要件検討に入ると，なお良い。

④指摘自体は正しいが，条文（民法423条１項）も指摘できるとなお良い。

⑤片面的な場合について認められることに言及できている。

⑥既判力について，訴訟担当説のうち既判力拡張説に立っていると思われる。しかし，本問ではＹの手続保障が十分ではないのではないかという疑問から趣旨に遡り，訴訟告知等の事情を含め検討してほしい。

ついて規定しているところ，115条1項2号，3号は紛争の蒸し返し防止の趣旨及び，代替的手続保障による拘束力の正当化根拠が妥当する関係にあることから既判力の拡張を認めるものである。したがって，この趣旨が妥当する場合には同号を類推適用して既判力の拡張を認めてもよいと解する⑦。

3　本件では，債権者代位訴訟は責任財産の保全のために全債権者のために提起するものである。したがって，真摯に訴訟を追行する者による代替的手続保障が債権者たるAにも及んでいる。また，紛争の蒸し返し防止の見地からも，他の債権者にも争わせることで第三債務者が敗訴してしまうおそれを排除すべきである。したがって，紛争の蒸し返し防止の趣旨が妥当する。

4　よって，Aに対し本件判決の既判力が及ぶ。

以上

3

4

⑦条文の趣旨から規範を定立できている。

〈再現答案②　評価A〉

第1　設問1
1　問(1)
52条の紛争の統一的解決という趣旨から，「訴訟の目的が当事者の一方及び第三者について合一にのみ確定すべき場合」とは，両者に判決効が及ぶ場合と解される①。

本件訴訟の目的は，YのZに対する所有権移転登記請求権であり，本件訴訟は債権者代位訴訟として行われている。本件訴訟の既判力は当事者XZについて及ぶのが原則である（115条1項1号）。本件訴訟においては，訴訟担当における被担当者であるYにも，既判力が及ぶ（115条1項2号）。

そのため，Yは，本件訴訟に共同訴訟参加ができるように思える。

本件訴訟において，Yが，Zに対し，本問不動産のZの持分の登記について，遺産分割協議に基づいて，自己に移転登記名義を移転するよう請求するのは，XY全員の利益となるから，妨げられない（40条1項）。しかし，Yは，本件貸付債権の不存在を請求するのは，Xの利益とならないから，「全員の利益」にならず，その効力を有しない②。

したがって，Yの訴訟の目的が達成できない以上，Yは，本件訴訟に共同訴訟参加できないと考えるべきである。
2　問(2)
「訴訟の目的の全部若しくは一部が自己の権利である」とは，係

1

属中の請求と自己の請求が論理上両立しない場合と解すべきである（47条1項）。

係属中の請求は，YのZに対する所有権移転登記請求権であり，自己の請求もYのZに対する所有権移転登記請求権で同じだから，同時に認容されうるから，論理上両立しないとはいえない。Yは自ら権利を処分することも妨げられないから，当事者適格が論理上両立しないともいえない（民法423条の5）。

そのため，Yは，本件訴訟に独立当事者参加できないのが原則である。

しかし，前述のように本件訴訟に共同訴訟参加できないYに，被代位権利の不存在を争う機会が与えられないのは不都合である。そのため，独立当事者参加の本訴牽制機能を重視し，債務者が被代位権利の不存在を争う場合に限って，47条1項の類推適用により独立当事者参加を認めるべきである③。

したがって，Yは，本件「訴訟の当事者」の「一方」であるXを相手方とし，本件貸付債権の不存在を請求し，本件訴訟に独立当事者参加できる④。
第2　設問2
前述のように，本件訴訟の既判力はYに及ぶ（115条1項2号）⑤。
Yは，Xから，本件訴訟の訴訟告知を受けている（53条1項，民法423条の6）。
「利害関係」とは，法律上の利害関係と解される（42条）。

2

①共同訴訟参加の要件について，趣旨から解釈できている。

②共同訴訟参加と必要的共同訴訟についての理解が曖昧だと思われかねない。ここでは，要件である当事者適格について指摘してほしいところである。

③ここから，YからXへの請求について権利主張参加が認められるのか検討すべきである。

④ここから，YからXへの請求について権利主張参加が認められるのか検討すべきである。

⑤ここは本間の事情から，条文の趣旨に遡って検討してほしい。

Ｙは，ＹのＺに対する所有権移転登記請求権が認められるか否かという点で，法律上の利害関係を有するといえる。そのため，Ｙは，補助「参加できる第三者」だったといえる（53 条１項）。Ｙは，本件訴訟に参加することはなかったが，参加するときに参加したものとみなされるから，本件判決の効力が及ぶ（53 条４項，46 条柱書）。

他方，Ａは，自己の債権の回収を図るため，同請求権の存否について法律上の利害関係を有するといえるから，補助「参加できる第三者」だったとはいえる（53 条１項）。しかし，ＡにはＸから訴訟告知がされていない以上，Ａには本件判決の効力は及ばない⑥。

以上

3

4

⑥ＹのＺに対する所有権移転登記請求権について既判力が及んでいるのであれば，Ａは債権者代位訴訟では上記請求権を行使できなくなる点について，言及してほしかった。

〈再現答案③　評価Ａ〉

第１　設問１⑴
１　共同訴訟参加（民事訴訟法（以下略）52条）が認められるためには「合一にのみ確定すべき場合」といえる必要がある。では，「合一にのみ確定すべき場合」といえるか。
⑴　「合一にのみ確定すべき場合」とは一方の判決の効力が他方に拡張される場合をいう①。
　本件では，ＸはＹに代位してＺに請求する債権者代位訴訟である。そうだとすれば，Ｘは法定代位者②にあたる。
　では，ＸのＺに対する請求の判決の効力がＹに及ぶか。既判力（114条１項）がＹに及ぶか問題となる。
　この点，既判力は原則として当事者間にしか及ばないが（115条１項１号），本件では，Ｘは法定代位者であるから「当事者が他人のために原告……となった場合のその他人」たるＹ（115条１項２号）に判決効が拡張される。
⑵　よって，「合一にのみ確定すべき場合」にあたり，共同訴訟参加が認められる③。
第２　設問１⑵
１　Ｙは本件訴訟に独立当事者参加（47条）することはできるか。
　Ｙの独立当事者参加の方法として権利主張参加することが考えられる。すなわち，「訴訟の目的の全部若しくは一部が自己の権利であることを主張する」ことが考えられるところ，その意義が明らかでなく問題となる。

①要件の解釈はできている。

②法定訴訟担当である。語句は正確に記載すべきである。

③当事者適格について検討する必要がある。

1

⑴　47条１項の趣旨は三者間の紛争の統一的解決にある。そうだとすれば，本訴請求と参加人の請求が論理的に両立し得ない関係にある場合をいうと考える④。
　本件では，Ｘの請求は，ＹのＺに対する所有権に基づく所有権移転登記請求権である。一方で，Ｙの請求はＸに対する貸金債務不存在確認請求である。
　そのため，両者は論理的に両立する関係にあり，Ｙは独立当事者参加できないとも思える。
　もっとも，ＸのＺに対する請求は，Ｙに代位してなされた債権者代位訴訟であるところ，ＹのＸに対する貸金債務があることを前提とした請求である。一方で，ＹのＸに対する請求はＹのＸへの貸金債務の不存在確認請求であり，ＹのＸに対する貸金債務が不存在であることが前提となっている。
　そうだとすれば，ＹのＸに対する請求が認められれば，Ｘは当事者適格を失うことになり，その意味で両請求は当事者適格レベルで論理的に両立しないといえる⑤。
⑵　よって，「訴訟の目的の全部若しくは一部が自己の権利であると主張する」ことは認められる。
⑶　また，本件独立当事者参加において，ＹはＸへの請求しか定立していないが，このような片面的独立当事者参加も認められる⑥。
第３　設問２

④趣旨から条文文言の解釈を示すことができている。

⑤非常に丁寧な当てはめであり，深い理解がうかがえる。

⑥片面的独立当事者参加の場合許されることに言及できている。

2

1　Ｙに本件判決の効力は及ぶか。既判力がＹに及ぶか問題となる。
(1)　既判力とは前訴判決の後訴への通有性ないし拘束力をいう。その正当化根拠は手続保障の自己責任，紛争の統一的解決に求められる。したがって，前訴請求と後訴請求とが矛盾・先決・同一関係にある場合には前訴判決の既判力が後訴におよび，裁判所は前訴と矛盾した判断をすることができず，前訴と矛盾する主張を排斥しなければならない。
(2)　既判力は「主文に包含するもの」(114条1項)に生じるところ，これは訴訟物をさす。また，原則として，当事者間(115条1項)に及び，口頭弁論終結時を基準時として判断する。なぜならば，口頭弁論終結時までであれば当事者は主張をすることが出来るからである。

本件では，Ｘの本件判決の請求はＹのＺへの所有権移転登記請求権をＹに代位する債権者代位訴訟であるところ，その当事者はＸＺでありＹに判決の効力は及ばないのが原則である。しかし，本件訴訟は債権者代位訴訟であるからＸは法定代位者にあたりＹは「他人のために原告……となった場合のその他人」であるから115条1項2号により既判力が及ぶとも思える。
(3)　もっとも，本件判決は請求棄却判決であるところ，このような場合にもＹに対して既判力が及ぶか⑦。

ア　115条1項2号の趣旨は他人には代替的手続保障が及んでいるため，既判力が及ぶことを許容する点にある。そのため，

3

他人の代替的手続保障が及んでいないなどの特段の事情がない限り，請求棄却判決であっても既判力の効力が及ぶと考える⑧。

イ　本件では，特に，ＸＹ間に代替的手続保障が及んでいない事情はなく⑨，さらにＸはＹに対して訴訟告知(53条，民法423条の6)をしているのだから，代替的手続保障がＹに及んでいる⑩。

ウ　したがってＹに本件判決の既判力は及ぶ。

2　では，本件判決の効力はＡに及ぶか。
(1)　Ａは，115条1項各号のいずれにもあたらない。また，Ａは一般債権者にすぎないから，実体法上特別の関係にあるとも言えず，やはり，Ａに本件判決の効力は及ばないとも思える。
(2)　しかし，既判力の趣旨は，手続保障の自己責任と紛争の統一的解決にある。

ア　そうだとすれば，その趣旨が及ぶ場合，具体的には①当該判決への手続保障があり，②紛争の蒸し返しを防ぐなど，紛争の統一的解決を図る必要性が認められる場合には，例外的に当該判決の効力が及ぶと考える。

イ　本件では，ＸというＹの債権者が訴訟を行い，敗訴しているのだから，同じ立場のＡについても手続保障があったといえる(①)。また，ＡとＸはＹの債権者という点で同じ立場で，ＡはＸ敗訴の判決を認識しているところ，ＡがＹに代位して

4

⑦115条1項2号を指摘しながらも，既判力が及ぶか検討できており，他の受験生と差をつけた思われる。

⑧条文の趣旨から規範定立できている。

⑨ＸＹ間に利害対立がある点に言及できていればさらに点数を伸ばすことができたと思われる。

⑩訴訟告知に触れているところは評価できる。

⑪趣旨から規範を定立した上で，Ｙに及んでいる既判力と矛盾しない結論を導いている。

本件不動産のZの持ち分について，所有権移転登記手続き請求をすることは，本件判決と同様の訴訟を蒸し返すことになる（(2)）⑪。

3　以上より，本件判決の効力はAに及ぶ。

以上

5

6

〈再現答案④　評価Ｃ〉

第１　設問１(1)
１　共同訴訟参加（民訴法52条１項）とは，訴訟の目的が当事者の一方及び第三者について合一にのみ確定すべき場合に，第三者が共同訴訟人として訴訟に参加するものである。共同訴訟参加した場合，参加人は新たに訴えを提起することになる。そうすると，本件訴訟は，ＸがＹに代位して，Ｚを被告として，本件不動産のＺの持分２分の１について，ＺからＹに対して遺産分割を原因とする所有権移転登記手続をすることを求めるものであることから，Ｙが本件訴訟に共同訴訟参加をし，本件不動産のＺの持分の登記につき，自己に登記名義を移転するよう請求することは，「裁判所に係属する事件」について，「更に訴えを提起する」ものとして142条に反しないかが問題となる①。
(1)　142条の趣旨は，訴訟不経済の防止，判決の矛盾抵触の回避，被告の応訴の煩の防止にある。そこで，「訴え」の同一性とは，当事者及び訴訟物が同一であることをいう。もっとも，上記142条の趣旨の観点から，実質的に142条に反するか検討すべきである。
(2)　本件訴訟は債権者代位訴訟であるから，本件訴訟の判決の既判力は，債務者たるＹにも及ぶ（115条１項２号）。そのため，当事者が同一であるといえる。また，上記のとおり訴訟物も同一である。
　もっとも，債務者には，訴訟提起を認めるべき特別の利益がある。また，共同訴訟参加した場合，合一確定の要請があることから，弁論の分離が禁止される。そうだとすれば，訴訟不経済とはならず，判決の矛盾抵触も生じない。
(3)　したがって，142条の趣旨に反しない。
２　また，ＸＹ間に債権債務関係がない場合，被保全債権が存在しないことになり，本件訴訟は不適法として却下される。そうだとすれば，Ｙが本件訴訟に共同訴訟参加することはできないのではないかが問題となる。しかし，この場合，Ｙの訴えは別個のものとして扱われるから問題はない。
３　そして，「訴訟の目的が当事者の一方及び第三者について合一にのみ確定すべき場合」（52条１項）とは，類似必要的共同訴訟となる場合をいう②。上記のとおり，本件訴訟の既判力はＹにも及ぶから，本件は類似必要的共同訴訟となる場合にあたる。
４　以上より，Ｙは本件訴訟に共同訴訟参加することができる③。

第２　設問１(2)
１　独立当事者参加制度（47条）の趣旨は，原告，被告，参加人の間における紛争の統一的解決にある。そのため，「訴訟の目的の全部若しくは一部が自己の権利である」（同条１項後段）とは，参加人の請求と本訴の請求とが論理的に両立しない場合をいう④。
２　ここで，Ｙは本件訴訟に何らの請求を立てずに本件訴訟に独立当事者参加することが考えられる。このように何らの請求を立てずに独立当事者参加をすることは許されるかが問題となる。

①出題者が求める問題意識とは異なる問題提起をしてしまっている。

②この記載は，52条について理解が足りていないことをうかがわせてしまう。

③当事者適格についての検討もすべきである。

④条文の趣旨から，文言解釈を行えており，印象がいい。

(1) 上記のとおり，独立当事者参加制度の趣旨は，原告，被告，参加人の間における紛争の統一的解決にあるにあるところ，何らの請求も立てずに独立当事者参加をする場合には，上記趣旨が妥当しない。したがって，何らの請求を立てずに独立当事者参加をすることは許されないと解すべきである。

(2) 本件でも，Yは本件訴訟に何らの請求を立てずに本件訴訟に独立当事者参加することはできない。

3 以上より，Yは本件訴訟に独立当事者参加することはできない⑤。

第3 設問2

1 既判力とは，確定判決の判断内容に与えられる通用性ないし拘束力をいう。その正当化根拠は，十分な手続保障による自己責任と紛争の蒸し返し防止にある。そして，既判力は，115条1項各号に掲げられた者に及ぶ。上記のとおり，本件訴訟は債権者代位訴訟であるから，115条1項2号により，本件判決の既判力は，債務者たるYにも及ぶ⑥。

2 もっとも，Aは同項各号に掲げられた者のいずれにもあたらない。そのため，本件判決の既判力はAに及ばない。

もっとも，そうだとすれば，AがYに代位して，Zを被告として，本件不動産のZの持分2分の1について，ZからYに対して遺産分割を原因とする所有権移転登記手続を求める訴えを提起すると，紛争の蒸し返しとなり，妥当でない。しかし，Aは同項各号に掲げられた者のいずれにもあたらない以上，本件判決の既判力は

3

Aには及ばない⑦。

3 以上より，本件判決の効力はAに及ばない。

以上

4

⑤YはXに対し，請求を立てようとしているため，片面的独立当事者参加についての検討をしてほしいところである。

⑥条文の指摘自体は正しいが，手続保障という趣旨に遡ってより深い検討を行ってほしいところである。

⑦YのZに対する所有権移転登記請求権について既判力が及んでいるのであれば，Aは債権者代位訴訟では上記請求権を行使できなくなる点について，言及してほしかった。

《刑　法》

以下の事例に基づき，甲及び乙の罪責について論じなさい（住居等侵入罪及び特別法違反の点を除く。）。

1　甲（５０歳）は，実父Ｘ（８０歳）と共同して事業を営んでいたが，数年前にＸが寝たきり状態になった後は単独で事業を行うようになり，その頃から売上高の過少申告等による脱税を続けていた。甲は，某月１日，税務署から，同月１５日に税務調査を行うとの通知を受け，甲が真実の売上高をひそかに記録していた甲所有の帳簿（以下「本件帳簿」という。）を発見されないようにするため，同月２日，事情を知らない知人のＹに対して，「事務所が手狭になったので，今月１６日まで書類を預かってほしい。」と言い，本件帳簿を入れた段ボール箱（以下「本件段ボール箱」という。）を預けた。

Ｙは，本件段ボール箱を自宅に保管していたが，同月１４日，甲の事業の従業員から，本件帳簿が甲の脱税の証拠であると聞かされた。甲は，税務調査が終了した後の同月１６日，Ｙに電話をかけ，本件段ボール箱を回収したい旨を告げたが，Ｙから，「あの帳簿を税務署に持っていったら困るんじゃないのか。返してほしければ１００万円を持ってこい。」と言われた。

甲は，得意先との取引に本件帳簿が必要であったこともあり，これを取り返そうと考え，同日夜，Ｙ宅に忍び込み，Ｙが保管していた本件段ボール箱をＹ宅から持ち出し，自宅に帰った。

2　甲は，帰宅直後，Ｙから電話で，「帳簿を持っていったな。すぐに警察に通報するからな。」と言われた。甲は，すぐに警察が来るのではないかと不安になり，やむなく，本件帳簿を廃棄しようと考えた。甲は，自宅近くの漁港に，沖合に突き出した立入禁止の防波堤が設けられており，そこに空の小型ドラム缶が置かれていることを思い出し，そのドラム缶に火をつけた本件帳簿を投入すれば，確実に本件帳簿を焼却できると考えた。そこで，甲は，同日深夜，本件段ボール箱を持って上記防波堤に行き，本件帳簿にライターで火をつけて上記ドラム缶の中に投入し，その場を立ち去った。

その直後，火のついた多数の紙片が炎と風にあおられて上記ドラム缶の中から舞い上がり，周囲に飛散した。上記防波堤には，油が付着した無主物の漁網が山積みにされていたところ，上記紙片が接触したことにより同漁網が燃え上がり，たまたま近くで夜釣りをしていた５名の釣り人が発生した煙に包まれ，その１人が同防波堤に駐車していた原動機付自転車に延焼するおそれも生じた。なお，上記防波堤は，釣り人に人気の場所であり，普段から釣り人が立ち入ることがあったが，甲は，そのことを知らず，本件帳簿に火をつけたときも，周囲が暗かったため，上記漁網，上記原動機付自転車及び上記釣り人５名の存在をいずれも認識していなかった。

3　甲は，妻乙（４５歳）と２人で生活していたところ，乙と相談の上，入院していたXを退院させ，自宅で数か月間，その介護を行っていたが，自力で移動できず回復の見込みもないXは，同月２５日から，甲及び乙に対して，しばしば「死にたい。もう殺してくれ。」と言うようになった。甲は，Xが本心から死を望んでいると思い，その都度Xをなだめていた。しかし，Xは本心では死を望んでおらず，乙もXの普段の態度から，Xの真意を認識していた。

乙は，同月３０日，甲の外出中，Xの介護に疲れ果てたことから，Xを殺害しようと決意し，Xの居室に行き，「もう限界です。」と言ってXの首に両手を掛けた。これに対し，Xは，乙に「あれはうそだ。やめてくれ。」と言ったが，乙は，それに構わず，殺意をもって，両手でXの首を強く絞め付け，Xは失神した。乙は，その後も，Xの首を絞め続け，その結果，Xは窒息死した。

甲は，Xが失神した直後に帰宅し，乙がXの首を絞めているのを目撃したが，それまでのXの言動から，Xが乙に自己の殺害を頼み，乙がこれに応じてXを殺害することにしたのだと思った。甲は，Xが望んでいるのであれば，そのまま死なせてやろうと考え，乙を制止せずにその場から立ち去った。乙は，その間，甲が帰宅したことに気付いていなかった。

仮に，甲が目撃した時点で，直ちに乙の犯行を止めてXの救命治療を要請していれば，Xを救命できたことは確実であった。また，甲が乙に声を掛けたり，乙の両手をXの首から引き離そうとしたりするなど，甲にとって容易に採り得る措置を講じた場合には，乙の犯行を直ちに止めることができた可能性は高かったが，確実とまではいえなかった。

〈問題文の解析〉

※文中のグレー網掛けは辰巳法律研究所

以下の事例に基づき，甲及び乙の罪責について論じなさい（住居等侵入罪及び特別法違反の点を除く[①]。）。

1　甲（５０歳）は，実父Ｘ（８０歳）と共同して事業を営んでいたが，数年前にＸが寝たきり状態になった後は単独で事業を行うようになり，その頃から売上高の過少申告等による脱税を続けていた。甲は，某月１日，税務署から，同月１５日に税務調査を行うとの通知を受け，甲が真実の売上高をひそかに記録していた甲所有の帳簿（以下「本件帳簿」という。）を発見されないようにするため，同月２日，事情を知らない知人のＹに対して，「事務所が手狭になったので，今月１６日まで書類を預かってほしい。」と言い，本件帳簿を入れた段ボール箱（以下「本件段ボール箱」という。）を預けた[②]。

Ｙは，本件段ボール箱を自宅に保管していたが，同月１４日，甲の事業の従業員から，本件帳簿が甲の脱税の証拠であると聞かされた。甲は，税務調査が終了した後の同月１６日，Ｙに電話をかけ，本件段ボール箱を回収したい旨を告げたが，Ｙから，「あの帳簿を税務署に持っていったら困るんじゃないのか。返してほしければ１００万円を持ってこい。」と言われた。

甲は，得意先との取引に本件帳簿が必要であったこともあり，これを取り返そうと考え[③]，同日夜，Ｙ宅に忍び込み，Ｙが保管していた本件段ボール箱をＹ宅から持ち出し[④]，自宅に帰った。

2　甲は，帰宅直後，Ｙから電話で，「帳簿を持っていったな。すぐに警察に通報するからな。」と言われた。甲は，すぐに警察が来るのではないかと不安になり，やむなく，本件帳簿を廃棄しようと考えた。甲は，自宅近くの漁港に，沖合に突き出した立入禁止の防波堤が設けられており，そこに空の小型ドラム缶が置かれていることを思い出し，そのドラム缶に火をつけた本件帳簿を投入すれば，確実に本件帳簿を焼却できると考えた。そこで，甲は，同日深夜，本件段ボール箱を持って上記防波堤に行き，本件帳簿にライターで火をつけて上記ドラム缶の中に投入し，その場を立ち去った[⑤]。

その直後，火のついた多数の紙片が炎と風にあおられて上記ドラム缶の中から舞い上がり，周囲に飛散した。上記防波

①問題文の指示を見落とさない。

②後述の窃盗罪の検討に当たり，甲の所有物であることが問題となり得る。

③後述の窃盗罪の検討に当たり，自救行為として違法性が阻却されるか問題となる。

④窃盗罪の成否が問題となる。

⑤自己所有建造物等以外放火罪の成否が問題となる。

堤には，油が付着した無主物の漁網が山積みにされていたところ，上記紙片が接触したことにより同漁網が燃え上がり，たまたま近くで夜釣りをしていた５名の釣り人が発生した煙に包まれ，その１人が同防波堤に駐車していた原動機付自転車に延焼するおそれも生じた。なお，上記防波堤は，釣り人に人気の場所であり，普段から釣り人が立ち入ることがあったが，甲は，そのことを知らず，本件帳簿に火をつけたときも，周囲が暗かったため，上記漁網，上記原動機付自転車及び上記釣り人５名の存在をいずれも認識していなかった⑥。

3　甲は，妻乙（４５歳）と２人で生活していたところ，乙と相談の上，入院していたＸを退院させ，自宅で数か月間，その介護を行っていたが，自力で移動できず回復の見込みもないＸは，同月２５日から，甲及び乙に対して，しばしば「死にたい。もう殺してくれ。」と言うようになった。甲は，Ｘが本心から死を望んでいると思い，その都度Ｘをなだめていた。しかし，Ｘは本心では死を望んでおらず，乙もＸの普段の態度から，Ｘの真意を認識していた⑦。

乙は，同月３０日，甲の外出中，Ｘの介護に疲れ果てたことから，Ｘを殺害しようと決意し，Ｘの居室に行き，「もう限界です。」と言ってＸの首に両手を掛けた⑧。これに対し，Ｘは，乙に「あれはうそだ。やめてくれ。」と言ったが，乙は，それに構わず，殺意をもって，両手でＸの首を強く絞め付け，Ｘは失神した。乙は，その後も，Ｘの首を絞め続け，その結果，Ｘは窒息死した。

甲は，Ｘが失神した直後に帰宅し，乙がＸの首を絞めているのを目撃したが，それまでのＸの言動から，Ｘが乙に自己の殺害を頼み，乙がこれに応じてＸを殺害することにしたのだと思った。甲は，Ｘが望んでいるのであれば，そのまま死なせてやろうと考え，乙を制止せずにその場から立ち去った⑨。乙は，その間，甲が帰宅したことに気付いていなかった。

仮に，甲が目撃した時点で，直ちに乙の犯行を止めてＸの救命治療を要請していれば，Ｘを救命できたことは確実であった。また，甲が乙に声を掛けたり，乙の両手をＸの首から引き離そうとしたりするなど，甲にとって容易に採り得る措置を講じた場合には，乙の犯行を直ちに止めることができた可能性は高かったが，確実とまではいえなかった⑩。

⑥「公共の危険」の意義及びその認識の必要性について論じるべきであることが分かる。

⑦甲乙間において認識の相違がある。

⑧乙は殺人罪の実行行為を行っている。

⑨乙の殺人罪について，甲の不作為による関与が問題となる。

⑩結果回避可能性について検討すべきであることが分かる。

〈出題趣旨の解析〉

本問は，⑴甲が，脱税の証拠である甲所有の帳簿（以下「本件帳簿」という。）をＹに預けていたところ，情を知ったＹからその返還と引き替えに１００万円の支払を求められたため，Ｙ宅に忍び込み，Ｙが保管していた本件帳簿が入った段ボール箱をＹ宅から持ち出したこと，⑵その後，⑴の犯行を知ったＹから警察に通報する旨を告げられた甲が，本件帳簿を廃棄するため，自宅近くの防波堤で，これに火をつけて燃やしたところ，火のついた紙片が同防波堤にあった漁網に接触してこれを燃焼させ，その煙が釣り人を包み，釣り人の原動機付自転車にも延焼するおそれを生じさせたこと，⑶甲の妻乙が，自宅において，甲の実父Ｘの首を絞めて窒息死させたところ，甲は，その状況を目撃しながら，Ｘが死を望んでいるものと考えてこれを放置してＸを死亡させたことを内容とする事例について，甲及び乙の罪責に関する論述を求めるものである。

⑴については，本件帳簿が甲の所有物であることを踏まえて，これが刑法第２４２条にいう「他人が占有」する財物に当たるかを検討しつつ，自救行為としての違法性阻却の可能性も含めて，甲に窃盗罪が成立するか否かに関して，本事例における事実関係を基に検討する必要がある。

⑵については，本件帳簿が自己所有建造物等以外放火罪の客体に当たることを前提に，本事例において，同罪における「公共の危険」が発生したといえるか否かを検討するとともに，これを肯定したときには，同罪の成立に「公共の危険の認識」が必要かどうかを踏まえた成立罪名を検討する必要がある。

⑶については，乙に殺人罪が成立するところ，甲の不作為による関与の可罰性を検討するに当たり，作為義務の有無，結果回避可能性の要否，関与類型，抽象的事実の錯誤の処理等に関する基本的理解を踏まえつつ，本事例における事実関係を適切に当てはめて，甲の罪責について具体的に検討する必要がある。

いずれについても，各構成要件等の正確な知識，基本的理解や，本事例にある事実を丁寧に拾って的確に分析した上で当てはめを具体的に行う能力が求められる。

【分　析】

本問は，⑴甲が，脱税の証拠である甲所有の帳簿（以下「本件帳簿」という。）をＹに預けていたところ，情を知ったＹからその返還と引き替えに１００万円の支払を求められたため，Ｙ宅に忍び込み，Ｙが保管していた本件帳簿が入った段ボール箱をＹ宅から持ち出したこと，⑵その後，⑴の犯行を知ったＹから警察に通報する旨を告げられた甲が，本件帳簿を廃棄するため，自宅近くの防波堤で，これに火をつけて燃やしたところ，火のついた紙片が同防波堤にあった漁網に接触してこれを燃焼させ，その煙が釣り人を包み，釣り人の原動機付自転車にも延焼するおそれを生じさせたこと，⑶甲の妻乙が，自宅において，甲の実父Ｘの首を絞めて窒息死させたところ，甲は，その状況を目撃しながら，Ｘが死を望んでいるものと考えてこれを放置してXを死亡させたことを内容とする事例について，甲及び乙の罪責に関する論述を求めるものである。

→　本問の事案の概要がまとめられている。乙については(3)の行為について，甲については，(1)から(3)まで３つの行為について検討する必要があることが分かる。

(1)については，本件帳簿が甲の所有物であることを踏まえて，これが刑法第２４２条にいう「他人が占有」する財物に当たるかを検討しつつ，自救行為としての違法性阻却の可能性も含めて，甲に窃盗罪が成立するか否かに関して，本事例における事実関係を基に検討する必要がある。

→　窃盗罪の構成要件は，①「他人の財物を」②不法領得の意思をもって③「窃取」したことである。本問においては，本件帳簿が甲の所有物であるため，窃盗罪の保護法益から検討する。

自救行為とは，権利を侵害された者が，公的機関の救済を求める余裕がないときに自らの実力でその回復を図ることをいう。判例は，自救行為を認めることについて極めて慎重であり，傍論的に，盗犯の被害者が現場で盗品を取り返す行為について自救行為の可能性を肯定しているが（最大判昭 24.5.18），他人の設置した板塀によって通行権を侵害された者がこれを自ら取り除く行為（大判大 7.11.5），賃借権者がその家屋を不法に占拠して古物商を営んでいる者に対して，明渡しを求めるために威力を用いてその業務を妨害した行為（最決昭 27.3.4），自己の借地内に突き出ていた隣家の玄関の庇（ひさし）をほしいままに切り取った行為（最判昭 30.11.11）などについては，いずれも自救行為の成立を否定している。

(2)については，本件帳簿が自己所有建造物等以外放火罪の客体に当たることを前提に，本事例において，同罪における「公共の危険」が発生したといえるか否かを検討するとともに，これを肯定したときには，同罪の成立に「公共の危険の認識」が必要かどうかを踏まえた成立罪名を検討する必要がある。

→　自己所有建造物等以外放火罪（110 条２項）では，処罰対象が「公共の危険を生じさせた者」と規定される。

公共の危険の意義について，判例（最決平 15.4.14，百選Ⅱ85 事件）は，「必ずしも同法 108 条及び 109 条１項に規定する建造物等に対する延焼の危険のみに限られるものではなく，不特定又は多数の人の生命，身体又は前記建造物等以外の財産に対する危険も含まれる」とする。

また，公共の危険の認識について，判例（最判昭 60.3.28，百選Ⅱ86 事件）は，「刑法 110 条 1 項の放火罪が成立するためには，火を放って同条所定の物を焼損する認識のあることが必要であるが，焼損の結果公共の危険を発生させることまでを認識する必要はない」とする。

(3)については，乙に殺人罪が成立するところ，甲の不作為による関与の可罰性を検討するに当たり，作為義務の有無，結果回避可能性の要否，関与類型，抽象的事実の錯誤の処理等に関する基本的理解を踏まえつつ，本事例における事実関係を適切に当てはめて，甲の罪責について具体的に検討する必要がある。

→ →乙が殺人罪の実行行為を行っていることから，乙の罪責から検討すると答案の構成が容易であると考えられる。

甲の罪責については，甲の行為態様が不作為であることが問題となる。不真正不作為犯の実行行為性は，①当該構成要件的結果の発生を防止すべき法律上の作為義務を有する者が，②作為が可能かつ容易であるにもかかわらず，作為を怠る場合に限り，認められる。

また，甲の認識としては嘱託殺人罪であるが，乙による殺人罪を容易にしていることから，共犯の錯誤について検討する必要がある。

いずれについても，各構成要件等の正確な知識，基本的理解や，本事例にある事実を丁寧に拾って的確に分析した上で当てはめを具体的に行う能力が求められる。

→ 出題趣旨の締めくくりの文言は，令和元年，令和 2 年のものと一言一句違わない。各構成要件要素を正確に書けるようにするとともに，事例中の事実を丁寧に拾い，的確に分析・評価した上で，当てはめて結論を出す，というどの科目にも共通する法律論文の基本的姿勢が身についているか否かが試されている。

〈論点〉

1　窃盗罪の客体
2　自救行為
3　建造物等以外放火罪
4　公共の危険の意義と公共の危険の認識
5　不作為の幇助
6　共犯の錯誤

〈概観〉

令和3年の予備試験は，各構成要件の検討や不作為犯の検討，自救行為の検討，幇助犯，共犯の錯誤など刑法総論の全体的な理解を問い，個人的法益に対する罪として窃盗罪及び殺人罪の成否，社会的法益に対する罪として建造物等以外放火罪の成否など刑法各論の全体的な理解を問われており，刑法の全体的な理解力を試す問題であると考えられる。

形式面について，令和2年の予備試験では甲の罪責について論じることが求められていたが，令和3年の予備試験では甲及び乙の罪責について論じることが求められており，複数人の罪責を論じさせる出題形式に変更された。内容面については，甲において本件段ボール箱をY宅から持ち出した行為，本件帳簿にライターで火をつけてドラム缶の中に投入した行為，乙がXの首を絞めているのを目撃したにもかかわらず乙を制止せずに立ち去った行為の罪責検討が求められていると考えられる。乙においてはXの首を強く締め続けて窒息死させた行為の罪責検討が求められていると考えられる。

本問を検討するに当たり，殺人罪の正犯である乙から答案を構成する方が容易であると考えられるため，乙から検討することとする。乙の罪責について，乙は，殺意を持って，両手でXの首という身体の枢要部を強く締め付けて窒息死させていることから殺人罪（刑法199条）の成立が考えられる。

甲の罪責について，本件段ボール箱をY宅から持ち出した行為について窃盗罪（刑法235条）が成立するか問題となる。本件段ボール箱がYに預けた甲の所有物であり窃盗罪の客体に当たるかどうかに触れつつ，占有説に立つ場合にはY宅から持ち出した行為が「窃取」したといえるか否かについて検討する必要がある。そして，故意・不法領得の意思を認定したのちに，Yの恐喝に対する自救行為に当たらないかを得意先との取引に使うことや急迫性などを踏まえて検討する必要があると考えられる。

本件帳簿にライターで火をつけてドラム缶の中に投入した行為について，自己所有建物等以外放火罪（刑法 110 条 2 項）が成立するか問題となる。まず，自己所有物であることを確定しつつ，放火行為と焼損の意義について言及し，公共の危険の意義（最決平 15.4.14，百選Ⅱ85 事件），公共の危険の認識（最判昭 60.3.28，百選Ⅱ86 事件）を検討する必要がある。なお，刑法 111 条 2 項の延焼罪の成否について，「前条 2 項の罪を犯し，よって同条 1 項に規定する物に延焼させたとき」とあるところ，建造物等以外放火罪（刑法 110 条）の客体は，刑法 108 条・109 条に規定されている客体以外の物すなわち非建造物であり，本条 2 項は，客体が自己所有物である場合には，財産侵害が欠如する点を考慮して法定刑を減軽しており，所有者の同意がある場合や無主物の場合（大阪地判昭 41.9.19）も同様に考えてよいとされていることから，無主物の漁網は「1 項に規定する物」に当たらず，延焼罪は成立しないと考えられる。

乙を制止せずにその場から立ち去った行為について，嘱託殺人（刑法 202 条後段）が成立するかが問題となる。まず，乙の X に対する殺人行為を制止しないという不作為の態様で犯罪を容易にしており，意思連絡がないため片面的共同正犯が成立しないことを言及しつつ，不作為の幇助犯（刑法 62 条 1 項）が成立するかを検討することとなる。その際，不作為犯の因果性についても検討することが好ましいと考えられる。そして，嘱託殺人罪の認識で殺人罪を容易にしていることから，共犯の錯誤について検討する必要があると考えられる。

〈参考答案例〉

第１　乙の罪責
　乙は，殺意のもと，Ｘという「人」の首を絞め続け，もって窒息死させて「殺し」ている（刑法（以下法令名略）199条）。したがって，乙は殺人罪の罪責を負う。
第２　甲の罪責
１　本件段ボール箱をＹ宅から持ち出した行為について，窃盗罪（235条）の罪責を負うか。
(1)ア　まず，本件帳簿は，甲が所有するものであるので「他人の財物」に当たるか。
　窃盗罪の保護法益は事実上の占有である。したがって，「他人の財物」とは，他人の占有する財物をいうと解する。
　本件帳簿は，Ｙが同人の自宅に保管することで占有している。そうであるとすると，本件帳簿は他人の占有する財物といえ，「他人の財物」に当たる。
イ　また，甲はＹの意思に反してＹ宅から本件帳簿を持ち出し，占有を甲に移転させているため，「窃取」している。
ウ　そして，甲の故意（38条１項本文）及び不法領得の意思がある。
エ　したがって，窃盗罪の構成要件に該当する。
(2)　もっとも，甲は自己所有の本件帳簿を取り返したのであるから，自救行為により違法性が阻却されないか。
ア　原則として自救行為は禁止されるが，司法的救済を待っていたのでは，権利の実現が不可能になるか著しく困難になる場合には，社会的相当行為

1

として自救行為により違法性が阻却されると解すべきである。そして，自救行為の成否は，必要性，目的・手段の相当性を考慮して判断する。
イ　本件では，得意先との取引に本件帳簿が必要であったことから，自救行為の必要性がある。もっとも，甲が本件帳簿を取り返した目的は，甲が脱税行為をしていた事実の発覚を防止することにあり，不当な目的である。また，甲はＹ宅に侵入し本件帳簿を窃取しており，Ｙの管理権や財産権を侵害している。そうだとすると，ＹがＸの返還請求を拒否していることや恐喝目的であることを考慮したとしても，甲の保護される法益は，Ｙの法益に比べて低いといえ，手段の相当性が認められない。
ウ　よって，違法性は阻却されない。
(3)　以上より，甲は窃盗罪の罪責を負う。
２　本件帳簿にライターで火をつけてドラム缶の中に投入した行為について，自己所有建造物等以外放火罪（110条２項）の罪責を負うか。
(1)　甲は，甲所有であって「自己の所有」に係る本件帳簿に，ライターで火をつけてドラム缶の中に投入することで「放火」し，本件帳簿を燃え上がらせているため，本件帳簿を独立して継続燃焼させているといえ，「焼損」している。
(2)ア　次に，「公共の危険」は，108条及び109条１項に規定する建造物等への延焼の危険に限られず，不特定又は多数の人の生命，身体または建造物等以外の財産に対する危険も含まれる。なぜなら，放火罪の保護法益は，不特定又は多数人の生命・身体・財産の安全にあるからである。
イ　本件では，夜釣りをしていた５人の釣り人が発生した煙に包まれ，ま

2

た，防波堤に駐車していた原動機付自転車に延焼するおそれが生じている。したがって，人の生命，身体及び建造物等以外の財産に対する危険が生じている。よって，「公共の危険」を生じさせている。

(3) また，甲は上述の行為を認識，認容しているから，故意が認められる。

そして，110条2項は，結果的加重犯であるから，「公共の危険」の認識は，必要ではない。本件では，甲は，原動機付自転車及び釣り人5人の存在を認識していなかったが，結論に影響しない。

(4) 以上より，甲は自己所有建造物等以外放火罪の罪責を負う。

3 乙を制止せずにその場から立ち去った行為について，甲と乙に意思の連絡はない。したがって，嘱託殺人罪の共同正犯（60条，202条後段）は成立しない。

では，同罪の幇助犯（62条1項，202条後段）の罪責を負うか。

(1) 上記の通り，乙はXにつき殺人罪という「正犯」を行なっている。

(2) 次に，「幇助をした」といえるか。本件では，甲は乙の行為を制止せず立ち去るという不作為によっているため，問題となる。

ア 幇助犯の処罰根拠は，正犯の実行行為を通じた間接的な法益侵害又はその危険の惹起にある。そうだとすると，不作為であっても間接的に法益侵害等を惹起させれば，幇助行為があるといえる。そこで，不作為の幇助行為については，①当該構成要件結果の発生を防止すべき作為義務を有する者が，②作為が可能かつ容易であるにもかかわらず，作為を怠った場合に認められる。

本件では，Xは，甲の実父であり，扶養義務を負っている（民法877

3

条1項参照）。また，甲は，Xを病院から退院させ，乙とともに自宅で介護している。また，自宅には甲，乙及びXしか住んでいない。そうであるとすると，甲以外にXを助けることのできる者はいなかったといえる。したがって，甲は乙のXへの殺害行為について制止する作為義務があった（①）。そして，甲は，乙がXの首を絞めているのを目撃しており，乙の当該行為を制止することが可能であり，また，容易であったといえる。そうであるにもかかわらず，甲は，乙を制止せずに立ち去っているから，作為を怠ったといえる（②）。

よって，幇助行為が認められる。

イ また，甲は，上記行為を認識しているから，幇助意思もある。

ウ よって，「幇助をした」といえる。

(3) 次に，甲の幇助行為と乙の実行行為との間に因果関係が認められるか。

ア 幇助犯については，幇助行為により正犯の実行行為を物理的又は心理的に容易にすることで因果関係が認められる。

イ 本件では，甲が目撃した時点で，直ちに乙の犯行を止めてXの救命治療を要請していれば，Xを救命できたことは確実であった。また，甲にとって容易に採り得る措置を講じた場合には，確実でないとしても，乙の犯行を直ちに止めることができた可能性が高かった。そうだとすると，甲が乙を制止せず立ち去った行為は，乙がXの首を絞めて殺害する行為を物理的に容易にしたといえる。

ウ よって，甲の幇助行為と乙の実行行為との間に因果関係が認められる。

(4) もっとも，甲は，Xが乙に自己の殺害を頼み，乙がこれに応じてXを殺害

4

することにしたと認識していることから，嘱託殺人の範囲でしか故意が認められないのではないか。

ア　故意責任の本質は，行為者が犯罪事実を認識し規範に直面したにもかかわらず，あえて犯罪行為に出たことに対する非難にある。そして，規範は構成要件として与えられているので，構成要件の重なり合いが認められれば，重なり合う限度で規範に直面しており非難は可能である。そこで，構成要件の重なり合いが実質的に認められる限度で，軽い犯罪の故意が認められると解する。構成要件の重なり合いは，保護法益と行為態様から判断する。

イ　本件では，殺人罪と嘱託殺人罪は保護法益について人の生命という点で重なり合う。また，両犯罪は，人を殺すという行為態様の点で基本的な構成要件部分が実質的に重なり合っている。

ウ　したがって，甲には軽い犯罪である嘱託殺人罪の範囲で故意が認められる。

(5)　よって，甲には嘱託殺人罪の範囲で幇助犯が認められる。

(6)　以上より，甲は嘱託殺人罪の幇助犯の罪責を負う。

4　罪数

以上より，甲は，①窃盗罪，②建造物等以外放火罪，③嘱託殺人罪の幇助犯の罪責を負い，それぞれ，併合罪（45条前段）となる。

以上

5

6

〈Ａ答案に求められるもの－Ａ３通・Ｃ１通の解答言及表〉

Ａ答案３通・Ｃ答案１通について，何を書いたか，分析してみました。

甲の罪責

１　甲が，脱税の証拠である甲所有の帳簿（以下「本件帳簿」という。）をＹに預けていたところ，情を知ったＹからその返還と引き替えに１００万円の支払を求められたため，Ｙ宅に忍び込み，Ｙが保管していた本件帳簿が入った段ボール箱をＹ宅から持ち出した行為

→窃盗罪の成否

①242 条の「他人が占有」する財物の検討
②「窃取」等その他の構成要件の検討 ・「窃取」 ・故意 ・不法領得の意思
③自救行為の検討 ・目的・手段の双方の相当性を検討する。

２　甲が，Ｙから警察に通報する旨を告げられたため，本件帳簿を廃棄するため，自宅近くの防波堤で，これに火をつけて燃やしたところ，火のついた紙片が同防波堤にあった漁網に接触してこれを燃焼させ，その煙が釣り人を包み，釣り人の原動機付自転車にも延焼するおそれを生じさせた行為

→自己所有建造物等以外放火罪の成否

①「前２条に規定する物以外の物」の検討
②「自己の所有に係る」の検討
③「放火」「焼損」の検討
④「公共の危険」の検討
⑤「公共の危険」の認識の要否の検討

○：言及している，△：言及しているが不十分

A答案①	A答案②	A答案③	C答案	コメント
○	○	○	○	いずれの答案も概ね妥当な記述ができていた。もっとも，各構成要件要素を漏れなく検討できていた答案は少なく，A答案①は故意及び不法領得の意思，A答案②，③は自救行為の検討ができていなかった。もっとも，故意及び不法領得の意思については本問では特に問題となるような事情が挙がっていなかったことから，これらを落としても致命傷にはならなかったものと思われる。
△	○	○	○	
○			○	
○	○	○	△	本問のメイン論点だけあって，いずれの答案も各構成要件要素を「」で引用して当てはめるという形ができていた。もっとも，A答案はいずれも問題文の事情を適切に引用して丁寧な当てはめができていたが，C答案は若干事実摘示が薄く，その点が低評価の原因と思われる。
○	○	○	△	
○	○	○	△	
○	○	○	△	
○	○	○	△	

3　甲の妻乙が，自宅において，甲の実父Xの首を絞めて窒息死させたところ，甲が，その状況を目撃しながら，Xが死を望んでいるものと考えてこれを放置してXを死亡させた行為

→嘱託殺人罪の幇助犯の成否

①不作為犯の成立要件の検討
②不作為犯の因果関係の検討
③幇助犯の成否の検討
④共犯の錯誤の検討

乙の罪責

甲の妻乙が，自宅において，甲の実父Xの首を絞めて窒息死させた行為

→殺人罪の成否

> 「人」であるXの，首という身体の枢要部を，絞め続けるという自然の死期に先立って他人の生命を断絶する危険性の高い行為により，死の結果を発生させており，「殺し」ているといえることを論述する。
>
> Xの同意が真意に基づくものではないことにも言及する。

○：言及している，△：言及しているが不十分

A答案①	A答案②	A答案③	C答案	コメント
○	○	○	○	不作為犯という典型論点からの出題であり，いずれの答案も比較的よく書けていた。もっとも，A答案であっても論点落としをしているものがあった。C答案は，因果関係や共犯の錯誤についての記述が弱いことが評価を下げた原因と思われる。
△	○	○	○	
○	○	○	○	
△		○	○	
○	○	○	○	特に問題となる論点もないことから，いずれの答案もあっさりと殺人罪の成立を認めていた。あまり差がつかなかったものと思われる。

〈再現答案①　評価A〉

第１　乙の罪責
１　Xの首に両手をかけ，両手でXの首を強く締め付けた行為につき殺人罪（刑法199条）が成立しないか。
⑴　殺害しようとしてXの首に両手をかける行為は，X死亡の現実的危険性を有する行為であるから，殺人罪の実行の着手といえる。そして，乙は，両手でXの首を強く締め付け，Xを窒息死させているから，「殺した」といえる。
⑵　乙は，Xが本心では死を望んでいないことを知っており，殺意をもって上記行為に及んでいるから，本罪の故意（38条１項本文）も認められる。
⑶　したがって，殺人罪が成立する①。
第２　甲の罪責
１　本件帳簿を入れた本件段ボール箱をYに預けた行為につき，証拠隠滅罪（104条）は成立しない。なぜなら，本件帳簿は，甲にとって「他人の刑事事件に関する証拠」とはいえないからである。
２　Yが保管していた本件段ボール箱をY宅から持ち出した行為につき，窃盗罪（235条）が成立しないか。
⑴　「他人の財物」とは，他人が所有する財物をいう。もっとも，他人が占有する財物は，他人の財物とみなされる（242条）。本件段ボールは，甲が所有する物であるが，Yが保管し占有するものであるから，「他人の財物」とみなされる②。
⑵　「窃取」とは，他人が占有する物を占有者の意思に反してその

１

占有を自己又は第三者に移転させることをいう。上記行為は，Yの意思に反して，本件段ボール箱の占有を甲に移転させるものであるから，「窃取」したといえる。
⑶　もっとも，自己物の取り戻しとして違法性が阻却されないか③。
ア　違法性の本質は，社会的相当性を逸脱した法益侵害行為である。そこで，社会通念上相当性が認められる自己物の取り戻しは，違法性が阻却されると解すべきである。
イ　甲は，Yに本件段ボールを返してほしければ100万円を持ってこいと脅されているから，目的の相当性が認められる。しかし，他人の家に勝手に忍び込んで本件段ボールを持ち出す行為には，行為態様の相当性が認められない④。そのため，社会通念上相当性が認められる自己物の取り戻しとはいえない。
ウ　したがって，違法性は阻却されない。
⑷　以上より，窃盗罪が成立する。
３　本件帳簿にライターで火をつけてドラム缶の中に投入した行為につき，建造物等以外放火罪（110条２項）が成立しないか。
⑴　本件帳簿は，「自己の所有に係る」「前二条に規定する物以外の物」にあたる。
⑵　「放火」とは，目的物の焼損を生じさせる危険性を有する行為をいう。本件帳簿にライターで火をつけた行為はその焼損を生じさせる危険性を有する行為といえるから，「放火」したといえる。

２

①端的に書けている。

②保護法益から「他人の財物」の定義を導き，当てはめを行った方が良い。

③問題提起の内容は正しいが，「自救行為」というフレーズは出せた方が印象は良い。

④考慮できている要素が少なくなってしまい，当てはめが薄く見えてしまっている。もう少し事情を拾いたい。

(3)　「焼損し」たとは，火が放火の媒介物を離れ，目的物に燃え移り，独立して燃焼を継続する状態に至ったことをいう。火のついた多数の紙片が炎と風にあおられて上記ドラム缶から舞い上がっていることからすれば，火が放火の媒介物を離れ，目的物に燃え移り，独立して燃焼を継続する状態に至ったといえ，「焼損」したといえる。

(4)　本罪の保護法益は不特定または多数の者の生命・身体・財産である。そのため，「公共の危険」とは，不特定または多数の者の生命・身体・財産に対する延焼の危険をいう⑤。そして，延焼の危険には，有毒ガスによる危険も含まれる。有毒ガスによっても不特定または多数の者の生命・身体・財産に対する危険が生じるからである。

本件では，上記紙片が炎と風にあおられて上記ドラム缶から舞い上がり，周囲に飛散し，防波堤にあった油の付着した無主物の漁網に接触したことにより，同漁網が燃え上り，たまたま近くで夜釣りをしていた５名の釣り人が発生した煙に包まれ，その１人が同防波堤に駐車していた原動機付自転車に延焼するおそれが生じている。そのため，不特定または多数の者の生命・身体・財産に対する延焼の危険が生じており，「公共の危険」が生じているといえる。

(5)　本罪は，「よって」という文言からして，公共の危険の発生を加重結果とする結果的加重犯であるから，公共の危険の認識は

3

⑤定義，それに対する当てはめとも良くできている。

不要である。なぜなら，結果的加重犯においては，基本犯についての認識があれば足り，加重結果についての認識は不要だからである。本件で甲は，本件帳簿に火をつけたときに，周囲が暗かったため，上記漁網，上記原動機付自転車，上記釣り人５名の存在を認識していないが，本件帳簿に放火し，これを焼損する認識があった以上，本罪の故意は認められる⑥。

(6)　したがって，建造物等以外放火罪が成立する。

4　乙の殺人行為を制止せずにその場から立ち去った不作為につき，殺人罪の共同正犯（60条）等は成立しない。なぜなら，他人の犯罪を阻止しなかったにとどまる者は，結果発生の因果経過を支配したとはいえず，正犯たりえないからである⑦。

5　では，上記不作為につき，殺人罪の幇助犯（62条１項）が成立しないか。

(1)　不作為であっても構成要件的結果発生の現実的危険を有しうるから，幇助たりうる。もっとも，あらゆる不作為に成立を認めると処罰範囲が拡大するおそれがあり妥当でない。そのため，作為による場合と構成要件的に同価値といえる場合に限り成立を認めるべきである。具体的には，作為義務があり，作為が容易に可能であるのに，作為義務に違反した場合に不作為の幇助犯が成立しうると解すべきである。

(2)　乙の犯行現場には，甲と乙しかいなかったのであるから，甲には排他的支配が認められる。そのため，乙の犯行を制止すべき作

4

⑥「公共の危険」の認識についても，理由付けから説得的に論じられている。

⑦端的に共同正犯を否定できており，印象が良い。

為義務があった。
　また，甲が乙の犯行を制止することは容易に可能であった。
　それにもかかわらず，甲は乙の犯行を制止していないから作為義務に違反したといえる。
(3)　甲にとって容易に採り得る措置を講じた場合には乙の犯行を直ちに止めることができた可能性が高かった以上，因果関係が認められる。
(4)　もっとも，甲は，それまでのXの言動から，Xが乙に自己の殺害を頼み乙がこれに応じてXを殺害しているのだと思っているから，同意殺人罪（202条）の故意しかない。そのため，殺人罪と構成要件的に重なりあう同意殺人罪の限度でしか故意は認められない⑧。
(5)　したがって，同意殺人罪の幇助犯が成立する。
6　いずれも併合罪（45条前段）となる。

以上

5

6

⑧論点には触れられており，最低限の当てはめはできている。時間の問題もあるだろうが，もう少し当てはめを厚く書けるとより良い。

〈再現答案②　評価Ａ〉

第１　甲の罪責
１　Ｙが保管していた本件段ボールをＹ宅から持ち出した行為について窃盗罪（刑法（以下略）235条）が成立しないか。
(1)　本件段ボールは甲の所有物であるが「他人の財物」といえるか。242条が「自己の財物であっても，他人が占有」しているものは「他人の財物」とみなすとしているところ，「占有」の意義が明らかでなく問題となる。
ア　235条の趣旨は平穏な占有状態を保護する点にあるため，「占有」とは所有権に基づく占有のみならず，すべての占有を含むと考える①。
　したがって，他人の占有する財物であれば「他人の財物」にあたる。
イ　本件では，本件段ボールはＹが占有しているものであるから，「他人の財物」にあたる。
　そして，甲はＹの意思に反して甲の占有へと本件段ボールを移転させているから「窃取」にあたる。
ウ　また，本件段ボール及びその中にある本件帳簿は脱税の証拠であるため，このような違法な財物であっても，「他人の財物」として窃盗罪の保護の対象となるか問題となるも，先述の通り，235条の趣旨は平穏な占有状態の保護にあるから，脱税の証拠であってもやはり「他人の財物」にあたる。
(2)　上記事実に対する認識・認容たる故意（38条１項本文），ま

1

た不法領得の意思についても問題がない②。
(3)　よって，上記行為に窃盗罪が成立する。
２　本件帳簿にライターで火をつけた行為について，建造物等以外放火罪（110条２項）が成立しないか。
(1)　「放火」とは目的物の焼損を惹起する行為をいうところ，本件では，本件帳簿にライターで火をつけてその焼損を惹起しているから「放火」といえる。
(2)　また，本件帳簿は，「前２条に規定する物以外」であって甲の所有物であるから「自己の所有に係る」といえる。
(3)　「焼損」とは火が媒介物を離れて独立して燃焼を継続するに至ったことをいうところ，本件では，火のついた多数の紙片が炎となっているから火が媒介物を離れて，独立して燃焼を継続するに至ったといえる。
(4)　では「公共の危険を生じさせた」といえるか。
　公共の危険が生じたかは108条，109条１項に規定する物のみでなく，一般人を基準として，不特定又は多数人の生命・身体・財産に対する危険が生じたかによって判断する。
　本件では，本件帳簿にライターで火をつけてドラム缶の中に投入した後，火のついた多数の紙片が炎と風に煽られてドラム缶の中から舞い上がり周囲に飛散している。
　また，かかる紙片は油が付着した無主物の漁網に接触し，漁網が燃え上がり，近くで夜釣りをしていた５名の釣り人が発生し

2

①問題設定，趣旨からの説得的な説明が端的にできている。もっとも，保護法益を「平穏な占有」とすると，「占有」もすべての占有ではなく，平穏な占有とするのが論理的であると思われることから，若干違和感のある論証である。

②故意，不法領得の意思に触れられている。しかし，自救行為について触れられておらず，残念である。

③定義から当てはめまで適切にできている。

た煙に包まれ，その一人が駐車していた原動機付自転車に延焼するおそれが生じていたのだから，一般人を基準として他人の生命・身体・財産に対する危険が生じたといえ，「公共の危険を生じさせた」といえる③。

(5) もっとも，甲は本件帳簿に火をつけた際，上記漁網，原動機付自転車及び釣り人５人を認識していなかったところ，「公共の危険」への認識がなく故意が認められないのではないか。

この点，「よって」の文言より，本罪は結果的加重犯であるから「公共の危険」の認識は不要である④。

そして，甲は上記事実に対する認識・認容たる故意もある。

(6) 以上より，上記行為に自己所有建造物等以外放火罪が成立する。

3 漁網に紙片が接触し漁網を燃え上がらせた行為に延焼罪（111条２項）が成立しないか。

確かに，「前条第２項の罪を犯し」ているが，110条１項は他人所有の物を規定しているところ，漁網は無主物であるから「同条第１項に規定する物に延焼させた」とはいえず，延焼罪は成立しない⑤。

4 乙がXの首を締めた行為を目撃したにもかかわらず，乙を制止せずにその場から立ち去った行為について，同意殺人罪の共謀共同正犯（60条，202条）が成立しないか。「共同して犯罪を実行した」といえるかが問題となる。

④公共の危険の認識について，端的に触れられている。

⑤漁網について，触れられているのは印象がいい。

⑥問題意識は良いが，ここまで詳細に記載しないで端的に論じる部分である。

3

(1) 共同正犯の処罰根拠は結果への因果性，正犯性であるところ，「共同して犯罪を実行した」といえるためには①正犯意思を前提とした共謀，②①に基づく実行行為が必要であると考える。

本件では，乙はXの首を締めた際，甲が帰宅していたことに気づいておらず，意思連絡がなく①を満たさず，共同正犯は成立しない⑥。

(2) では，上記行為に同意殺人罪の幇助犯（62条，202条）が成立しないか。

幇助とは実行行為以外の方法で正犯の実行行為を容易にすることをいうところ，本件では甲は乙を制止しなかったという不作為にとどまるところ，このような不作為も「幇助」たりうるか。

不作為でも，正犯の実行行為を容易にすることは出来るからこの場合でも「幇助」たりうる。

もっとも，不作為の場合に常に幇助犯が成立するとすると，刑法の自由保障機能を害する。

そこで，不作為の幇助犯が成立するためにはⅰ作為義務ⅱ作為の可能性・容易性が必要であると考える。

まず，Xは甲の実父であり，甲はXを養護すべき立場にある⑦。

また，Xが首を絞められている現場には乙と甲しかおらず，乙がXを殺害していることに鑑みると，Xを救助出来るのは甲のみであり，その意味でXの生命は甲の排他的支配にあったといえ，作為義務が認められる（ⅰ）。また，甲が乙に声をかけたり，

⑦条文を示せると良かった。

⑧規範に沿った当てはめができている。

4

乙の両手をXの首から引き離そうとしたりするなどの行為を取ることは可能であり，容易であった（ii）⑧。

よって実行行為性は認められる。

(3) また，Xは死亡している。

(4) では因果関係は認められるか。

不作為の因果関係は，当該作為をしていれば結果が発生しなかったことが合理的な疑いを超える程度に確実であり，当該作為がされることなく結果へと現実化した場合に認められる⑨。

⑨問題意識，規範定立は良いが，規範を導く理由付けに触れてほしい。

本件では，確かに，甲が乙に声をかけたり，乙の両手をXの首から引き離そうとしたりするなど，甲にとって容易に取りうる措置を講じた場合には乙の犯行を直ちに止めることができた可能性は高かったが，確実とまではいえず，合理的な疑いを超える程度に確実とはいえないから，因果関係が認められない。

(5) よって，同意殺人罪の幇助犯は成立しない。

5　罪数

以上より，甲の行為に窃盗罪，自己所有建造物等以外放火罪が成立し，両者は併合罪（45条1項）となり，甲はその罪責を負う。

第2　乙の罪責

乙がXの首を締めた行為に殺人罪が成立しないか。

首という人体の枢要部を強く絞める行為は人の生命身体に対する危険を惹起する行為であり，確かに，Xは「死にたい。もう殺してくれ」と言っていたが，乙は真意でないことを認識しており，Xをもそ

5

の旨を乙に伝えているのだから，Xの言動が乙の意思決定に与える影響が決定的であったとはいえず，殺人罪の実行行為にあたる。

Xは死亡しており，因果関係もある。

また上記行為に対する殺意もある。

よって，上記行為に殺人罪が成立し，乙はその罪責を負う。

以上

6

〈再現答案③　評価Ａ〉

第１　甲の罪責
１　本件帳簿は，甲自身の脱税の証拠品であることから，甲が本件帳簿をＹに預けた行為につき，証拠隠滅罪（刑法（以下省略）104条）の間接正犯の成否が問題となるも，同罪は「他人の刑事事件」としている以上，甲に同罪は成立しない。
２⑴　次に，甲がＹの保管していた本件段ボール箱をＹ宅から持ち出した行為につき，窃盗罪（235条）が成立するか。
⑵　まず，本件帳簿は，脱税の証拠品であるため禁制物にあたるから，本件帳簿を入れた本件段ボール箱は，「財物」といえるかが問題となるも，法的手続きによらなければ没収されないという意味で禁制物も刑法上の保護に値するから，本件段ボール箱は，「財物」にあたる。
⑶ア　つぎに，本件帳簿は甲の所有物であり，Ｙの所有物ではないところ，本件段ボール箱が「他人の財物」にあたるかが問題となる。
イ　この点，他人の所有物であっても，財産法秩序維持の観点から，事実としての占有それ自体を保護すべきである（242条参照）①。
ウ　Ｙは本件段ボール箱の所有者ではないが，刑法上Ｙの占有は保護に値するといえる。よって，本件段ボール箱もＹが占有している以上，「他人の財物」にあたる。
⑷　そして，甲は，Ｙの意思に反して，本件段ボール箱をＹ宅から

１

持ち出し，もって自己の自宅に持ち帰り自己の占有下に移転しているから，甲には窃盗罪が成立する②。
３　甲が本件帳簿に火をつけてドラム缶内に投入した行為について，自己所有物建造物等以外放火罪（110条２項）が成立するか。
⑴　まず，本件帳簿は甲の所有物であるから，「自己の所有物」にあたる。
⑵　甲は，本件帳簿にライターで点火しているから，「放火し」たといえる。
⑶　「焼損」とは，火が媒介物を離れて独立して燃焼するに至った状態をいう。
　火のついた本件帳簿をドラム缶に入れたことで，ドラム缶から火のついた多数の紙片が舞い上がり，漁網に接触したことで同漁網が燃え上がったため，火がドラム缶を離れて独立して燃焼するに至ったということができる。したがって「焼損」したといえる③。
⑷ア　もっとも，「公共の危険」が発生したということができるか。
イ　この点，「公共の危険」とは，不特定又は多数人の生命，身体，又は財産等に対する危険をいい，対象物は108条及び109条所定の建造物等に限られないと解する。なぜならば，このような危険は，上記所定の建造物等を介することなく直接生じるおそれがあるためである。
ウ　本件では，火が同漁網に燃え移り，近くで夜釣りをしていた

２

①定義をしっかりと導けている。

②主観的要件と自救行為について抜けてしまっており，もったいない。

③定義から当てはめまで適切に書けている。

④保護法益から定義を導き，当てはめも適切である。

5名の釣り人が発生した煙に包まれ，その1人が同防波堤に駐車していた原動機付自転車に延焼するおそれが生じていたことからすれば，不特定又は多数人の生命身体財産等に対して延焼の危険が生じたといえ，「公共の危険」が発生したといえる[④]。

(5)ア　もっとも，甲は，上記防波堤に釣り人が立ち入ることがあることを知らず，本件帳簿に火をつけたときも，周囲が暗かったため，上記漁網，上記原動機付自転車及び上記釣り人5名の存在をいずれも認識していなかったのであるから，公共の危険に対する認識を欠いていたといえ，同罪は成立しないのではないか。公共の危険の認識の要否が問題となる[⑤]。

イ　この点，同罪の保護法益の重大性に鑑み，自己物への放火を犯罪足らしめるのは，公共の危険に対する認識を有していたときに限るとする見解がある。しかし，同罪は，109条2項と異なり，「よって」という文言を規定していることからすれば，結果的加重犯を定めた規定であると解するべきである。したがって，公共の危険の認識は不要である。

ウ　よって，甲が上記事情を認識していなかったことは，同罪の成否に影響を及ぼさない[⑥]。

(6)　また，甲は本件帳簿に火をつけることを認識認容している以上，故意に欠ける点もない。

(7)　よって，甲には自己所有物建造物等以外放火罪が成立する。

⑤丁寧な問題提起で，印象がいい。

⑥自説のみでなく反対説に触れられている点は，他と差をつけたと思われる。

3

4　甲が，乙がXの首を絞めていることを止めなかった行為につき，不作為の同意殺人罪（205条）が成立するか[⑦]。

(1)　不作為であっても，作為犯と同様の結果発生を生じさせる危険性を有する場合がある。もっとも，処罰範囲の拡大を防止する必要もある。そこで，①作為義務があり，②作為の容易性・可能性がある場合には不作為の実行行為性が認められると解する。

(2)　まず，Xは，甲の実の父親であり，甲とXは同居していたことからすれば，甲は，自身の親が生命の危機にあるのであるから，これを助ける作為義務があったといえる（①）。また，甲は，乙がXの首を絞め続けているのを目撃していたところ，これを中断させるために作為を行うことにつき何ら障害もなかったのであるから，作為の容易性が認められる。また，かかる行為にでることも可能であったのであるから，作為の可能性も認められる（②）。

したがって，同罪の実行行為性が認められる。

(3)ア　もっとも，因果関係が認められるか。

イ　不作為犯の処罰範囲が広がることを防止するため，因果関係は，結果の不発生が合理的な疑いを超える程度に確実であったといえる場合に認められる[⑧]。

ウ　本件では，甲が目撃した時点で，直ちに乙の犯行を止めてXの救命治療を要請していれば，Xを救命できたことは確実であったのである。ここで，甲にとって容易な手段を講じた場合

⑦幇助について問題意識がないのが，点数が伸びなかった要因と思われる。

⑧問題提起→理由付け→規範定立の流れが良い。

4

には，乙の犯行を直ちに止めることができた可能性は高かったが，確実までとは言えなかったことからすれば，因果関係は認められないとも思える。しかし，甲は，容易にとりうる手段のほかにも，より実効性のある手段を講じることはできたのであり，その場合，乙の犯行を止めることが確実にできたともいえる。したがって，合理的な疑いを超える程度にX死亡という結果の不発生が認められるから，因果関係が認められる⑨。

⑷　そして，甲の主観では，Xには真意に基づく同意があるとして同意殺人罪（205条）が成立するが，乙は，Xには真意に基づく同意がないことを知っていたため，客観的には殺人罪（199条）が成立するところ，両罪は，保護法益が人の生命であり，行為態様が殺人という点で，205条の限度で構成要件的に重なっているため，甲は，軽い罪である205条につき規範に直面したといえるから，故意責任を問うことができる。

⑸　よって，甲には，Xに対する不作為の同意殺人罪が成立する。

5　以上より，甲には，窃盗罪（235条），自己所有物建造物等以外放火罪（110条2項），同意殺人罪（205条）が成立し，これらは併合罪（45条1項）となる。

第2　乙の罪責

乙は，X殺害の故意の下，Xの同意が真意に基づくものでないことを認識したうえでXの首を絞め続け，もってXを殺しているから，Xに対する殺人罪（199条）が成立する⑩。

⑨充実した当てはめができている。

⑩端的に書けている。

5

なお，乙は，甲が帰宅したことにつき何ら認識をしていないから，共謀がないため，甲との間で共同正犯（60条）が成立する余地はない⑪。

以上

⑪共同正犯について触れていて，印象がよいが，幇助についての検討もほしかった。

6

〈再現答案④　評価C〉

第１　乙の罪責
１　乙が，Xの首を絞めた行為に殺人罪（199条）が成立するか。
(1)　乙がXの首を力いっぱい絞めた行為は，Xの身体の枢要部である首を絞めるもので死亡結果発生の現実的危険性が高い行為であるから実行行為にあたり，結果死亡している。
(2)　そして，乙の上記行為の危険が現実化してXは窒息死しているから因果関係が認められる。
(3)　乙は認められる。
２　よって，上記行為に殺人罪が成立し，乙はその罪責を負う①。
第２　甲の罪責
１　Y宅から本件段ボールを持ち出した行為に窃盗罪（235条）が成立するか。
(1)　まず，本件段ボール箱は甲が所有するものであり，Yに対して預けただけであるところ，「他人の財物」（242条，235条）に当たるか。
　複雑化した現代社会において財産秩序を保護する必要があるため，窃盗罪の保護法益は事実状態としての占有であると解する。そこで，「他人の財物」とは他人が占有する物を意味すると解する②。
　本件段ボール箱は，Yに預けており，Yが占有する物であるから「他人の財物」に当たる。
(2)　「窃取」とは，占有者の意思に反して占有を自己の支配下に移

1

転させることをいうところ，Yに無断でY宅から本件段ボール箱を持ち出しており，占有者Yの意思に反して占有を移転させたといえ，「窃取」に当たる。
(3)　また，故意が認められ，不法領得の意思も認められる③。
(4)　そして，本件窃取は，Yから脅されたことを契機とするものであるが，警察に通報することなどもでき，住居侵入をして持ち出す行為は「やむを得ずにした行為」といえず，正当防衛（36条１項）は成立しない。さらに，税務調査を免れる目的でなされており，住居侵入を犯していることから社会的相当性を逸脱しており自救行為も成立しない。したがって，違法性は阻却されない④。
(5)　よって，上記行為に窃盗罪が成立する。
２　次に，本件帳簿にライターで火をつけてドラム缶に投入しその場を立ち去った行為につき，建造物等以外放火罪（110条２項）が成立するか。
(1)　本件段ボール箱は自己所有であり，建造物ではないから「自己所有に係る」「前２条……以外の物」にあたる。
(2)　そして，ライターで火をつけた行為は放火であり独立に燃焼を継続しうる状態に達しているから「焼損」が認められる。
(3)　そして，本件では，漁網が燃え上がったことによって釣り人５人が煙に巻かれており，生命・身体の危険が生じている。よって，公共の危険が生じている⑤。

2

①乙の罪責について，端的に示せている。

②適切な問題設定ができており，保護法益から定義を導けている。

③主観的要件にも触れられている。

④自救行為の問題意識を持っている趣旨は伝わるものの，厚く書いてほしかった。

⑤端的に論じられているが，公共の危険については定義の記載がほしいところである。

(4) しかし，甲には公共の危険の認識・認容がないから故意が認められないとも思えるが，法益保護の観点から，公共の危険の認識は不要であると解する。放火の故意があるため，故意は認められる。

よって，上記行為に建造物等以外放火罪（110条2項）が成立する。

3 乙がXの首を絞めるのを放置した行為に殺人罪の帮助犯（62条1項，199条）が成立しないか⑥。

(1) 上記行為は不作為であるが，帮助行為に当たるか。乙は甲が放置していたことを認識していないことから片面的帮助犯が成立するかも同様に問題となる。

ア 「帮助」とは，正犯の実行行為を容易にすることをいうところ，不作為も正犯の実行行為を容易にすることができるから，不作為であっても帮助行為たり得る。もっとも，処罰範囲限定のため，作為による帮助と構成要件的同価値性が認められる場合，すなわち法的作為義務があり，作為が可能かつ容易であることが必要と解する。

そして，正犯が帮助犯の行為を認識していない片面的帮助であっても，物理的帮助である場合には正犯の実行行為を容易にすることができるから，帮助行為に当たりうると解する。

イ まず，甲は，Xの息子であるから扶助義務（民法877条1項）を負う⑦。そして，甲は入院していたXを退院させ，自宅で寝たきりのXを数ヶ月介護していた。そして，自宅という密

3

⑥共同正犯についても，端的に触れるとなお良い。

⑦条文を示せており，印象がよい。

⑧充実した当てはめである。

室で乙のXに対する殺害行為は行われており，かかる行為を阻止できたのは甲しかいなかった。そうだとすれば，Xの生命の維持という法益は排他的に甲に依存していたといえ，法的作為義務が認められる。また，甲が乙に声をかけたり，警察に電話をしたり，乙の両手をXの首から引き離そうとする等の行為は可能かつ容易であった⑧。したがって，作為による帮助と構成要件的同価値性が認められ，「帮助」に当たる。そして，乙がXの首を絞めるのを放置した行為は乙がXの首を絞めるという実行行為を物理的に促進する行為であるから，片面的帮助行為となる。

(3) また，合理的な疑いを超える程度には確実であり因果関係は認められる⑨。

(4) しかし，甲はXが真に殺害されることに同意していたと誤信しているから，殺人罪の帮助犯の故意は認められない。

(5) よって，殺人罪の帮助犯は成立しない。

4 しかし，同意殺人罪の帮助犯が成立する。殺人罪の帮助犯と同意殺人罪の帮助犯は行為態様と保護法益において実質的な重なり合いが認められ，軽い同意殺人罪の帮助犯については規範に直面しており，故意が認められるからである。

5 以上より，甲の各行為に窃盗罪，建造物等以外放火罪，同意殺人罪の帮助が成立し，併合罪（45条前段）となり，甲はその罪責を負う。

以上

4

⑨因果関係については，論点になる部分であるため詳細な記載がほしい。

《刑事訴訟法》

次の【事例】を読んで，後記〔設問１〕及び〔設問２〕に答えなさい。

【事例】

令和２年１０月２日午後２時頃，Ｈ県Ｉ市所在のマンション内にあるＶ方に２名の男が侵入し，金品を物色中，帰宅したＶと鉢合わせとなり，同男らのうち１名がナイフでＶの腕を切り付けた上，もう１名がＶの持っていたバッグを奪うという住居侵入，強盗傷人事件が発生した。Ｖは，犯人らが立ち去った後，直ちに１１０番通報し，同日午後２時２０分頃，制服を着用したＩ署の司法警察員ＰとＱがＶ方に到着した。Ｐらは，Ｖから，犯人らの特徴と奪われたバッグの特徴を聞き出した上，管理人に依頼して同マンションの出入口の防犯カメラ画像を確認した。その結果，同日午後２時１分頃に犯人らと特徴の一致する２名の男が走り去っていく様子が映っており，そのうち１名は被害品と特徴の一致するバッグを所持していた。その後，Ｐらは，同男らの行方を捜した。

同日午後４時頃，Ｐらは，Ｖ方から直線距離で約５キロメートル離れた同市内の路上で，犯人らと特徴の一致する甲及びもう１名の男を発見した。その際，甲は，被害品と特徴の一致するバッグを持っていた。そこで，Ｐは，甲らに対し，「Ｉ署の者ですが，話を聞きたいので，ちょっといいですか。」と声をかけた。すると，甲らがいきなり逃げ出し，途中で二手に分かれたことから，Ｐらは，前記バッグを持っていた甲を追跡した。甲は，同バッグを投棄して逃走を続けたが，Ｐらは３００メートルくらい走ったところで甲に追い付き，同日午後４時３分頃，①Ｐが甲を刑事訴訟法第２１２条第２項に基づき本件住居侵入，強盗傷人の被疑事実で逮捕した。もう１名の男は，発見には至らなかった。

甲は，同日午後４時３０分頃からＩ署で開始された弁解録取手続において，本件の主任捜査官である司法警察員Ｒに対し，「私がＶ方で強盗をしてバッグを奪ったことは間違いない。ナイフでＶを切り付けたのは，もう１人の男である。そのナイフは，警察に声をかけられる前に捨てた。捨てた場所は，地図で説明することはできないが，近くに行けば案内できると思う。もう１人の男の名前などは言いたくない。」旨述べた。同日午後４時５０分頃，弁解録取手続が終了し，Ｒは，直ちに甲にナイフの投棄場所を案内させて，ナイフの発見，押収及び甲を立会人としたその場所の実況見分を実施しようと考え，捜査員や車両の手配をした。

同日午後５時頃，出発しようとしたＲに対し，甲の父親から甲の弁護人になるように依頼を受けたＳ弁護士から電話があり，同日午後５時３０分から３０分間甲と接見したい旨の申出があった。Ｒは，Ｓ弁護士が到着し，接見を終えてから出発したのでは，現場に到着する頃には辺りが暗くなることが見込まれていたことから，Ｓ弁護士に対し，今から甲に案内させた上で実況見分を実施する予定があるため接見は午後８時以降にしてほしい旨述べた。これに対し，Ｓ弁護士は，本日中だと前記３０分間以外には接見の時間が取れず，翌日だと午前９時から接見の時間が取れるが，何とか本日中に接見したい旨述べた。Ｒは，引き続きＳ弁護士と協議を行うも，両者の意見は折り合わなかった。そのため，②Ｒは，Ｓ弁護士に対し，接見は翌日の午前９時以降にしてほしい旨伝えて通話を終えた上，予定どおり甲を連れて実況見分に向かった。それまでの間，甲は，弁護人及び弁護人となろうとする者のいずれとも接見していなかった。

〔設問１〕

①の逮捕の適法性について論じなさい。

〔設問２〕

②の措置の適法性について論じなさい。ただし，①の逮捕の適否が与える影響については論じなくてよい。

〈問題文の解析〉

※文中のグレー網掛けは辰已法律研究所

次の【事例】を読んで，後記〔設問１〕及び〔設問２〕に答えなさい。

【事例】

令和２年１０月２日午後２時頃，Ｈ県Ｉ市所在のマンション内にあるＶ方に２名の男が侵入し，金品を物色中，帰宅したＶと鉢合わせとなり，同男らのうち１名がナイフでＶの腕を切り付けた上，もう１名がＶの持っていたバッグを奪うという住居侵入，強盗傷人事件が発生した。Ｖは，犯人らが立ち去った後，直ちに１１０番通報し，同日午後２時２０分頃，制服を着用したＩ署の司法警察員ＰとＱがＶ方に到着した。Ｐらは，Ｖから，犯人らの特徴と奪われたバッグの特徴を聞き出した上，管理人に依頼して同マンションの出入口の防犯カメラ画像を確認した。その結果，同日午後２時１分頃に犯人らと特徴の一致する２名の男が走り去っていく様子が映っており，そのうち１名は被害品と特徴の一致するバッグを所持していた。その後，Ｐらは，同男らの行方を捜した。

同日午後４時頃，Ｐらは，Ｖ方から直線距離で約５キロメートル離れた同市内の路上で[①]，犯人らと特徴の一致する甲及びもう１名の男を発見した。その際，甲は，被害品と特徴の一致するバッグを持っていた[②]。そこで，Ｐは，甲らに対し，「Ｉ署の者ですが，話を聞きたいので，ちょっといいですか。」と声をかけた。すると，甲らがいきなり逃げ出し[③]，途中で二手に分かれたことから，Ｐらは，前記バッグを持っていた甲を追跡した。甲は，同バッグを投棄して逃走を続けたが，Ｐらは３００メートルくらい走ったところで甲に追い付き，同日午後４時３分頃，①Ｐが甲を刑事訴訟法第２１２条第２項に基づき本件住居侵入，強盗傷人の被疑事実で逮捕した。もう１名の男は，発見には至らなかった。

①212 条２項柱書の「罪を行い終つてから間がないと明らかに認められる」という要件該当性が問題となる。

②212 条2項2号に該当する。

③212 条2項4号に該当する。

甲は，同日午後４時３０分頃からＩ署で開始された弁解録取手続において，本件の主任捜査官である司法警察員Ｒに対し，「私がＶ方で強盗をしてバッグを奪ったことは間違いない。ナイフでＶを切り付けたのは，もう１人の男である。そのナイフは，警察に声をかけられる前に捨てた。捨てた場所は，地図で説明することはできないが，近くに行けば案内できると思う。もう１人の男の名前などは言いたくない。」旨述べた。

同日午後４時５０分頃，弁解録取手続が終了し，Ｒは，直ちに甲にナイフの投棄場所を案内させて，ナイフの発見，押収及び甲を立会人としたその場所の実況見分を実施しようと考え，捜査員や車両の手配をした。

同日午後５時頃，出発しようとしたＲに対し，甲の父親から甲の弁護人になるように依頼を受けたＳ弁護士から電話があり，同日午後５時３０分から３０分間甲と接見したい旨の申出があった。Ｒは，Ｓ弁護士が到着し，接見を終えてから出発したのでは，現場に到着する頃には辺りが暗くなることが見込まれていたことから，Ｓ弁護士に対し，今から甲に案内させた上で実況見分を実施する予定があるため接見は午後８時以降にしてほしい旨述べた。これに対し，Ｓ弁護士は，本日中だと前記３０分間以外には接見の時間が取れず，翌日だと午前９時から接見の時間が取れるが，何とか本日中に接見したい旨述べた。Ｒは，引き続きＳ弁護士と協議を行うも，両者の意見は折り合わなかった。そのため，②Ｒは，Ｓ弁護士に対し，接見は翌日の午前９時以降にしてほしい旨伝えて通話を終えた上，予定どおり甲を連れて実況見分に向かった。それまでの間，甲は，弁護人及び弁護人となろうとする者のいずれとも接見していなかった[④]。

〔設問１〕

①の逮捕の適法性について論じなさい。

〔設問２〕

②の措置の適法性について論じなさい。ただし，①の逮捕の適否が与える影響については論じなくてよい。

④逮捕直後の初回接見が問題となる。最判平12.6.13（百選34事件）は，初回接見の重要性について述べた上で接見指定の適法性について検討している。そのため答案では，初回であることを踏まえた論述が求められるだろう。

〈出題趣旨の解析〉

本問は，共犯者２名による住居侵入，強盗傷人事件において，設問１では，事前に被害者から犯人や被害品の特徴を聴取し，防犯カメラの画像でもこれを確認していた警察官が，犯行の約２時間後，犯行現場から約５キロメートル離れた路上で，犯人の特徴と一致する２名の男を発見し，そのうち１名が被害品の特徴と一致するバッグを所持していたことから，その男に声をかけたところ，両名が逃走したため，これを追跡し，途中で上記バッグを投棄した１名を刑事訴訟法第２１２条第２項に基づき逮捕（準現行犯逮捕）した事例において，この逮捕が，準現行犯逮捕の要件を充足するかどうかを検討させることを通じて，準現行犯逮捕が令状主義の例外として認められる趣旨や，準現行犯逮捕の条文構造を踏まえた具体的事案における適用のあり方を示すことを求めるものである。設問２では，逮捕された被疑者について，間近い時期に被疑者を未発見の凶器の投棄現場に案内させ，その立会の下で同所の実況見分を実施する確実な予定がある中で，弁護人となろうとする者から，被疑者との初回の接見を３０分後から３０分間行いたい旨の申出があったのに対し，接見の日時を翌日と指定した事例において，接見指定の要件である「捜査のため必要があるとき」（刑事訴訟法第３９条第３項本文）の意義や，初回接見についての指定内容と同項ただし書の「指定は，被疑者が防御の準備をする権利を不当に制限するようなものであってはならない。」との関係についての理解を踏まえて，当該指定の適否を検討させるものである。その検討においては，最高裁判所の判例（最高裁平成１１年3月２４日大法廷判決，最高裁平成１２年6月１３日第三小法廷判決等）を意識して自説を展開する必要がある。

設問１及び2のいずれも刑事訴訟法の基本的な学識の有無及び具体的事案における応用力を問う問題である。

【分　析】

本問は，共犯者２名による住居侵入，強盗傷人事件において，設問１では，事前に被害者から犯人や被害品の特徴を聴取し，防犯カメラの画像でもこれを確認していた警察官が，犯行の約２時間後，犯行現場から約５キロメートル離れた路上で，犯人の特徴と一致する２名の男を発見し，そのうち１名が被害品の特徴と一致するバッグを所持していたことから，その男に声をかけたところ，両名が逃走したため，これを追跡し，途中で上記バッグを投棄した１名を刑事訴訟法第２１２条第２項に基づき逮捕（準現行犯逮捕）した事例において，この逮捕が，準現行犯逮捕の要件を充足するかどうかを検討させることを通じて，準現行犯逮捕が令状主義の例外として認められる趣旨や，準現行犯逮捕の条文構造を踏まえた具体的事案における適用のあり方を示すことを求めるものである。

→　準現行犯逮捕の要件を充足するかどうかを検討することがメインであり，条文を正確に指摘しつつ，条文の要件を充足するか否かを丁寧に論述する必要がある。その際,「犯行の約２時間後」,「犯行現場から約５キロメートル離れた路上」等の当てはめに使える事情が問題文に散りばめられていることから，これらの事情を摘示して的確に評価して結論を出すことが求められる。

設問２では，逮捕された被疑者について，間近い時期に被疑者を未発見の凶器の投棄現場に案内させ，その立会の下で同所の実況見分を実施する確実な予定がある中で，弁護人となろうとする者から，被疑者との初回の接見を３０分後から３０分間行いたい旨の申出があったのに対し，接見の日時を翌日と指定した事例において，接見指定の要件である「捜査のため必要があるとき」（刑事訴訟法第３９条第３項本文）の意義や，初回接見についての指定内容と同項ただし書の「指定は，被疑者が防御の準備をする権利を不当に制限するようなものであってはならない。」との関係についての理解を踏まえて，当該指定の適否を検討させるものである。その検討においては，最高裁判所の判例（最高裁平成１１年３月２４日大法廷判決，最高裁平成１２年６月１３日第三小法廷判決等）を意識して自説を展開する必要がある。

→　接見指定については，最大判平 11.3.24（百選 33 事件）を踏まえて,「捜査のため必要があるとき」（刑訴法 39 条３項本文）の解釈をし，初回接見については，最判平 12.6.13（百選 34 事件）を踏まえて，接見指定が「被疑者が防御の準備をする権利を不当に制限する」（刑訴法 39 条３項ただし書）とならないかを検討することが求められている。

設問１及び２のいずれも刑事訴訟法の基本的な学識の有無及び具体的事案における応用力を問う問題である。

→　設問１，２のいずれも超典型論点からの出題であり，短答合格者であれば何を書いていいか分からないということはないと思われる。できる限り正確に条文の要件や判例の規範を展開し，問題文の事情を丁寧に拾って評価し，結論に至るという当たり前のことをいかに迅速にこなすかが問われている。他の受験生に書き負けないように注意が必要であるといえよう。

〈論点〉

1　準現行犯逮捕

2　初回接見

〈概観〉

令和３年の刑事訴訟法は，設問１では準現行犯逮捕の適法性，設問２では初回接見における接見指定の適法性を問う問題である。

設問１では，出題趣旨において刑事訴訟法212条２項各号該当性が問題となることが指示されていたので，要件を検討する。

本問では，甲らは発見当時に被害品と特徴の一致するバッグを所持しており，「贓物……を所持しているとき」（同項２号）に該当する。また，甲らはPが声をかけるといきなり逃げ出しており，「誰何されて逃走しようとするとき」（同項４号）に該当する。

また，犯行から時間にして約２時間経過し，直線距離にして５キロメートル離れている点につき，「罪を行い終つてから間がないと明らかに認められる」の該当性が問題となる。同項２号４号に重複して該当することを踏まえて，時間的場所的接着性が認められるかを検討する。その上で，犯行直後のVによる110番通報，及び甲らが防犯カメラ画像に映った２名の男と特徴が一致する事情等を併せ考え，誤認逮捕のおそれがないかを踏まえ，「罪を行い終つてから間がないと明らかに認められる」に当たるか判断する。この問題に関する最高裁判例として，最判平8.1.29（百選12事件）が参考になる。

設問２では，接見指定の適法性が問題となる。

刑事訴訟法39条３項の「捜査のため必要があるとき」の要件があるかどうかを判例の判断基準に従って検討する（最大判平11.3.24，百選33事件）。その上で，初回接見の重要性にかんがみ，即時又は近接した日時での接見を認めても捜査の支障を避けることができるかについても，検討する（最判平12.6.13，百選34事件）。

〈参考答案例〉

第１　設問１
１　①の逮捕は，準現行犯逮捕（刑事訴訟法（以下法律名略）213 条，212 条２項）として適法といえるか。
(1)　甲は，被害品と特徴が一致するバッグを所持していたので，「贓物……を所持しているとき」（212 条２項２号）に当たる。
さらに，甲は，Ｐに「ちょっといいですか。」と声をかけられて逃げ出しており，「誰何されて逃走しようとするとき」（212 条２項４号）に当たる。
(2)　「罪を行い終つてから間がないと明らかに認められる」といえるか，①逮捕は，犯罪発生から約２時間後のため，問題となる。
ア　法が準現行犯逮捕を令状主義の例外として許容する趣旨は，準現行犯人については誤認逮捕のおそれが類型的に低い点にある。したがって，「罪を行い終つてから間がないと明らかに認められる」とは，犯罪と逮捕との間の時間的場所的接着性と犯人の明白性が認められ，誤認逮捕のおそれが乏しいことをいう。
そして，準現行犯の各号の要件は，それぞれ犯人と犯罪との結びつきの強弱が異なるから，その要件該当性との関係で，「罪を行い終つてから間がない」といえるかどうかを検討すべきである。具体的には１号３号の要件は，犯人と犯罪との結びつきが強いのに対し，２号４号は，犯人と犯罪との結びつきが弱いので，「罪を行い終つてから間がない」の要件は厳しく解すべきである。
イ　甲は，２号と４号の要件をともに満たしている。このことは，２号だ

1

け，４号だけの場合に比して，犯罪との結びつきを強めるといえる。
これを踏まえて「罪を行い終つてから間がない」の要件を検討すると，事件発生直後，110 番通報を受けたＰらが現場に臨場し，防犯カメラを確認後，付近を捜索していたところ，約２時間後に甲らを発見したものであり，未だ警察の捜索網の中で犯人が発見される可能性は十分あったところ，２時間経過していれば，犯罪発生現場から直線距離で５キロメートル離れた場所に犯人がいたとしても何ら不自然ではない。また，犯人は２人組であり，甲らも２人組で行動しており，しかも犯人らと特徴が一致していた。このような事情を総合的に考慮すれば，被害品と特徴の一致するバッグを所持していた甲が，犯人とは別人物である可能性は極めて低く，誤認逮捕のおそれは乏しい状況にあったといえる。
よって，未だ時間的場所的接着性は失われず，また犯人の明白性も認められることから「罪を行い終つてから間がないと明らかに認められる」の要件をみたすと考える。
(3)　逮捕の必要性（刑事訴訟規則 143 条の３）が認められるか。
ア　無令状逮捕であっても，逮捕の必要性を要すると考える。そして，逮捕の必要性とは，逃亡又は罪証隠滅のおそれがある場合をいう。
イ　甲はＰに声をかけられて逃げ出そうとしており，また，強盗傷人という重大な犯罪の嫌疑をかけられていることから，甲に逃亡のおそれがある。また，甲は，警察官に声をかけられて逃走する際に，バッグを投棄していたし，ともに行動していた者は逃走しているので，罪証隠滅のおそれも認められる。

2

ウ　したがって，逮捕の必要性が認められる。
2　よって，①の逮捕は，適法である。
第2　設問2
1　身柄拘束を受けている被疑者たる甲は，接見交通権を有するところ（39条1項），司法警察員Rは弁護士Sの接見の申立て（以下「本件接見」という。）に対して，翌日の午前9時以降にしてほしい旨の接見指定を行っている（39条3項）。Rの接見指定は適法であるか。「捜査のため必要があるとき」に当たるか（39条3項本文）。
⑴　この点，39条3項本文は，1つしかない被疑者の身柄について，取調べ等の捜査の必要性と接見交通権の合理的調整を図るため，「捜査のため必要があるとき」に限り，接見指定を認める趣旨の規定である。よって，当該趣旨からすれば，「捜査のため必要があるとき」とは，接見を認めることで取調べの中断等により捜査に顕著な支障が生じる場合に限られるものと解する。
本件では，弁解録取手続の際に，甲が凶器のナイフを投棄した場所を甲が供述した。凶器は事件に関連する証拠物であり，犯罪を立証するに当たって必要不可欠な証拠となりうる物であるから，重要な証拠に該当する。また，ナイフはそれほど大きな刃物ではないため，辺りが暗くなってからでは発見することが困難になるものと予想され，日があるうちに回収する必要があるが，10月という日没時刻が早い季節においては，弁解録取手続が終了した午後5時に直ちに回収に向かわなければ，ナイフの発見が困難になるおそれが高い。加えて，共犯者の1人が逮捕されていない以

3

上，共犯者にナイフの回収に時間を要すれば，ナイフが回収され証拠が隠滅される可能性も否定できない。
したがって，弁解録取手続が終了した後に，直ちに証拠を回収して実況見分を実施する必要があると解される状況下にあるものといえる。
よって，弁解録取手続終了後に捜査を中断して接見を認めることは，証拠品であるナイフの回収を困難にする危険性があるものといえることから，捜査に顕著な支障が生じる場合に該当し，原則として「捜査のため必要があるとき」に該当すると解する。
⑵　もっとも，本件における接見は甲とSとの間の初回接見であるから，ただちに接見を認めないことは被疑者の防御権を不当に制限するものに該当し（39条3項ただし書），違法な接見指定に該当しないか問題となる。
この点，初回接見は，弁護人から助言を得るための最初の機会であり，憲法34条の保障の出発点をなすものであって，被疑者の防御の準備のため重要である。そこで，即時又は近接した時点での接見を認めても，捜査に顕著な支障が生じるのを回避することが可能であれば，即時又は近接した時点での接見を認めるべきであり，弁護人との間で協議も行わず当該時点に接見を行わせなかった場合には，接見指定内容が合理的なものとはいえず，39条3項ただし書に違反して違法な接見指定となる。
本件ではSは，弁解録取手続後の午後5時30分から30分間接見することを求めているが，接見終了後の午後6時から実況見分に向かった場合，10月の日没時刻を過ぎてしまう可能性がある。よって，即時又は近接した時点で接見を認めれば，当日，日没前に実況見分を実施することが

4

できなくなり，捜査に顕著な支障が生じるのを回避することが不可能な状況であった。加えて，翌日に接見指定されたのはSの都合であり，Rは当日中に接見できるように提案しているため，弁護人と協議の上，被疑者の防御権を不当に害しないように努力しているものといえ，Rの行為が不当に防御権を侵害するものとはいえない。

よって，本件の接見指定に39条3項ただし書違反が存在しているともいえない。

2　以上より，②の接見指定は39条3項本文に照らし，適法である。

以上

5

6

〈A答案に求められるもの－A３通・D１通の解答言及表〉

A答案３通・D答案１通について，何を書いたか，分析してみました。

設問１

準現行犯逮捕の適法性

212条２項各号該当性
・「罪を行い終つてから間がないと明らかに認められる」（212条２項柱書）こと

設問２

初回接見における接見指定の適法性

接見指定の要件 ・「捜査のため必要があるとき」（39条３項本文）に当たること（最大判平11.3.24，百選33事件参照）
初回接見についての指定内容と同項ただし書の「指定は，被疑者が防御の準備をする権利を不当に制限するようなものであってはならない」との関係（最判平12.6.13，百選34事件参照）

○：言及している，△：言及しているが不十分

A答案①	A答案②	A答案③	D答案	コメント
○	○	○	○	A答案は，いずれの答案も212条２項各号の文言を引用して丁寧な当てはめができていた。D答案は，問題文の事情の摘示が淡白で，若干抽象的になっていたことが評価を下げた原因と思われる。
○	○	○	△	
○	○	○	○	いずれの答案も「捜査のため必要があるとき」の「指定は，被疑者が防御の準備をする権利を不当に制限するようなものであってはならない」解釈をすべきことには気付いていた。しかし，判例の規範を正確に書けていた答案は多くなく，重要なキーワードが抜けてしまっているものが散見された。また，当てはめの巧拙が顕著に現れており，上位になればなるほど事実摘示→評価→結論の流れで書けていた。D答案は，当てはめが非常に薄く，それが原因で評価を下げたものと思われる。
○	○	○	○	

〈再現答案①　評価A〉

第1　設問1について
1　①の逮捕は令状（憲法35条，刑訴法199条1項）を経ていないが，現行犯逮捕[①]（212条2項）として適法か。
(1)　そもそも同条が現行犯逮捕を令状主義（憲法35条，刑訴法199条1項）の例外として認めた趣旨は，逮捕者にとって犯罪の嫌疑が明白で，誤認逮捕のおそれが少ない点にある[②]。そこで，現行犯逮捕が認められるためには，①212条2項の各号該当性，②逮捕者にとっての犯罪と犯人の明白性，③犯行と逮捕の時間的場所的接着性，④逮捕の必要性が必要であると解する。そして，②については誤認逮捕を防ぐという観点から，客観的事情に加えて目撃者の供述等の供述証拠をいわば補充的に考慮することができると解する。また，③については同項の各号該当性による犯罪と犯人の関連性の強度に従い，相対的に決する。
(2)　まず，甲は防犯カメラの映像に映っていた被害品と同じ特徴のバッグを事件からわずか2時間後に近接して所持しており，「贓物」を「所持しているとき」（同項2号）にあたる[③]。また，甲はPに声をかけられていきなり逃走しており，「誰何されて逃走しようとするとき」にあたる（①）。犯罪と犯人の明白性については，主にV の供述を参考にして明白性を判断しており，②の基準からは許されないとも思える。しかし，客観的事情として逮捕者Pは事件が起きた時刻からわずか1分後に事件現場であるマンションの出入口から走り去った男を防犯カメラで確認し

1

ており，うち1名はバッグを所持していたという事実を確認している。そして，補充的にその男らがVから聞き出した犯人の特徴と一致しており，被害品のバッグの特徴と一致するバッグを持っていたことを聞いている。経験則上，事件からわずか1分後に事件現場であるマンションを被害品の特徴を有するバッグを持って走り去った男は犯人である可能性が非常に高い。そして逮捕者Pは上記のような客観的事情を把握した上で，Vの供述する犯人の特徴を有し，被害品の特徴と同じバッグを持った甲を発見しているのであるから，逮捕者Pにとって「犯罪と犯人が明白」であると言える（②）。さらに，上述の通り，犯罪と犯人の関連性が高い2号要件に加えて，4号要件まで満たしており，時間的場所的接着性は緩和して考えることができる。たしかに逮捕したのは事件現場から5km とある程度は離れてはいるものの，事件時刻からわずか2時間後に逮捕しており時間的場所的接着性は認められる（③）。そして，本件事件は強盗傷人事件と重大事件であり，甲はいきなり逃げ出していることから逃亡のおそれは高く，逮捕の必要性も認められる[④]（④）。
(3)　よって，上述の要件を満たす。
2　したがって，上記逮捕は適法である。
第2　設問2について
1　②の措置は接見指定（39条3項）として適法か。
(1)　まず，②は「接見」の「時間」を指定するものであるところ，

2

①準現行犯逮捕の問題として論じたい。

②令状主義の例外となる趣旨を適切に論述できている。

③各号該当性を先に論じられており，212条の条文構造を意識した当てはめができている。

④要素を押さえて端的に逮捕の必要性にも触れられていて良い。

接見指定の要件を満たすか。「捜査のため必要があるとき」（同項）の意義が問題となる。

ア　そもそも接見交通権は憲法34条の保障する弁護人依頼権に由来する被疑者にとって重要な権利であるため接見指定には慎重な判断を要する。一方で，捜査の必要性についても配慮し，調整する必要がある。そこで，「捜査のため必要があるとき」とは捜査に顕著な支障が生ずる場合に限られると解する。そして，現に被疑者を取調べ中であるとか，間近い時に被疑者の身体を利用する捜査を行う予定がある場合などは原則として，顕著な支障が生ずる場合にあたる。

イ　本件についてみると，甲はRに対し強盗傷人事件において重要な証拠となる凶器であるナイフ⑤を捨てた場所に案内することを申し向けており，Rはこの証拠を探すため直ちに甲を立会人とした実況見分を行うことを考え，捜査員や車両の手配まで準備している。共犯者と思われる男が見つかっていないことから，ナイフを保全しなければその者によって証拠を隠滅される可能性が高い。そして，直ちに実況見分を行わなければ，辺りが暗くなりナイフを見つけることが困難になるため証拠隠滅の可能性は高まる。せっかく得た甲の供述により保全できたはずの重要な証拠を失うことになりかねず捜査に顕著な支障が生じることから間近い時に捜査を行うことを予定したと考えられる⑥。

⑤証拠の重要性に着目できており良い。

⑥捜査の必要性について詳しく論じられている。

3

ウ　よって，捜査に顕著な支障が生じる場合に該当し，「捜査のため必要があるとき」にあたる。

(2)　接見指定の要件は満たすとしても，接見の時間は翌日に指定されているため，接見指定の内容が「被疑者が防御の準備をする権利を不当に制限する」（ただし書）ものにあたり，違法ではないか。

ア　初回の接見は被疑者が弁護人等の助言を得るための最初の機会であって，憲法34条の保障の出発点をなすものであるから，被疑者の防御の準備のため特に重要である。そこで，接見指定の要件が具備された場合でも，捜査機関は弁護人と協議して，接見を認めても捜査に顕著な支障が生じるのを避けることができるか検討し，これが可能な時は比較的短時間であってもなるべく早く接見を認める義務を負い，かかる義務に違反した場合にはただし書違反の違法があると解する⑦。

イ　これを本件についてみると，たしかに，Rは接見を翌日の午前9時という遅い時間を指定しており上記義務に違反しているとも思える⑧。しかし，Rは弁護士Sに対して接見を終えてから出発しては現場に到着する頃には暗くなるような実況見分の実施の予定があることを伝えた上で，接見は当日午後8時以降にしてほしいと伝えている。ナイフを甲の案内で探し出す重要な実況見分の時間として3時間は妥当な時間であり，それにもかかわらずかかる早い時間の接見が実現しな

⑦判例を意識できた規範定立ができている。

⑧反対事情を拾えており良い。

4

かったのはSが実況見分に支障が生ずる時間帯以外には接見の時間が取れず，その後は翌日になってしまうという弁護人Sの個人的な事情によるものである⑨。なおもRは引き続き協議を行い，結果として両者の意見が合わなかったにすぎないのであるから，上述の義務は果たしていると言える。

ウ　よって上記義務に違反せず，ただし書違反の違法はない。

2　よって，②の措置は適法である。

以上

5

6

⑨結論に必要な事情を適切に評価できている。

〈再現答案②　評価Ａ〉

第１　設問１
１　現行犯逮捕が無令状で許される（刑事訴訟法213条）根拠は，逮捕者にとって犯罪と犯人が明白であり，逮捕の必要性が高いことにある。そして，212条２項は，同項各号のいずれかに当たる場合に，犯罪と犯人の明白性の要件を緩和した規定である。
　したがって，212条２項による現行犯逮捕が認められるためには，①212条２項各号に該当すること，②逮捕者にとっての犯罪と犯人の明白性，③犯罪と逮捕との時間的場所的近接性が必要である。②と③が認められる場合に，「罪を行い終つてから間がないと明らかに認められる」といえる①。
(1)　甲は，被害品と特徴の一致するバッグを持っていたにすぎず，被害品ではない可能性もあるから，「贓物」を所持しているとはいえない（同項２号）②。
　もっとも，Ｐが甲に対し，「Ｉ署の者ですが，話を聞きたいので，ちょっといいですか。」と声をかけたところ，甲はいきなり逃げ出している。そのため，「誰何されて逃走しようとするとき」（同項４号）にあたる。
　また，同項１号・３号に該当する事情はない。
　なお，４号のみに該当する場合，犯罪と犯人の明白性は高度なものが要求される③。
(2)　Ｐらは，Ｖから犯人らの特徴と奪われたバッグの特徴を聞き出した上，管理人に依頼して出入り口の防犯カメラ画像を確認

１

しており，その結果，犯行時刻頃である令和２年10月２日午後２時１分頃に犯人らと特徴の一致する２名の男が走り去っていく様子が映っており，そのうち１名は被害品と特徴の一致するバッグを所持していた。そして，甲は，犯行時刻から約３時間後である同日午後４時頃という近接した時点において，Ｖ方から直線距離で約５キロメートル離れた路上という近接した地点を犯人の数と同じ人数である２人で歩いていた。さらに甲は，犯人らと特徴が一致しており，被害品と特徴の一致するバッグを持っていた。しかし，甲が持っていたバッグは被害品と同種であるにすぎず，被害品に顕著な特徴があったとも考えられないから，被害品であることがＰにとって高度に明白であるとはいえない④。
　そうだとすれば，Ｖが犯罪発生の直後に110番通報したために犯罪が明白であるとしても，甲が犯人であることが明白であるとはいえない。
(3)　したがって，Ｐにとって犯罪と犯人が明白であるとはいえない。
２　以上より，①の逮捕は違法である。
第２　設問２
１　被疑者は，弁護人となろうとする者と立会人なくして接見することができる（39条１項）。本件で，Ｓは甲と接見したい旨申し出ている。これに対し，司法警察員たるＲはＳ弁護士に対し，接見

２

①準現行犯逮捕の要件を的確に整理できていて良い。

②本件は２号にも該当することを指摘したかった。

③要件への深い理解を示せていて良い。

④反対の事情も拾いながら，自らの結論を導いており印象が良い。

は翌日の午前９時以降にしてほしい旨伝えており，接見指定をしている。ここで，このような接見指定は，「捜査のため必要があるとき」（39条３項本文）になされたものとして適法か。

(1) 憲法34条前段は弁護権をも保障したものであり，これを受けて刑事訴訟法39条１項は接見指定を認めている。そして，39条３項は，憲法により認められている捜査権と弁護権との合理的調整を図った規定である。

したがって，「捜査のため必要があるとき」とは，被疑者の身体の利用を伴う捜査に顕著な支障が生じる場合をいうと解すべきである⑤。

(2) Ｒは，直ちに甲に本件の凶器となったナイフ⑥の投棄場所を案内させて，ナイフの発見，押収及び甲を立会人としたその場所の実況見分を実施しようと考えている。これらの捜査は，甲の身体の利用を伴うものである。そして，Ｓとの接見を終えてから出発したのでは，現場に到着する頃には辺りが暗くなることが見込まれるから，上記捜査を行う緊急性が高い。また，上記ナイフを第三者や共犯者が拾ってしまう可能性もある⑦ことから，上記捜査は緊急性が高いといえる。そのため，甲の身体の利用を伴う捜査に顕著な支障が生じる場合にあたる。

(3) したがって，「捜査のため必要があるとき」といえる。

2 もっとも，上記接見はいわゆる初回接見であるから，Ｒの接見指定は，「被疑者が防御の準備をする権利を不当に制限するようなも

⑤判例の重要な文言を抑えつつ，コンパクトに論証できており参考になる。

⑥ナイフが本件で重要な証拠物であることを指摘できると更に高い評価を得られたと考えられる。

⑦重要な事実を摘示できていて良い。

3

の」（39条３項ただし書）として違法とならないか。

(1) 初回接見は，憲法34条の保障の出発点をなすものであって，被疑者の防御にとって特に重要である。

したがって，初回接見を接見指定する場合，弁護人となろうとする者と協議して，捜査に顕著な支障が生じることを回避することが可能か検討し，これが可能であれば，特段の事情なき限り，即時または近接した時点での接見を認めるべきである。

(2) Ｒは，Ｓの接見の申出に対し，接見を終えてから出発したのでは，現場に到着する頃には辺りが暗くなることが見込まれることから，今から甲に案内させた上で実況見分を実施する予定があるため，接見は午後８時以降にしてほしい旨述べている。午後８時以降というのは接見指定として合理的である。これに対し，Ｓは本日中だと午後５時からの30分間以外には接見の時間が取れず，翌日だと午後９時から接見の時間が取れるがなんとか本日中に接見したい旨述べている⑧。その後もＲはＳとの間で協議を行っている。しかし，両者の意見が折り合わなかったため，ＲはＳに対し，翌日の午前９時以降に接見指定している。

(3) そうだとすれば，Ｒの接見指定は，「被疑者が防御の準備をする権利を不当に制限するようなもの」とはいえない。

3 以上より，②の措置は適法である。

以上

⑧接見指定はＳの都合によるもので，Ｒは当日中の接見ができるよう提案していた事情を使えると良かった。

4

〈再現答案③　評価Ａ〉

第１　設問１
１　甲は「現行犯人」（刑事訴訟法（以下略）213条）にあたり，準現行犯逮捕（212条２項）として，本件逮捕は許されるか。
(1)　準現行犯逮捕として許されるためには「左の各号の一にあたる」ことが必要である①。
本件では，まず，Ｐが甲らに対し「話を聞きたいので，ちょっといいですか。」と声をかけたところ，甲らはいきなり逃げ出すという，通常一般人であれば取らないような極めて不自然な態度をとっている。したがって，「誰何されて逃走しようとするとき」（212条２項４号）にあたる。
また，甲はＰが声をかけた当時，強盗の被害品と特徴の一致するバッグを持っており，確かに途中で投棄してはいるものの，「贓物……を所持しているとき」（同条同項２号）にあたる。
(2)　では，「罪を行い終つてから間がないと明らかに認められるとき」にあたるか。その意義が明らかではなく問題となる。
現行犯逮捕が無令状で許容される趣旨は，逮捕者にとって犯罪と犯人が明白であり，誤認逮捕のおそれが少ない点にある。そして，212条２項は１項と比べて時間的要件を緩和する一方で，各号において客観的事情を要求することで，その正確性を担保した規定である②。
そうだとすれば，「罪を行い終つてから間がないと明らかに認められるとき」とは，時間的場所的近接性及び犯罪と犯人の明白

1

性が認められる場合をさすと考える。
本件では，甲らの被疑事実は令和２年 10 月２日午後２時頃Ｖ方での住居侵入・強盗傷人であるが，甲らは事件発生からわずか２時間後の午後４時頃に発見されている。また，発見された場所も，Ｖ方から直線距離にして５キロメートルと比較的近接した地点である。
そうだとすれば，時間的場所的近接性は認められる。
また，甲が被害品と特徴の一致するバッグを持っていたこと，Ｐが声をかけた際に，いきなり逃げ出すという極めて不自然な態度をとっていることからすれば，犯罪と犯人の明白性も認められる。
２　よって，「罪を行い終つてから間がないと明らかに認められるとき」といえるから，甲は「現行犯人」にあたり①の逮捕は適法である③。
第２　設問２
１　②の接見指定は適法か。「捜査のために必要があるとき」（39条３項本文）といえるか，その意義が明らかでなく問題となる。
(1)　39条３項は憲法34条の保障する弁護人選任権を実質的に保障する一方で，捜査機関の捜査との調和を図った規定である。
そうだとすれば「捜査のために必要があるとき」とは，捜査機関に与える支障が顕著な場合，具体的には，現に取り調べ等を行っている場合や，間近い間に取り調べ等を行う確実な予定が

2

①各号該当性を先に論じ，212条の条文構造を意識できている。

②正確に趣旨を理解できている。

③逮捕の必要性についても触れられればより良かった。

④理由付けも含めて判例を意識した規範定立ができており，実力を感じさせる。

あって，接見をしていては予定通り取り調べを行うことができない場合をいう④。

(2) 本件では，令和２年 10 月２日午後４時 30 分頃に，本件事件に使用されたナイフの場所を甲が供述しており，同日午後４時 50 分頃には，捜査機関が直ちに甲にナイフの投棄場所を案内させて，ナイフの発見，押収及び甲を立会人としたその場所の実況見分を実施しようと考え，捜査員や車両の手配をしていた。そして，甲の弁護人から電話がかかってきた同日午後５時頃は，Rら捜査機関が上記の実況見分を行うために出発しようとしていたところであるから，間近い間に取り調べ等を行う確実な予定があったといえる。

よって，本件は「捜査のために必要があるとき」といえる。

(3) したがって，接見指定は適法たりうる。

２　もっとも，弁護人の求めた接見は初回接見であるところ，このような初回接見について接見指定をおこなうことは「被疑者が防禦の準備をする権利を不当に制限」（39 条３項但書）するものであり，許されないのではないか。

(1) 初回接見は憲法 34 条の保障する弁護人選任権の出発点であり，被疑者の防禦の出発点をなす重要な権利であるから格別の配慮がなされる必要がある。

そこで，弁護人または弁護人となろうとする者と捜査機関が協議して，即時又は近接した時点での接見を認めても，捜査に顕

3

⑤判例を意識した規範定立ができている。

著な支障が生じるのを避けることが出来るかを検討し，可能な場合は，留置施設の管理運営上支障があるなどの特段の事情のない限り，たとえ比較的短時間であっても，即時又は近接した時点での接見を認めるべきである⑤。

(2) 本件では，確かにS弁護士は同日中では５時から５時半の 30 分以外には時間がとれず，上記のような初回接見が被疑者の防禦にとって重要な権利であることに鑑みると，初回接見を認めるべきとも思える。

しかし，甲は，本件被疑事件の凶器という重要な証拠を供述しており，その実況見分を行おうとしているところ，接見を認めていては，辺りが暗くなり，その実況見分に支障があることが見込まれる。また，凶器はすぐに実況見分を行い回収しなければ，もう１人の男に回収されるおそれもあり，いち早く現場に向かう必要があった。

さらに，甲が実況見分前に弁護士と接見をすれば，その後に意見を変え，実況見分に支障が生ずるおそれもある。

そして，RとSは協議をしているものの，その折り合いがついていない⑥。

(3) 以上を考慮すると，即時又は近接した時点での接見を認めても，捜査に顕著な支障が生じるのを避けることが出来るとはいえず，本件接見指定は適法である。

以上

4

⑥どのような協議があったのか明示したい。接見指定はSの都合によるもので，Rは当日中の接見ができるよう提案していた事情を使えると良かった。

〈再現答案④　評価Ｄ〉

第１　設問１
１　①の逮捕が適法であるためには準現行犯逮捕の要件を充たす必要がある。要件は，刑事訴訟法（以下略）212条２項により，犯罪と犯人の明白性，時間的接着性，各号該当性が求められる。また，逮捕の必要性を要求しない理由はないから，逮捕の必要性が求められる。
２　本件では，被害品と特徴の一致するバッグをもっている。これのみでは，顕著な証拠があるとはいえず，３号に該当しない。もっとも，Ｐらが「ちょっといいですか。」と声をかけたところ，甲らは逃げ出したのであるから，誰何されて逃走しようとするときにあたる（４号）。したがって，４号に該当する[①]。
　Ｐらの聞き込みによって，住居侵入，強盗傷人事件があったことは明白である。また，防犯カメラという客観的証拠があること，犯行から２時間後に被害品と特徴の一致するバッグをもっていることから，甲の犯人性が強く推認できる。したがって，犯人であることが明白であるといえる。犯行から二時間後に犯行現場から５キロ離れたところで逮捕されたことから時間的場所的近接性が認められるか問題となる。準現行犯逮捕が無令状で認められる趣旨は誤認逮捕のおそれが低いこと，逮捕をする緊急の必要があることから認められる。この趣旨を充たす場合には無令状逮捕を認めてもよいと解されるところ，これは，他の要件との相関関係で決する。本件では，４号に該当することが明らかに認められる。また，

1

犯罪と犯人の明白性も極めて強く認められる。そうであれば，２時間後の５キロ離れた地点であっても，誤認逮捕のおそれが低く，逮捕の緊急の必要性があるといえるから，時間的場所的接着性を認めてよい[②]。
　甲が逃げ出しており，逃げられると甲の情報を追うことが困難となるから，逮捕の必要性も認められる[③]。
３　よって，準現行犯逮捕の要件を充たすため，①の逮捕は適法である。
第２　設問２
１　②のような接見指定は認められるか。39条３項本文によれば，「捜査のために必要があるとき」に接見指定が認められる。「捜査のために必要があるとき」とは，接見指定が被疑者の身柄拘束と捜査の必要性の調整規定であることに照らして，捜査に顕著な支障が出るときに認められると解する。これは，間近い時に取り調べや実況見分がある場合などに認められる。もっとも，本件は初回接見である。これは，被疑者の弁護人選任権という憲法上の保障の出発点をなすものであり，極めて重要である。この場合には，捜査官は，短時分での接見でもよいかを弁護人に確認して，その接見を認めたとしても，捜査に顕著な支障がないかを検討する義務があるといえる。かかる義務に違反した場合には違法であると考える。
２　本件では，実況見分出発直前に接見の申し出があり，５時30分から30分間接見を求められている。実況見分出発直前であるこ

2

①２号にも該当することを示せれば，なお良かった。

②上位答案時間的・場所的近接性が，いかに犯罪と犯人の明白性に結びつくのか論じることができていない。２時間後，５キロの地点であればなぜ誤認逮捕のおそれが低いのか論じたかった。

③逮捕の必要性要件は，逃亡の恐れに着目したかった。

とに照らすと，間近い時に接見の予定があるといえるから，捜査に顕著な支障があるときにあたる④。しかし，RはSが本日中に接見したいと申し出ているにもかかわらず，両者の意見は折り合わなかった。この場面では，Rは例えば5時半から10分程度の接見でも構わないかなどをSに確認すべきであったのにこれを怠っているといえる。この場合には甲の防御権を不当に害する（39条3項但書）ものとして違法である⑤。

3　よって，②の措置は違法である。

以上

④顕著な支障にあたる具体的事情を拾いきれていない。証拠の重要性や証拠品発見の困難性などを挙げたかった。

⑤反対事情を考慮できておらず，問題文中の事情を上手く使い切れていない。RがSの初回接見に配慮していた事情も使いたかった。

3

4

《法律実務基礎科目（民事）》

司法試験予備試験用法文を適宜参照して，以下の各設問に答えなさい。

〔設問１〕
弁護士Ｐは，Ｘから次のような相談を受けた。

【Ｘの相談内容】
「私（Ｘ）は，娘の夫であるＹから，会社員を辞めて骨董品店を開業したいので甲建物を貸してほしいと頼まれ，Ｙの意志が固かったことから，これに応ずることにしました。私は，Ｙとの間で，令和２年６月１５日，私が所有する甲建物について，賃貸期間を同年７月１日から３年間，賃料を月額１０万円として毎月末日限り当月分を支払う，敷金３０万円との約定で賃貸借契約（以下「本件賃貸借契約」という。）を締結し，Ｙから敷金３０万円の交付を受け，同年７月１日，Ｙに甲建物を引き渡しました。私は，契約締結の当日，市販の賃貸借契約書の用紙に，賃貸期間，賃料額，賃料の支払日及び敷金額を記入し，賃貸人欄に私の氏名を，賃借人欄にＹの氏名をそれぞれ記入して，Ｙの自宅を訪れ，私とＹのそれぞれが自分の氏名の横に押印をし，賃貸借契約書（以下「本件契約書」という。）を完成させました。
Ｙは，間もなく，甲建物で骨董品店を開業しましたが，その経営はなかなか軌道に乗らず，令和２年７月３０日に同月分の賃料の一部として５万円を支払ったものの，それ以降は，賃料が支払われることは全くありませんでした。
そこで，私は，Ｙに対し，令和２年７月分から同年１２月分までの賃料合計６０万円から弁済済みの５万円を控除した残額である５５万円の支払を請求したいと思います。私は，支払が遅れたことについての損害金の支払までは求めませんし，私自身が甲建物を利用する予定はありませんので，甲建物の明渡しも求めません。
なお，Ｙは，現在，友人であるＡに対して，令和２年１２月２日に壺を売った５０万円の売掛債権を有しているものの，それ以外には，めぼしい財産を有していないようです。Ｙは，これまでのところ，この売掛債権の回収に着手しておらず，督促をするつもりもないようですが，Ａがこの代金を支払ってしまうと，私の未払賃料債権を回収する手段がなくなってしまうので心配しています。」

弁護士Ｐは，令和３年１月１２日，【Ｘの相談内容】を前提に，Ｘの訴訟代理人として，Ｙに対し，Ｘの希望する金員の支払を求める訴訟（以下「本件訴訟」という。）を提起することにした。

以上を前提に，以下の各問いに答えなさい。

⑴　弁護士Ｐが，本件訴訟において，Ｘの希望を実現するために選択すると考えられる訴訟物を記載しなさい。

⑵　弁護士Ｐが，本件訴訟の訴状（以下「本件訴状」という。）において記載すべき請求の趣旨（民事訴訟法第１３３条第２項第２号）を記載しなさい。なお，付随的申立てについては，考慮する必要はない。

⑶　弁護士Ｐが，本件訴状において記載すべき請求を理由づける事実（民事訴訟規則第５３条第１項）を記載しなさい。

⑷　弁護士Ｐは，本件訴状において，「Ｙは，Ｘに対し，令和２年７月３０日，本件賃貸借契約に基づく同月分の賃料債務につき，５万円を弁済した。」との事実を主張した。

(ⅰ)　裁判所は，上記事実の主張をもって，本件訴訟における抗弁として扱うべきか否かについて，結論と理由を述べなさい。

(ⅱ)　(ⅰ)のほかに，上記主張は本件訴訟においてどのような意味を有するか。簡潔に説明しなさい。

〔設問２〕

弁護士Ｐは，Ｙから未払賃料を確実に回収するために，Ａに対する売掛債権を仮に差し押さえた上で本件訴訟を提起する方法と，Ｙに代位してＡに対して５０万円の売買代金の支払を求める訴えを提起する方法とを検討したが，【Ｘの相談内容】の下線部の事情を踏まえ，後者の方法ではなく，前者の方法を採ることとした。その理由について説明しなさい。

〔設問３〕

弁護士Ｑは，本件訴状の送達を受けたＹから次のような相談を受けた。

【Ｙの相談内容】

「(a)　私（Ｙ）は，Ｘの娘の夫に当たります。

私は，令和２年７月１日から甲建物で骨董品店を営業していますが，Ｘから甲建物を賃借したのではなく，無償で甲建物を使用させてもらっています。したがって，私が甲建物の賃料を支払っていないのは当然のことです。私は，本件契約書の賃借人欄に氏名を書いていませんし，誰かに指示して書かせたこともありません。私の氏名の横の印影は，私の印鑑によるものですが，私が押したり，また，誰かに指示して押させたりしたこともありません。

(b)　ところで，令和３年１月８日，Ｘの知人を名乗るＢが私を訪れました。話を聞くと，令和２年８月１日，Ｘに，弁済期を同年１０月１５日として，５０万円を貸したが，一向に返してもらえないので，督促を続けていたところ，令和３年１月５日，Ｘから，その５０万円の返還債務の支払に代えて，私（Ｙ）に対する令和２年７月分から同年１２月分までの合計６０万円の賃料債権を譲り受けたので，賃料を支払ってほしいとのことでした。もちろん，私は，Ｘから甲建物を賃借したことなどありませんので，Ｂの求めには応じませんでした。もっとも，Ｂの話が真実であれば，仮にＸの言い分のとおり本件賃貸借契約締結の事実が認められたとしても，私が賃料を支払うべき相手はＢであってＸではないので，Ｘからの請求は拒むことができるのではないでしょうか。ただし，私はＸからこの債権譲渡の通知を受けておらず，私がこの債権譲渡を承諾したこともありません。この場合でも，私はＸからの請求を拒めるのか教えてください。

(c)　また，Ｘの言い分が認められるのであれば，私はＸに対して敷金３０万円を差し入れていることになるはずです。したがって，Ｘの言い分が認められる場合には，上記敷金返還請求権をもって相殺したいと考えています。」

弁護士Ｑは，【Ｙの相談内容】を前提に，Ｙの訴訟代理人として，本件訴訟の答弁書（以下「本件答弁書」という。）を作成した。

以上を前提に，以下の各問いに答えなさい。

(1)　弁護士Ｑは，【Ｙの相談内容】(b)を踏まえて，本件答弁書において，抗弁を主張した。

(ⅰ)　弁護士Ｑが，本件答弁書において，【Ｙの相談内容】(b)に関する抗弁を主張するために主張すべき要件事実（主要事実）を全て記載しなさい。

(ⅱ)　弁護士Ｑは，【Ｙの相談内容】(b)の下線部の質問に対して，「Ｘからの請求を拒むことができる」と回答した。その理由を簡潔に説明しなさい。

(2)　弁護士Ｑは，【Ｙの相談内容】(c)を踏まえて，本件答弁書において抗弁を主張できないか検討したが，その主張は主張自体失当であると考えて断念した。弁護士Ｑが主張自体失当と考えた理由を簡潔に説明しなさい。

〔設問４〕

第１回口頭弁論期日において，本件訴状と本件答弁書が陳述された。同期日において，弁護士Ｐは，本件契約書を書証として提出し，それが取り調べられ，弁護士Ｑは，本件契約書のＹ作成部分につき，成立の真正を否認し，「Ｙ名下の印影がＹの印章によることは認めるが，Ｘが盗用した。」と主張した。

その後，２回の弁論準備手続期日を経た後，第２回口頭弁論期日において，本人尋問が実施され，本件賃貸借契約の締結につき，Ｘは，次の【Ｘの供述内容】のとおり，Ｙは，次の【Ｙの供述内容】のとおり，それぞれ供述した（なお，それ以外の者の尋問は実施されていない。)。

【Ｘの供述内容】

「Ｙは，私の娘の夫です。私は，令和２年６月頃，Ｙから，『この度，会社員を辞めて，小さい頃からの夢であった骨董品店を経営しようと思います。ついては，空き家になっている甲建物を賃貸していただけないでしょうか。』との依頼を受けました。Ｙの言うとおり，甲建物は長年空き家になっており，時々様子を見に行くのも面倒でしたので，ちょうどよいと思い，Ｙに賃貸することにしました。その後，私とＹは賃料額の交渉を行い，私は近隣の相場を参考にして，月額１５万円を提案したのですが，Ｙからは，採算がとれるか不安なので月額１０万円にしてくださいと懇願されたため，これに応ずることにしました。

私は，令和２年６月１５日，Ｙとの間で，私の所有する甲建物について，賃貸期間を同年７月１日から３年間，賃料を月額１０万円として毎月末日限り当月分を支払う，敷金３０万円との約定で賃貸借契約（本件賃貸借契約）を締結しました。私は，契約締結の当日，市販の賃貸借契約書の用紙に，賃貸期間，賃料額，賃料の支払日及び敷金額を記入し，賃貸人欄に私の氏名を，賃借人欄にＹの氏名をそれぞれ記入して準備をして，Ｙの自宅を訪れ，私とＹのそれぞれが自分の氏名の横に押印をして，本件契約書を完成させました。また，私は，その際，Ｙから現金で敷金３０万円の交付を受けています。本来であれば，Ｙの方が私の自宅に来るべき筋合いでしたが，私は孫への会いたさから，週に２日はＹの自宅を訪れていましたので，そのついでに契約書を作成することにしたのです。ちなみに，Ｙは，この時，いわゆる三文判で押印しておりましたが，契約書を作成するのに礼儀知らずだなと思った記憶があります。

私は，令和２年７月１日，Ｙに対し，甲建物を引き渡し，Ｙは甲建物で骨董品店を開業しました。ところが，Ｙの骨董品店の経営はなかなか軌道に乗らず，同月３０日には，同月分の賃料の一部として５万円の支払を受けましたが，それ以降は，賃料が支払われることは全くありませんでした。もっとも，Ｙは私の娘の夫ですし，開業当初は何かと大変だろうと考え，その年の年末までは賃料の請求をするのを差し控えてきましたが，一言の謝罪すらないまま令和３年になりましたので，本件訴訟を提起することにしました。

なお，最近，私の妻が体調を崩したため，娘はしばしば私の家に泊まって看病をするようになりましたが，Ｙと私の娘が別居したという事実はありません。」

【Ｙの供述内容】

「私は，令和２年６月１５日，妻の父であるＸから甲建物を借り，同年７月１日から骨董品店の店舗として使用しています。しかし，甲建物は，Ｘから無償で借りたものであって，賃借しているものではありません。賃貸借契約を締結したのであれば，契約書を作成し，敷金を差し入れるのが通常ですが，私とＸとの間では甲建物の使用についての契約書は作成されていませんし，私が敷金を差し入れたこともありません。Ｘが書証として提出した本件契約書の賃借人欄の氏名は，明らかにＸの筆跡です。私の氏名の横の印影は，確かに私の印鑑によるものですが，これはいわゆる三文判で，Ｘが勝手に押したものだと思います。

令和２年１２月中旬だったと思いますが，私と妻が買物に行っている間，Ｘに私の自宅で子どもの面倒を見てもらっていたことがあります。恐らく，Ｘは，その際に，あらかじめ準備しておいた賃貸借契約書の賃借人欄に私の印鑑を勝手に押したのだと思います。この印鑑は，居間の引き出しの中に保管していたのですが，Ｘは週に２日は孫に会いに私の自宅に来ていましたので，その在りかを知っていたはずです。

確かに，私は，令和２年７月３０日，Ｘに対し，５万円を支払っていますが，これは，甲建物の賃料として支払ったものではありません。その年の６月頃にＸと私の家族で買物をした際，私が財布を忘れたため，急きょＸから５万円を借りたことがあったのですが，その５万円を返済したのです。

私が骨董品店を開業してからも，令和２年の年末までは，Ｘから甲建物の賃料の支払を求められたことはありませんでした。ところが令和３年に入り，私と妻が不仲となり別居したのと時期を同じくして，突然Ｘが賃料を支払うよう求めてきて困惑しています。私の骨董品店も，次第に馴染みの客が増えており，経営が苦しいなどということはありません。」

以上を前提に，以下の問いに答えなさい。

弁護士Ｑは，本件訴訟の第３回口頭弁論期日までに，準備書面を提出することを予定している。その準備書面において，弁護士Ｑは，前記の提出された書証並びに前記【Ｘの供述内容】及び【Ｙの供述内容】と同内容のＸ及びＹの本人尋問における供述に基づいて，ＸとＹが本件賃貸借契約を締結した事実が認められないことにつき，主張を展開したいと考えている。弁護士Ｑにおいて，上記準備書面に記載すべき内容を，提出された書証や両者の供述から認定することができる事実を踏まえて，答案用紙１頁程度の分量で記載しなさい。なお，記載に際しては，本件契約書のＹ作成部分の成立の真正に関する争いについても言及すること。

〈問題文の解析〉

※文中のグレー網掛けは辰巳法律研究所

司法試験予備試験用法文を適宜参照して，以下の各設問に答えなさい。

〔設問１〕

弁護士Ｐは，Ｘから次のような相談を受けた。

【Ｘの相談内容】

「私（Ｘ）は，娘の夫であるＹから，会社員を辞めて骨董品店を開業したいので甲建物を貸してほしいと頼まれ，Ｙの意志が固かったことから，これに応ずることにしました。私は，Ｙとの間で，令和２年６月１５日，私が所有する甲建物について，賃貸期間を同年７月１日から３年間，賃料を月額１０万円として毎月末日限り当月分を支払う，敷金３０万円との約定で賃貸借契約（以下「本件賃貸借契約」という。）を締結し，Ｙから敷金３０万円の交付を受け，同年７月１日，Ｙに甲建物を引き渡しました①。私は，契約締結の当日，市販の賃貸借契約書の用紙に，賃貸期間，賃料額，賃料の支払日及び敷金額を記入し，賃貸人欄に私の氏名を，賃借人欄にＹの氏名をそれぞれ記入して，Ｙの自宅を訪れ，私とＹのそれぞれが自分の氏名の横に押印をし，賃貸借契約書（以下「本件契約書」という。）を完成させました。

Ｙは，間もなく，甲建物で骨董品店を開業しましたが，その経営はなかなか軌道に乗らず，令和２年７月３０日に同月分の賃料の一部として５万円を支払ったものの，それ以降は，賃料が支払われることは全くありませんでした。

そこで，私は，Ｙに対し，令和２年７月分から同年１２月分までの賃料合計６０万円から弁済済みの５万円を控除した残額である５５万円の支払を請求したい②と思います。私は，支払が遅れたことについての損害金の支払までは求めませんし，私自身が甲建物を利用する予定はありませんので，甲建物の明渡しも求めません。

なお，Ｙは，現在，友人であるＡに対して，令和２年１２月２日に壺を売った５０万円の売掛債権を有しているものの，それ以外には，めぼしい財産を有していないようです。Ｙは，これまでのところ，この売掛債権の回収に着手しておらず，督促をするつもりもないようですが，Ａがこの代

①本件訴状において記載すべき請求を理由づける事実（民事訴訟規則53条1項）として必要な事実が多数記載されている。本件訴訟の訴訟物との関係で，請求原因として必要な事実と不要な事実を見極める必要がある。

②Ｘの希望が明らかになっている。弁護士Ｐは，この希望を法的に構成することになる。

金を支払ってしまうと，私の未払賃料債権を回収する手段がなくなってしまうので心配しています。」

弁護士Ｐは，令和３年１月１２日，【Ｘの相談内容】を前提に，Ｘの訴訟代理人として，Ｙに対し，Ｘの希望する金員の支払を求める訴訟（以下「本件訴訟」という。）を提起することにした。

以上を前提に，以下の各問いに答えなさい。
(1) 弁護士Ｐが，本件訴訟において，Ｘの希望を実現するために選択すると考えられる訴訟物を記載しなさい。
(2) 弁護士Ｐが，本件訴訟の訴状（以下「本件訴状」という。）において記載すべき請求の趣旨（民事訴訟法第１３３条第２項第２号）を記載しなさい。なお，付随的申立てについては，考慮する必要はない。
(3) 弁護士Ｐが，本件訴状において記載すべき請求を理由づける事実（民事訴訟規則第５３条第１項）を記載しなさい。
(4) 弁護士Ｐは[③]，本件訴状において，「Ｙは，Ｘに対し，令和２年７月３０日，本件賃貸借契約に基づく同月分の賃料債務につき，５万円を弁済した。」との事実を主張した。
 (ⅰ) 裁判所は，上記事実の主張をもって，本件訴訟における抗弁として扱うべきか否かについて，結論と理由を述べなさい。
 (ⅱ) (ⅰ)のほかに，上記主張は本件訴訟においてどのような意味を有するか。簡潔に説明しなさい。

③（ⅰ）では抗弁として扱うべきか否かが問われているが，主張したのが原告Ｘの訴訟代理人である弁護士Ｐであることに着目することで問題の所在が明らかになる。

〔設問２〕

弁護士Ｐは，Ｙから未払賃料を確実に回収するために，Ａに対する売掛債権を仮に差し押さえた上で本件訴訟を提起する方法[④]と，Ｙに代位してＡに対して５０万円の売買代金の支払を求める訴えを提起する方法とを検討したが，【Ｘの相談内容】の下線部の事情を踏まえ，後者の方法ではなく，前者の方法を採ることとした。その理由について説明しなさい。

④民事保全法に関する問題であることがわかる。

〔設問３〕

弁護士Ｑは，本件訴状の送達を受けたＹから次のような相談を受けた。

【Ｙの相談内容】

「(a)　私（Ｙ）は，Ｘの娘の夫に当たります。

私は，令和２年７月１日から甲建物で骨董品店を営業していますが，Ｘから甲建物を賃借したのではなく，無償で甲建物を使用させてもらっています。したがって，私が甲建物の賃料を支払っていないのは当然のことです。私は，本件契約書の賃借人欄に氏名を書いていませんし，誰かに指示して書かせたこともありません。私の氏名の横の印影は，私の印鑑によるものですが，私が押したり，また，誰かに指示して押させたりしたこともありません[⑤]。

(b)　ところで，令和３年１月８日，Ｘの知人を名乗るＢが私を訪れました。話を聞くと，令和２年８月１日，Ｘに，弁済期を同年１０月１５日として，５０万円を貸したが，一向に返してもらえないので，督促を続けていたところ，令和３年１月５日，Ｘから，その５０万円の返還債務の支払に代えて，私（Ｙ）に対する令和２年７月分から同年１２月分までの合計６０万円の賃料債権を譲り受けたので，賃料を支払ってほしいとのことでした。もちろん，私は，Ｘから甲建物を賃借したことなどありませんので，Ｂの求めには応じませんでした。もっとも，Ｂの話が真実であれば，仮にＸの言い分のとおり本件賃貸借契約締結の事実が認められたとしても[⑥]，私が賃料を支払うべき相手はＢであってＸではないので，Ｘからの請求は拒むことができるのではないでしょうか。ただし，私はＸからこの債権譲渡の通知を受けておらず，私がこの債権譲渡を承諾したこともありません。この場合でも，私はＸからの請求を拒めるのか教えてください。

(c)　また，Ｘの言い分が認められるのであれば，私はＸに対して敷金３０万円を差し入れていることになるはずです。したがって，Ｘの言い分が認められる場合には，上記敷金返還請求権をもって相殺したいと考えています。」

弁護士Ｑは，【Ｙの相談内容】を前提に，Ｙの訴訟代理人として，本件訴訟の答弁書（以下「本件答弁書」という。）を作成した。

⑤本件契約書の作成の真正にかかる主張である。

⑥Ｙの相談内容(b)は，Ｂの話が真実であることを前提にしている。すなわち，ＡがＹに対して賃料債権を有していたことが前提になっている。

以上を前提に，以下の各問いに答えなさい。

⑴　弁護士Ｑは，【Ｙの相談内容】(b)を踏まえて，本件答弁書において，抗弁を主張した。

（ⅰ）　弁護士Ｑが，本件答弁書において，【Ｙの相談内容】(b)に関する抗弁を主張するために主張すべき要件事実（主要事実）を全て記載しなさい。

（ⅱ）　弁護士Ｑは，【Ｙの相談内容】(b)の下線部の質問に対して，「Ｘからの請求を拒むことができる」と回答した。その理由を簡潔に説明しなさい。

⑵　弁護士Ｑは，【Ｙの相談内容】(c)を踏まえて，本件答弁書において抗弁を主張できないか検討したが，その主張は主張自体失当であると考えて断念した。弁護士Ｑが主張自体失当と考えた理由を簡潔に説明しなさい。

〔設問４〕

第１回口頭弁論期日において，本件訴状と本件答弁書が陳述された。同期日において，弁護士Ｐは，本件契約書を書証として提出し，それが取り調べられ，弁護士Ｑは，本件契約書のＹ作成部分につき，成立の真正を否認し，「Ｙ名下の印影がＹの印章によることは認めるが，Ｘが盗用した。」と主張した。

その後，２回の弁論準備手続期日を経た後，第２回口頭弁論期日において，本人尋問が実施され，本件賃貸借契約の締結につき，Ｘは，次の【Ｘの供述内容】のとおり，Ｙは，次の【Ｙの供述内容】のとおり，それぞれ供述した（なお，それ以外の者の尋問は実施されていない。）。

【Ｘの供述内容】

「Ｙは，私の娘の夫です。私は，令和２年６月頃，Ｙから，『この度，会社員を辞めて，小さい頃からの夢であった骨董品店を経営しようと思います。ついては，空き家になっている甲建物を賃貸していただけないでしょうか。』との依頼を受けました。Ｙの言うとおり，甲建物は長年空き家になっており，時々様子を見に行くのも面倒でしたので，ちょうどよいと思い，Ｙに賃貸することにしました。その後，私とＹは賃料額の交渉を行い，私は近隣の相場を参考にして，月額１５万円を提案したのですが，Ｙからは，採算がとれるか不安なので月額１０万円にしてくださいと懇願されたため，これに応ずることにしました。

私は，令和２年６月１５日，Ｙとの間で，私の所有する甲建物について，賃貸期間を同年７月１日から３年間，賃料を月額１０万円として毎月末日限り当月分を支払う，敷金３０万円との約定で賃貸借契約（本件賃貸借契約）を締結しました。私は，契約締結の当日，市販の賃貸借契約書の用紙に，賃貸期間，賃料額，賃料の支払日及び敷金額を記入し，賃貸人欄に私の氏名を，賃借人欄にＹの氏名をそれぞれ記入して⑦準備をして，Ｙの自宅を訪れ，私とＹのそれぞれが自分の氏名の横に押印をして，本件契約書を完成させました。また，私は，その際，Ｙから現金で敷金３０万円の交付を受けています。本来であれば，Ｙの方が私の自宅に来るべき筋合いでしたが，私は孫への会いたさから，週に２日はＹの自宅を訪れていましたので，そのついでに契約書を作成することにしたのです。ちなみに，Ｙは，この時，いわゆる三文判で押印しておりましたが，契約書を作成するのに礼儀知らずだなと思った記憶があります。

⑦Ｙの氏名を記載したのはＹ本人でないことをＸは認めている点に留意したい。

私は，令和２年７月１日，Ｙに対し，甲建物を引き渡し，Ｙは甲建物で骨董品店を開業しました。ところが，Ｙの骨董品店の経営はなかなか軌道に乗らず，同月３０日には，同月分の賃料の一部として５万円の支払を受けましたが，それ以降は，賃料が支払われることは全くありませんでした。もっとも，Ｙは私の娘の夫ですし，開業当初は何かと大変だろうと考え，その年の年末までは賃料の請求をするのを差し控えてきましたが，一言の謝罪すらないまま令和３年になりましたので，本件訴訟を提起することにしました。

なお，最近，私の妻が体調を崩したため，娘はしばしば私の家に泊まって看病をするようになりましたが，Ｙと私の娘が別居したという事実はありません。」

【Ｙの供述内容】

「私は，令和２年６月１５日，妻の父であるＸから甲建物を借り，同年７月１日から骨董品店の店舗として使用しています。しかし，甲建物は，Ｘから無償で借りたものであって，賃借しているものではありません。賃貸借契約を締結したのであれば，契約書を作成し，敷金を差し入れるのが通常ですが，私とＸとの間では甲建物の使用についての契約書は作成されていませんし，私が敷金を差し入れたこともありません。Ｘが書証として提出した本件契約書の賃借人欄の氏名は，明らかにＸの筆跡です。私の氏名の横の印影は，確かに私の印鑑によるものですが，これはいわゆる三文判で，Ｘが勝手に押したものだと思います。

令和２年１２月中旬だったと思いますが，私と妻が買物に行っている間，Ｘに私の自宅で子どもの面倒を見てもらっていたことがあります。恐らく，Ｘは，その際に，あらかじめ準備しておいた賃貸借契約書の賃借人欄に私の印鑑を勝手に押したのだと思います。この印鑑は，居間の引き出しの中に保管していたのですが，Ｘは週に２日は孫に会いに私の自宅に来ていましたので，その在りかを知っていたはずです⑧。

確かに，私は，令和２年７月３０日，Ｘに対し，５万円⑨を支払っていますが，これは，甲建物の賃料として支払ったものではありません。その年の６月頃にＸと私の家族で買物をした際，私が財布を忘れたため，急きょＸから５万円を借りたことがあったのですが，その５万円を返済したのです。

私が骨董品店を開業してからも，令和２年の年末までは，Ｘから甲建物の賃料の支払を求められたことはありませんでした。ところが令和３年に入り，私と妻が不仲となり別居したのと時期を同じくして，突然Ｘが賃料を支払うよう求めてきて困惑しています。私の骨董品店も，次第に馴染みの客が増えており，経営が苦しいなどということはありません。」

以上を前提に，以下の問いに答えなさい。

弁護士Ｑは，本件訴訟の第３回口頭弁論期日までに，準備書面を提出することを予定している。その準備書面において，弁護士Ｑは，前記の提出された書証並びに前記【Ｘの供述内容】及び【Ｙの供述内容】と同内容のＸ及びＹの本人尋問における供述に基づいて，ＸとＹが本件賃貸借契約を締結した事実が認められないことにつき，主張を展開したいと考えている。弁護士Ｑにおいて，上記準備書面に記載すべき内容を，提出された書証や両者の供述から認定することができる事実を踏まえて，答案用紙１頁程度の分量で記載しなさい。なお，記載に際しては，本件契約書のＹ作成部分の成立の真正に関する争いについても言及すること。

⑧ＸがＹの印鑑を無断で押捺する機会があったことを示す事情である。

⑨5万円は，Ｘが主張する賃料月額 10 万円の半額に過ぎない。5万円という金額についても，評価をしたいところである。

〈出題趣旨の解析〉

設問１は，賃貸借契約に基づく賃料支払請求権が問題となる訴訟において，原告の希望に応じた訴訟物，請求の趣旨，請求を理由づける事実及び一部弁済の主張の訴訟上の位置付けについて説明を求めるものである。賃貸借契約に関する法律要件や一部請求と一部弁済との関係について正確な理解が問われている。

設問２は，債権回収の手段について原告代理人としての選択を問うものである。債権者代位権の行使及び仮差押えの効果についての正確な理解が求められる。

設問３は，被告の二つの主張に関し，各主張の位置付けや抗弁となる場合の抗弁事実の内容を問うものである。実体法及び判例の理解を踏まえながら，本件への当てはめを適切に検討することが求められる。

設問４は，被告代理人の立場から，本件賃貸借契約を締結した事実が認められないことに関し準備書面に記載すべき事項を問うものである。文書に作成名義人の印章により顕出された印影があることを踏まえ，いわゆる二段の推定が働くことを前提として，自らの主張の位置付けを明らかにすることが求められる。その上で，いかなる証拠によりいかなる事実を認定することができるかを示すとともに，各認定事実に基づく推認の過程を，本件の具体的な事案に即して，説得的に論述することが求められる。

【分　析】

設問１は，賃貸借契約に基づく賃料支払請求権が問題となる訴訟において，原告の希望に応じた訴訟物，請求の趣旨，請求を理由づける事実及び一部弁済の主張の訴訟上の位置付けについて説明を求めるものである。賃貸借契約に関する法律要件や一部請求と一部弁済との関係について正確な理解が問われている。

→　原告の希望は問題文から明らかであるため，当該箇所の記載から原告の希望に沿った訴訟物等を判断する必要がある。賃貸借契約から生じる紛争においては，賃料，建物明渡し等，種々の請求が考えうるが，問題文では，Xが「私は，支払が遅れたことについての損害金の支払までは求めませんし，私自身が甲建物を利用する予定はありませんので，甲建物の明渡しも求めません。」と述べている旨の記載があり，出題者はこの問いについて確実かつ正確に解答して欲しいとの意図があると読み取れる。

設問2は，債権回収の手段について原告代理人としての選択を問うものである。債権者代位権の行使及び仮差押えの効果についての正確な理解が求められる。

→　問題文に「代位して」との文言があることから，債権者代位権について論じるべきということは多くの受験生が把握するところであろうが，改正債権法の条文知識が問われており，改正債権法の正確な理解が必要となる。仮差押えについては，その効果としてAがYに対して弁済することが禁止されるため，仮にAがYに売買代金を支払おうとしても，当該売掛債権が消滅することはない。仮差押えの効力を的確に指摘することが求められる。

設問3は，被告の二つの主張に関し，各主張の位置付けや抗弁となる場合の抗弁事実の内容を問うものである。実体法及び判例の理解を踏まえながら，本件への当てはめを適切に検討することが求められる。

→　代物弁済による債権喪失の抗弁及び敷金を債務の弁済に当てることを請求するとの主張である。前者は抗弁として機能することを踏まえて，その効果を（ⅱ）で指摘することになる。後者については，改正債権法で新設された条文の知識（判例の明文化）が問われている。

設問4は，被告代理人の立場から，本件賃貸借契約を締結した事実が認められないことに関し準備書面に記載すべき事項を問うものである。

→　Yの供述内容だけに沿って準備書面に記載すべき事項を検討するのではなく，Xの供述内容への反論を踏まえることでより強いYの主張を検討することが求められる。

文書に作成名義人の印章により顕出された印影があることを踏まえ，いわゆる二段の推定が働くことを前提として，自らの主張の位置付けを明らかにすることが求められる。その上で，いかなる証拠によりいかなる事実を認定することができるかを示すとともに，各認定事実に基づく推認の過程を，本件の具体的な事案に即して，説得的に論述することが求められる。

→　Ｙは，「私の氏名の横の印影は，確かに私の印鑑によるものですが」と供述しており，印影がＹの印鑑によるものであることを認めているため，二段の推定が働くことが前提となっているといえる。

〈論点〉

1　賃貸借契約に基づく賃料支払請求権の要件事実〔設問１〕
2　売掛債権に対する仮差押えと債権者代位訴訟〔設問２〕
3　代物弁済による債権喪失の抗弁〔設問３〕小問⑴
4　敷金〔設問３〕小問⑵
5　二段の推定と当該準備書面の作成〔設問４〕

〈概観〉

設問１は，賃貸借契約に基づく賃料支払請求権が問題となる訴訟において，原告の希望に応じた訴訟物，請求の趣旨，請求を理由づける事実について説明を求めるものである。また，弁済の抗弁の成否についての説明をも求めるものである。賃貸借契約に基づく賃料支払請求権の法律要件などについて正確な理解が問われている。

設問２は，原告訴訟代理人の訴訟活動上の選択について，民法（債権法）改正に関連する民法423条の５を踏まえながら検討する必要がある。

設問３小問⑴は，代物弁済による債権喪失の抗弁の要件事実などが問われている。

設問３小問⑵は，これも民法（債権法）改正に関連する敷金（民法622条の２）に関する知識・理解を問うている。

設問４は，被告代理人の立場から，請求原因事実が認められないことに関し準備書面に記載すべき事項を問うものである（なお,「なお，記載に際しては，本件契約書のＹ作成部分の成立の真正に関する争いについても言及すること。」と設問文に記載されており，二段の推定に関する理解も問うている。)。書証及び当事者尋問の結果を検討し，いかなる証拠によりいかなる事実を認定することができるかを示すとともに，各認定事実に基づく推認の過程を，本件の具体的な事案に即して，説得的に論述することが求められる。

〈参考答案例〉

〔設問１〕
１　小問⑴
賃貸借契約に基づく賃料支払請求権
２　小問⑵
被告は，原告に対し，55万円を支払え。
３　小問⑶
①Ｘは，Ｙとの間で，令和２年６月15日，甲建物を，賃料月額10万円，毎月末日限り当月分を支払うとの約定で賃貸するとの合意をした。
②Ｘは，Ｙに対し，令和２年７月１日，①の賃貸借契約に基づき，甲建物を引き渡した。
③令和２年７月から12月まで各月末日は到来した。
４　小問⑷
⑴　(ⅰ)について
Ｙ のＸに対する５万円の弁済はＹ側で主張・立証すべき抗弁に当たる。抗弁はＹ側で主張・立証すべきものであるため，Ｙが主張していない段階では本件訴訟における抗弁として扱うべきではない。
⑵　(ⅱ)について
本件Ｘの主張はＹが主張立証すべき抗弁を認めるものであり，先行自白に当たる。先行自白の場合，相手方がその先行自白を援用する場合には抗弁として有効となる。
〔設問２〕
後者の債権者代位訴訟（民法423条）を提起したとしても，Ｙは，Ａに対

1

する売買代金の支払を求めることは妨げられないし，その場合，Ａも，Ｙに対してその履行をすることを妨げられない（民法423条の５）。そして，ＡがＹに対して当該売買代金を支払ってしまうと，被代位権利が消滅するので，ＸはＡから当該売買代金の回収をすることができなくなってしまう。
他方，前者の売掛債権に対する仮差押え（民保法20条１項）をした場合，ＡはＹに対して弁済することが禁止される（民保法50条１項）ことから，Ａが売買代金をＹに支払うことによって当該売掛債権が消滅することはない。
そのため，Ｘは，前者の方法を採ることにした。
〔設問３〕
１　小問⑴
⑴　(ⅰ)について
Ｙとしては代物弁済による債権喪失の抗弁を主張する。主張すべき要件事実は，
「Ｘは，Ｂに対し，令和３年１月５日，ＸのＹに対する令和２年７月分から同年12月分までの合計60万円の賃料債権を，ＸがＢに対して負担する50万円の貸金返還債務の支払に代えて，譲渡するとの合意をした。」
⑵　(ⅱ)について
ＸはＹに対する賃料債権をＢに譲渡したことにより，当該賃料債権を失うことになる。そのため，ＹはＸからの当該賃料債権の請求を拒むことができる。
２　小問⑵
敷金は，賃借人の賃貸人に対する金銭の給付を目的とする債務を担保する

2

目的で賃借人が賃貸人に交付する金銭をいうところ（民法622条の２第１項），賃借人は，賃貸人に対し，敷金をその債務の弁済に充てることを請求することができない（同条２項）。そのため，本件のような未払賃料の支払に敷金を充てるという主張は主張自体失当となる。

〔設問４〕

1　本件契約書のＹ作成部分の成立の真正

真正な成立を争う文書に名義人本人の印章による印影が存在する場合，名義人が自らの意思に基づいて押捺したものと事実上推定され（一段目の推定），それにより，民事訴訟法228条４項の「押印」の要件が充足されるので，同項により，文書全体が真正に成立したとの「推定」を受ける（二段目の推定）。

そして，一段目の推定は，日本における印章に対する慎重な保管慣行に照らせば，本人の印章を他人が勝手に使用することは，通常ありえないということが根拠となる。

本件では，Ｘは週に２日は孫に会いにＹ宅を訪れており，そのことはＸも認めている。そして，Ｙの印鑑は居間の引き出しの中に保管していたところ，令和２年12月中旬頃，Ｙが同人の妻と買い物に行っている間，ＸにＹ宅で子どもの面倒をみてもらっていたことがあり，そのときにＸがあらかじめ準備しておいた賃貸借契約書の賃借人欄にＹの印鑑をＹに無断で押捺することは可能である。よって，本件ではＸがＹの印鑑を勝手に使用する機会があったといえ，二段の推定のうちの一段目の推定を破ることになる。なお，Ｘも認めているとおり，賃借人欄のＹの氏名はＸが記入したものである。

3

以上より，本件契約書のＹ作成部分の成立の真正は認められない。

2　５万円の支払

Ｙは，令和２年７月30日，Ｘに対して５万円を支払っているが，これは，ＸとＹの家族で買い物をした際，Ｙが財布を忘れたため，急きょＸから５万円を借りたことがあり，その返済をしたものである。Ｘの主張している賃貸借契約では賃料は月額10万円であり，上記５万円と一致しない。また，ＸからＹに対し，差額の５万円を支払うよう求める催促等は令和２年７月30日前後ではなされなかったことはＹによる買い物の際の借入金の返済であることを裏付けるものとなる。

3　その他の事情

Ｘは，令和２年12月末になるまで賃料の請求をしたことはなく，ＹとＸの娘であるＹの妻とが不仲となり別居したのと時期を同じくして，突然求めてきた。この事情からＸがＹに対する腹いせで請求してきたものといえる。また，Ｙの経営する骨董品店は馴染みの客が増えており，経営が苦しいということはなく，仮に賃貸借契約が存在するならば，賃料を支払うことは可能であるため，６か月以上も賃料を滞納することはない。

以上

4

〈Ａ答案に求められるもの－Ａ３通・Ｃ１通の解答言及表〉

Ａ答案３通・Ｃ答案１通について，何を書いたか，分析してみました。

設問１

⑴について

訴訟物として，賃貸借契約に基づく賃料支払請求権を挙げている。

⑵について

「被告は，原告に対し，55万円を支払え。」といった記載ができている。

⑶について

①Ｘは，Ｙとの間で，令和２年６月15日，甲建物を，賃料月額10万円，毎月末日限り当月分を支払うとの約定で賃貸するとの合意をした。
②Ｘは，Ｙに対し，令和２年７月１日，①の賃貸借契約に基づき，甲建物を引き渡した。
③令和２年７月から12月まで各月末日は到来した。
といった記載ができている。

⑷について

(ⅰ)について
Ｙの X に対する５万円の弁済はＹ側で主張・立証すべき抗弁にあたり，抗弁はＹ側で主張・立証すべきものであるため，Ｙが主張していない段階では本件訴訟における抗弁として扱うべきではない，といった記載ができている。
(ⅱ)について
本件Ｘの主張はＹが主張立証すべき抗弁を認めるものであって，先行自白にあたり，先行自白の場合，相手方がその先行自白を援用する場合には抗弁として有効となる，といった記載ができている。

○：言及している，△：言及しているが不十分

A答案①	A答案②	A答案③	C答案	コメント
○	○	○	○	いずれの答案も正確に記載できていた。
○	○	○	○	登記をするのは登記官であることから，「抹消登記をせよ」ではなく，「抹消登記手続をせよ」という文言になることは，全ての答案でできていた。もっとも，C答案は，抹消登記では不要とされている「原告に対し」との記載があり，この点は評価を下げたものと思われる。
○	△	○	○	A答案②は，「基づく引渡し」についての記述ができていない。
○	△	△	△	(ⅰ)について，A答案②は，抗弁としての意義があるか否かと，主張共通の原則を混同しており，評価されなかったものと思われる。A答案③とC答案は，一部請求の話と誤解していると考えられる。 (ⅱ)について，A答案③，C答案は，先行自白に気付いていない。

設問２

債権者代位訴訟について

債権者代位訴訟（民法 423 条）を提起しても，Ｙは，Ａに対する売買代金の支払を求めることは妨げられず，その場合，Ａも，Ｙに対してその履行をすることを妨げられない（民法 423 条の５）から，ＡがＹに対して当該売買代金を支払ってしまうと，被代位権利が消滅し，ＸはＡから当該売買代金の回収をすることができなくなってしまうことの記載ができている。

仮差押えについて

売掛債権に対する仮差押えをした場合，ＡはＹに対して弁済することが禁止され，Ａが売買代金をＹに支払うことによって当該売掛債権が消滅することはないことから，Ｘは，前者の方法を採ることにしたことの記載ができている。

設問３

⑴について

(ⅰ)について

Ｙとしては代物弁済による債権喪失の抗弁を主張し，主張すべき要件事実は，「Ｘは，Ｂに対し，令和３年１月５日，ＸのＹに対する令和２年７月分から同年１２月分までの合計 60 万円の賃料債権を，ＸがＢに対して負担する 50 万円の貸金返還債務の支払に代えて，譲渡するとの合意をした。」となるとの記載ができている。

(ⅱ)について

ＸはＹに対する賃料債権をＢに譲渡したことにより，当該賃料債権を失うことになるから，ＹはＸからの当該賃料債権の請求を拒むことができる，といった記載ができている。

○：言及している，△：言及しているが不十分

A答案①	A答案②	A答案③	C答案	コメント
○	○	○	○	A答案①～③，C答案のいずれも，Aが支払ってしまえば，賃料債権を確実に回収することができなくなってしまうことについて言及できていた。
○	○	○	○	A答案①～③，C答案のいずれも，条文を摘示しつつ，弁済禁止効を指摘して，仮差押えの方法を採るべきことを論述できていた。
△	△	△	△	A答案①～③，C答案のいずれも，債権喪失の抗弁について適切な論述ができていなかった。もっとも，どの答案もあまりできていなければ差がつかないから，致命傷にはならなかったものと思われる。

(2)について

敷金は，賃借人の賃貸人に対する金銭の給付を目的とする債務を担保する目的で賃借人が賃貸人に交付する金銭をいうところ（民法622条の2第1項），賃借人は，賃貸人に対し，敷金をその債務の弁済に充てることを請求することができない（同条2項）から，本件のような未払賃料の支払に敷金を充てるという主張は主張自体失当となる，といった記載ができている。

設問4

XとYが本件賃貸借契約を締結した事実が認められないことについて，以下のような証拠から以下のような事実を摘示して認定している。

・Yの印鑑は居間の引き出しの中に保管していたところ，令和2年12月中旬頃，Yが買物に行っている間，XにY宅で子どもの面倒をみてもらっていたことがあり，そのときにXがあらかじめ準備しておいた賃貸借契約書の賃借人欄にYの印鑑をYに無断で押捺することは可能である。よって，本件ではXがYの印鑑を勝手に使用する機会があったといえ，二段の推定のうちの一段目の推定を破ることになり，本件契約書のY作成部分の成立の真正は認められない。
・Yは，令和2年7月30日，Xに対して5万円を支払っているが，これは，XとYの家族で買物をした際，Yが財布を忘れたため，Xから5万円を借りたことがあり，その返済をしたものである。
・Xは令和2年12月末になるまで賃料の請求をしたことはなく，YとXの娘でYの妻とが不仲となり別居したのと時期を同じくして，突然求めてきた。この事情からXがYに対する腹いせで請求してきたものといえる。また，Yの経営する骨董品店は馴染みの客が増えており，経営が苦しいということはなく，仮に賃貸借契約が存在するならば，賃料を支払うことは可能であるため，6か月以上も賃料を滞納することはない。

○：言及している，△：言及しているが不十分

A答案①	A答案②	A答案③	C答案	コメント
○	△	○	○	いずれの答案も，敷金返還請求権が未発生であること，相殺の要件を満たさないことについて言及できていた。ただし，A答案②は，民法改正後の条文を指摘できておらず，他の答案と比べると若干見劣りがする結果となっている。
○	△	○	○	A答案①，③，C答案については，228条4項の二段の推定に言及した上で，一段目の推定が覆されること，5万円の支払は賃料の支払ではないことについて概ねよく論述できていた。これに対して，A答案②については，228条4項や二段の推定についての記述がないこと，当てはめが非常に薄いことから，あまり評価されなかったものと思われる。

〈再現答案①　評価Ａ〉

第１　設問１
１　小問(1)
賃貸借契約に基づく賃料支払請求権
２　小問(2)
被告は，原告に対して，55 万円を支払え。
３　小問(3)
(1)　原告は，被告に対して，令和２年６月 15 日，賃貸期間同年７月１日から３年間，賃料１ヶ月あたり 10 万円の約定で，甲建物を賃貸した。
(2)　原告は，被告に対し，同日，(1)の賃貸借契約に基づき，甲建物を引き渡した。
(3)　同年，７月から 12 月までの各月末日は経過した①。
４　小問(4)(i)
そもそも抗弁とは相手方の主張する事実と両立し，請求原因の効果の発生を障害消滅阻止する自己が証明責任を負う事実をいう。そして，証明責任は，基準の明確性の観点から，自己に有利な法律効果の発生を定める法規の要件事実につき負うところ，本件では５万円の弁済を受けたという事実は弁済（民法 473 条）というＹに有利な法律効果の発生を定める法規についての要件事実にあたり，Ｙが証明責任を負う。よって，抗弁として扱うことはできない②。
５　小問(4)(ii)

1

５万円の弁済を受けたという事実は相手方が証明責任を負うため，自己に不利益な陳述であり，相手方が援用すれば先行自白となる③。
第２　設問２
Ｙに代位してＡに対して 50 万円の売買代金の支払いを求める訴えを提起した場合であっても，Ｙは被代位権利であるＡに対する売掛債権の回収をすることができる（民法 423 条の５）。そうだとすると，Ａが代金を支払ってしまえば，Ｙは無資力であるからＸのＹに対する未払賃料債権を回収する機会を失ってしまう。
これに対し，債権の処分が禁止される仮差押え命令（民事保全法 20 条１項，22 条１項）を申し立てると処分禁止効に加えて，弁済禁止効（同 50 条１項）が生じ，上記のような弊害が生じることを避けることができるため，かかる手段を選択した④。
第３　設問３
１(1)　小問(1)(ｉ)
(あ)　Ｂは，Ｘに対し，令和３年１月８日，50 万円を貸し付けた。
(い)　Ｘは，Ｂとの間で，請求原因(ア)の賃料債権のうち令和２年７月分から 12 月分までの 60 万円を，(あ)の貸金債務の履行に代えて，譲渡する旨の合意をした。
(2)　小問(1)(ii)
民法 467 条１項の通知又は承諾は，債務者対抗要件にすぎ

2

①到来と経過の区別ができていない点は印象が悪い。

②抗弁について，定義から丁寧に書けており，正確な理解をうかがわせる。

③援用することで抗弁として有効になる。この記載では理解の曖昧さをうかがわせかねない。

④債権者代位権と仮差押えの違いという出題意図に沿った正確な解答ができている。

ず，債務者保護のためにある。そこで，通知又は承諾がなくとも債務者自身が債権譲渡がなされているという事実を主張してXからの請求を免れることは認められるから⑤。

2　小問(2)

敷金返還請求権は民法 622 条の２第１項各号の要件を満たした場合に初めて発生する権利であるところ，本件では，未だ「賃貸借契約が終了し，賃貸物の返還を受けた」といえないため，敷金返還請求権は未だ発生していない。そして，相殺が認められるためには「双方の債務が弁済期」にある必要があるところ（民法505条１項），敷金返還請求権は弁済期にないから相対立する弁済期にある債権の存在を欠き，相殺適状にないから相殺の要件を満たさない。よって，主張自体失当であると考えた⑥。

第４　設問４

1　本件契約書のＹ作成部分の成立の真正は認められない。

まず，本件契約書の賃借人の氏名欄はXの筆跡であるから，本人の署名を前提とした 228 条４項の推定は働かず，文書の成立の真正は認められない。

また，確かに契約や取引において印鑑が重視されている我が国の社会の風土や気風に照らし，他人にむやみに印鑑の場所を教えたり，預けたりしないであろうという経験則から，本人の印章による印影がある場合には本人の意思に基づく押印であることが事実上推定され（一段目の推定），さらに民訴法 228 条４項と併せて

3

文書の成立の真正が推定（二段目の推定）される⑦。確かに，かかる二段の推定は三文判であっても働き，本人Xの三文判による印影がある。しかし，取引において特に重視されているわけではない三文判の場合には，上記一段目の経験則は弱く，本件ではＹがXの引き出しから盗んだXの三文判を使って押したのであるから一段目の推定は覆されるため，文書の証拠力は認められない⑧。Xは週２回もの頻度でＹの自宅に来ており，上述の通り重要度の低い三文判を誰もが自由に出入りできる居間の引き出しの中に保管しているということを把握することは容易であったと言える。そして，Ｙの自宅に来た際に印鑑の位置を把握していたXはＹが自宅に子供とXだけを残して買い物に行った際に容易に取り出して自己に有利な契約書作成のために押したのである⑨。かかる事実は推定を覆すのに十分であり，本件印影はこのようにXがＹに無断でXに利益になるような本件契約のために押印したものであるから，一段目の推定は覆され，契約書の成立の真正は認められない。

2　ＹはXが賃料の一部として，５万円を支払ったと主張するが，かかる支払いはXから借りた金の弁済として行ったものであり，経営がうまくいっていたＹがこのような少額を賃料の一部として数ヶ月もたってから急に支払ったと考えるのは不自然である。また長年空き家になっており使用予定もなかった甲建物につき，XＹ間の親族という関係を前提とした無償のものであり，XがＹに対して賃料の請求をしてきたのは，ＹがXの娘である妻と不仲に

4

⑤これではXからの請求に対する抗弁とはならない。Xに対しては，債権譲渡による債権喪失について主張すべきである。

⑥賃借人は，賃貸人に対し，敷金をその債務の弁済に充てることを請求できない（民法622 条の２第２項）ことについて，言及してほしいところである。

⑦二段の推定について，概ね記載できている。

⑧その他の事情も考慮して，反証が功を奏するか決まるものであり，この時点で推定が覆ると記載するのは二段の推定に対する理解が足りていない印象を受ける。ここでの記載は不要である。

⑨問題の事情をよく拾い，評価できている。

なり別居を開始したことをきっかけとするものである⑩。
よって，本件賃貸借契約を締結した事実は認められない。
以上

⑩事情の抽出自体はうまくできているが，動かし難い事実と評価が混同してしまっている。「無償のもの」であったことは事実としては評価できない。賃料の請求時期を令和２年12 月まで行っていないこと（弁論の全趣旨）等の動かし難い事実を評価して，結論を導くとより良い。

5

6

〈再現答案②　評価Ａ〉

1　設問１

⑴　賃貸借契約に基づく賃料支払い①請求権

⑵　被告は，原告に対し，金55万円を支払え。

⑶　ＸはＹとの間で，令和２年６月15日，賃料月額10万円として，甲建物を賃貸した。

令和２年７月から12月までの各月末日は到来した②。

⑷　ⅰ　抗弁として扱うべきである。原告が抗弁事実を主張したとしても，裁判所はこれを事実認定に用いることができる。事実の提出は当事者の権能・責任であり，当事者のうちどちらが提出するかは関係ないからである③。

ⅱ　先行自白としての意義がある。弁済は被告の立証責任であるが，原告がこれを主張することで，被告がこれを援用すれば，自白が成立するからである④。

2　設問２

債権者代位訴訟の場合，債務者の処分は禁止されない（民法423条の5）。他方で仮差押えの手段による場合には，処分禁止効がある（民事保全法50条1項）。したがって，下線部の目的は仮差押えの方法でのみ達成できる⑤。

3　設問３

⑴　ⅰ　ＢはＸに対し，令和２年８月１日，50万円を貸し付けた。

ＸとＢは，令和３年１月15日，本件賃料債権を，上記の貸金債権の弁済に代える旨の合意をした⑥。

1

ⅱ　Ｘは対抗要件を具備していないのであるから，Ｙは譲渡を否定する主張をすることができる。この場合であっても，代物弁済を否定する根拠にはならないから，対抗要件の有無にかかわらず，代物弁済の主張をすることができる⑦。

⑵　敷金返還請求権は，賃貸借契約の解除後に未払いの債務を控除したうえでその残額について生じるものであるから，賃貸借契約終了前にこれに基づく相殺を主張することはできない。したがって，主張自体失当である⑧。

4　設問４

本件契約書は真正に成立していない。本件の印影はＹの印章をＸが盗用して押印したものであるから，文書の成立の真正についての推定はおよばないからである。Ｙは居間の引き出しに印章を保管していた。Ｘは週に二回孫に会いに自宅に来ていたのであるから，この保管場所を知っていたし，これを盗用する機会もあった。氏名の記名については，Ｘが行ったのであり，自己の意思による記名ではないから，推定は及ばない⑨。

賃料債権のうち５万円を弁済したとＸは主張するが，このような事実はない。これは家族との買い物の際にＸから借りたお金の弁済であるからである。家族間でこのような貸し借りをしたとしても不当ではない。

Ｙの骨とう品店の経営が苦しいという事実はない。なじみの客も増えており，経営は安定しているといえる⑩。　以上

2

①このような些細な点にも注意したい。印象が悪くなるおそれがある。
②契約に基づく引渡しの主張がない。要件事実の中でもかなり基本的な部分であるため，確実に解答したいところである。
③抗弁に対する理解が足りていないと思われる。
④自白が成立することより，抗弁として有効になることを記載したかった。ただ，この受験生については，ⅰとの整合性から仕方ない部分ではある。
⑤もう少し厚く書いて良い部分ではあるが，必要最低限の記載はできている。
⑥事実の記載が足りていない。代物弁済の要件事実も基本的なものなので，確実に解答したい。
⑦代物弁済の抗弁がなぜ有効なのか，実体法上の理由を記載すべきである。
⑧民法622条の2第2項についての記載がほしかった。
⑨二段の推定について，丁寧に記載すべきである。受験生が当然書ける部分は，書かないと差がつく。氏名の記名について検討するならば，それは印影より前に検討すべきことである。これは理解の不足をうかがわせてしまいかねない。
⑩評価が説得的とはいえない。この事実から，なぜ賃貸借契約がなかったといえるのかを記載すべきである。

〈再現答案③　評価Ａ〉

第１　設問１
１　問(1)
賃貸借契約に基づく賃料支払請求権　１個
２　問(2)
Ｙは，Ｘに対し，55 万円を支払え。
３　問(3)
ア　ＸとＹは，令和２年６月 15 日，賃料月 10 万円として毎月末日限り当月分を支払うとの約定で，甲建物を賃貸することを約した（本件賃貸借契約）。
イ　Ｘは，Ｙに対し，令和２年７月１日，本件賃貸借契約に基づき，甲建物を引き渡した。
ウ　同年７月，８月，９月，10 月，11 月，12 月の各末日は到来した①。
４　問(4)
(1)　小問(ⅰ)
裁判所は，本問主張を抗弁として扱うべきではない。
処分権主義から，原告の明示した部分が訴訟物となると解される。
Ｘは，令和２年７月分から同年 12 月分までの賃料合計 60 万円から弁済済みの５万円を控除した金額である 55 万円の支払を請求しており，５万円の弁済があったことを自認している。そのため，５万円については訴訟物を構成しない②。

1

(2)　小問(ⅱ)
本件賃貸借契約が締結されたことを推認させる，間接事実としての意味を有する③。
第２　設問２
後者の方法によると，Ｙは，自ら代金債権を取り立てることは妨げられないから，ＡがＹに対し代金を支払ってしまうと，未払賃料債権を回収する手段がなくなってしまうおそれがある（民法 423 条の５）。そのため，処分が禁止される前者の方法をとることにしたと考えられる（民保法 20 条１項，50 条）④。
第３　設問３
１　問(1)
(1)　小問(ⅰ)
ア　Ｂは，Ｘに対し，令和２年８月１日，弁済期を同年 10 月 15 日と定めて，50 万円を貸し付けた。
(2)　小問(ⅱ)
イ　Ｘは，Ｂに対し，(ア)の支払に代えて，本件賃貸借契約の令和２年７月分から同年 12 月分までの賃料合計 60 万円を譲渡した。
債務者対抗要件が具備されるまでは，Ｙにとって債権者がＸとＢのいずれであるか不明だからである（467 条１項）⑤。
２　問(2)
622 条の２各号の事由がない以上，Ｙの敷金返還請求権は未だ

2

①要件事実を正確に記載できている。

②問題の意図と異なる解答をしてしまっており，もったいない。

③先行自白も基本的な事柄であり，ほとんどの受験生が単語だけは解答できているところだと思われる。確実に解答したい。

④短い記載だが，最低限の解答はできている。

⑤債権譲渡により，債権が喪失していることを指摘してほしい。

発生していない。自働債権である敷金返還請求権が存在しない以上，相対立する債権は存在しないので，相殺の抗弁は成り立たない（505条1項本文）⑥。

第4　設問4

1　本件契約書は，本件賃貸借契約の処分証書であり，類型的信用文書となる。類型的信用文書がある場合，その事実があったことが反証のない限り推定されるが，反証が認められるから，推定されない。理由は以下の通りである⑦。

本件契約書は私文書である（民訴法228条4項）。Qは，本件契約書のY名下の印影がYの印章によることは認めている。そのため，本件契約書の押印はYの意思に基づいて行われたと事実上推定される。これは，印鑑は慎重に管理されており，他人がみだりに押印することはできないという経験則を根拠とする。本件契約書にYの意思に基づく押印がされた以上，同条項により，文書全体の成立の真正が事実上推定される⑧。

しかし，本件契約書の押印は，Xが勝手に押したものである。なぜなら，Xは，当時，週に2回はY宅に来ていたので，印鑑の在りかを知っていたと考えられるからである。そのため，上記1段目の推定が覆るから，本件契約書の成立の真正は推定されない⑨。

2　Xは，Yから，現金で敷金30万円の交付を受けたと主張する。しかし，通常30万円という大金を現金で交付することは考えられない。敷金の交付がなかったと考えるのが自然である⑩。

3

3　令和2年の年末までは，Xが甲建物の賃料の支払いを求めることはなかった。真実本件賃貸借契約が締結されていたのであれば，契約締結から5か月も支払いを催告しないことは通常考えられない。Xが令和3年になってから賃料を支払うよう求めたのは，YとYの妻が不仲になったからにすぎない⑪。

4　Yが，Xに対し，令和2年7月30日，5万円を支払ったのは，貸金の返還である。そのため，本件賃貸借契約が締結されていないことの推認の妨げにはならない。

以上

4

⑥民法622条の2第2項についての記載がほしかった。

⑦本問は，直接証拠である処分証書かつ類型的信用文書があるが，その成立の真正について争いがある場合である。したがって，反証が認められた場合，文書の成立の真正が認められないことになる。

⑧二段の推定について，概ね理解していることがうかがわれる。

⑨もう少し事案の事情を拾って，評価してほしい。

⑩評価の姿勢は悪くはないが，この評価はあまり説得的とは言えない。

⑪動かし難い事実を適切に評価できている。

〈再現答案④　評価C〉

第１　設問１(1)
賃貸借契約に基づく賃料支払請求権
第２　設問１(2)
被告は，原告に対し，55万円を支払え。
第３　設問１(3)
１　Xは，令和２年６月15日，Yに対し，甲建物を賃料月額10万円で賃貸した。
２　Xは，同年７月１日，Yに対し，１の契約に基づき，甲建物を引き渡した。
３　同年12月31日は経過した①。
第４　設問１(4)(ⅰ)
１　本件訴訟における抗弁として扱うべきではない。
２　抗弁とは，請求原因と両立し，請求原因から生じる効果を障害，消滅，阻止する事実をいい，被告が主張立証責任を負うものである②。もっとも，裁判所は，当事者が主張する事実であれば，判決の基礎とすることができる。そのため，Pが，本件訴状において，Yの５万円の弁済の抗弁を主張したとしても，これを抗弁として扱うことができる③。
しかし，Xの請求は，Yに対する賃料債権60万円のうちの55万円の支払いを求める一部請求である。そのため，５万円の弁済の事実は主張自体失当となる。
したがって，裁判所は，本件訴状における上記主張を抗弁として

1

扱うべきではない。
第５　設問１(4)(ⅱ)
上記のとおり，Xの請求は一部請求である。そのため，上記主張は，一部請求であることの明示としての意味を有する④。
第６　設問２
１　Yに代位してAに対して50万円の売買代金の支払いを求める訴えを提起する場合，AはYに対して50万円の支払債務の履行をすることも妨げられない（民法423条の５後段）。そうすると，AがYに対して代金を支払ってしまうと，Xの未払い賃料債権を確実に回収することができなくなってしまう。
２　これに対し，Aに対する売掛債権を仮に差し押さえた上で（民事保全法20条１項），本件訴訟を提起した場合，Aは，Yに対して弁済することが禁止される（50条１項）。
３　以上より，Pは仮差押えの方法を採ることにした⑤。
第７　設問３(1)(ⅰ)
１　Bは，令和２年８月１日，Xに対し，弁済期を令和２年10月15日として，50万円を貸し付けた。
２　同日は経過した。
３　Xは，令和３年１月５日，Bに対し，１の債務の支払いに代えて，Yに対する令和２年７月分から同年12月分までの60万円の賃料債権を売った⑥。
第８　設問３(1)(ⅱ)

2

①7月から12月までであり，経過ではなく到来である。ここは確実に解答したい。

②抗弁の定義は，示せている。

③上記の抗弁の定義とは矛盾してしまうことになる。

④先行自白は基本事項であるため確実に解答したいところである。

⑤債権者代位と仮差押えの差を丁寧に分析できており，評価できる。

⑥代物弁済は，売ったわけではない。この記載は避けた方が良い。

1　債権譲渡の通知・承諾は，債務者に「対抗」するために要求されるにすぎない（民法467条1項）。そのため，債権譲渡の通知・承諾がなくとも，当該債権譲渡は当事者間では有効であり，債務者の側からその有効性を認めることは妨げられない。
2　以上より，YがXから債権譲渡の通知を受けておらず，また，債権譲渡を承諾したことがないとしても，当該債権譲渡は有効であり，Xは上記債権の債権者ではないから，YはXからの請求を拒むことができる⑦。
第9　設問3(2)
1　賃借人は，賃貸人に対し，敷金を未払賃料債務の弁済に充てることを請求することはできない（民法622条の2第2項後段）⑧。
2　また，敷金返還請求権は，同条1項各号に掲げられた場合に発生する。本件では，各号に掲げられた事由は存在しない。
3　さらに，そもそも敷金の充当は相殺ではない。
4　以上より，Qは，Yの主張は主張自体失当であると考えた。
第10　設問4
1　文書はその成立が真正であることを証明しなければならない（民事訴訟法228条1項）。私文書については，本人又は代理人の署名又は押印があれば，法定証拠法則を規定した228条4項により真正に成立したものと推定される。本人又は代理人の署名又は押印があるというためには，その意思に基づきされたことを要する。そして，経験則上，印章は厳重に管理され，理由なく他人に

3

使用させないのが通常であるから，印影が作成名義人の印章によって顕出された場合には，作成者の意思に基づくものであることが事実上推定され，さらに同項により，文書全体が真正に成立したものと推定される⑨。たしかに本件契約書には，Yの印鑑による印影がある。しかし，これはXが勝手に押したものであるから，Yの意思に基づく押印ではない。このことは，令和2年12月中旬頃，YとYの妻が買い物に行っている間，XにYの自宅で子供の面倒を見てもらったことがあり，Xには印鑑を持ち出す機会があったこと，また，この印鑑は居間の引き出しの中に保管していたが，Xは週2日Y宅に来ており，その在りかを知っていたはずであることから明らかである⑩。なお，上記印鑑は三文判であるから，そもそも上記一段目の推定の程度は弱い。
2　X・Yの供述から，Yは令和2年7月30日，Xに対し，5万円を支払った事実が認められる。この支払いは同年6月頃にXとYの家族で買い物をした際，Yが財布を忘れたため，急遽Xから5万円を借りたことがあり，その弁済のためのものであるという趣旨のYの供述は，自然で合理的なものである。そのため，上記支払いは，貸金の返還のためにされたものであって，甲建物の賃料として支払ったものではない⑪。
3　X・Yの供述から，Xは令和2年の年末までYに対し，甲建物の賃料の支払いを求めなかった事実が認められる。賃貸借契約を締結したのであれば，XはYに対し，賃料を請求するのが通常である

4

⑦丁寧に抗弁たり得る理由を記載できている。

⑧問題点に対し，条文を指摘し解答できている。

⑨二段の推定について，概ね理解できていることがうかがえる。

⑩印鑑の盗用可能性について評価できている。

⑪自然で合理的という評価も悪くはないが，賃料として支払ったとする不自然さについても言及できるとなお良い。

から，本件賃貸借契約は締結されていないことが推認される。Yが開業当初で大変であろうと考え，年末まで賃料の請求を差し控えていたとの趣旨のXの供述は，不合理であり信用できない⑫。

4　以上からすれば，本件賃貸借契約を締結した事実が認められないことは明らかである。

以上

⑫動かし難い事実から，適切な評価ができている。

5

6

《法律実務基礎科目（刑事）》

次の【事例】を読んで，後記〔設問〕に答えなさい。

【事例】

1　A（３５歳，男性）は，令和２年１月１８日，「被疑者は，令和２年１月９日午前１時頃，H県I市J町１番地K駐車場において，同所に駐輪中のV所有の大型自動二輪車１台の座席シート上にガソリンをかけ，マッチを使用してこれに火を放ち，その火を同車に燃え移らせてこれを全焼させ，そのまま放置すれば隣接する住宅に延焼するおそれのある危険な状態を発生させ，もって公共の危険を生じさせた。」旨の建造物等以外放火の被疑事実（以下「本件被疑事実」という。）で通常逮捕され，同月２０日，I地方検察庁の検察官に送致された。

送致記録にある主な証拠の概要は以下のとおりである（以下，特に年を明示していない日付は全て令和２年である。）。

①　１月９日付け捜査報告書

目撃者W（２７歳，女性）から１月９日午前１時３分に１１９番通報が寄せられた旨が記載されている。

②　１月９日付けWの警察官面前の供述録取書

「この日，仕事が遅く終わった私は，会社を出て少し歩き，通勤に使っている車を止めているK駐車場の中に入った。すると，駐輪スペースに止めてある３台のバイクのうち，真ん中のバイクの脇に男が１人立っているのに気付いた。何をしているのだろうと思い，立ち止まってその男を見ていると，男は，左肘に提げていた白いレジ袋からペットボトルを取り出し，中に入った液体をそのバイクの座席シート上に振りかけ，そのペットボトルを再びレジ袋に仕舞った。そして，男は，そのレジ袋からマッチ箱を取り出し，その中に入っていたマッチ１本を擦って火をつけ，これを座席シート上に放り投げた。その火は瞬く間に座席シート全体に広がった。男は，火が燃え上がる様子を少しの間見ていたが，私に見られているのに気付くと，慌てて走り出し，そのまま私とすれ違い，K駐車場を西側出入口から出て南の方向へ逃げていった。私が１１９番通報をしたのはその直後である。私が見ていた場所は，男が火をつけていた場所から約７メートル離れていたが，付近に街灯があり，駐車場の敷地内にも照明があったので明るく，視界を遮るものもなかった。男は，胸元に白色で『L』と書かれた黒っぽい色のパーカーを着て，黒っぽい色のスラックスを履いていた。私が男の顔を見たのは，まず，男がバイクに火を放った直後に，男がその火を見ていた時である。ただ，この時の男はうつむき加減だったので，その顔がはっきりと見えたわけではない。しかし，私が見ているのに男が気付いた時，男がその顔を上げ，男と視線が合ったので，私は，この時点ではっきりと男の顔を見ることができた。私は，放火犯人の顔をよく見ておかなければならないと思ったし，すれ違い様には男の顔を間近で見ることができたので，男の顔の特徴はしっかりと覚えている。男は，３０歳代くらいの小太りで，私より身長が高く，１７０センチメートルくらいあった。顔の特徴は，短めの黒髪で，眉毛が太く，垂れ目だった。なお，当時，犯人も私も顔にマスクは着けておらず，眼鏡も掛けていなかった。」

③　１月９日付けＶ（４０歳，男性）の警察官面前の供述録取書

「放火されたバイクは私が半年前に２００万円で購入し，通勤に使用しているものである。私は，自宅アパートから徒歩５分の所にあるＫ駐車場にこのバイクを駐輪していた。本日午前１時３０分頃，Ｋ駐車場の管理者から電話がかかってきて，私のバイクが放火されたことを知り，急いで現場に駆けつけた。私には放火されるような心当たりは全くない。」

④　１月９日付け実況見分調書

同日午前２時３０分から同日午前３時３０分までの間に実施されたＶ及びＷ立会に係る実況見分の内容が記載され，別紙見取図が添付されている。

現場であるＫ駐車場は，月ぎめ駐車場兼駐輪場であり，同敷地及びその周辺の状況は別紙見取図のとおりである。Ｋ駐車場西側市道の駐車場出入口付近に街灯が１本設置され，同駐車場敷地内に照明が４本設置されている。被害車両の両隣にはそれぞれ大型自動二輪車が１台ずつ駐輪されており，被害車両の火が消し止められなかった場合には，その両隣の車両に燃え移る危険があり，風向きによっては，現場に止められた他の普通乗用自動車４台や隣接する一戸建て家屋にも延焼するおそれがあった。被害車両は大型自動二輪車で，車体全体が焼損しており，特に車両中央部の座席シートの焼損が激しい。

また，Ｗが犯行を目撃した地点（別紙見取図のⓦ）と，犯人が火をつけていた地点（同ⓧ）との距離は６．８メートルであり，ⓦ地点とⓧ地点の間に視界を遮る物は存在せず，ⓦ地点に立ったＷが，ⓧ地点に立たせた身長１７０センチメートルの警察官の顔を識別することができた。

⑤　１月９日付け捜査報告書

Ｋ駐車場があるＨ県Ｉ市Ｊ町の同日午前０時から同日午前４時までの天候は晴れであった旨の捜査結果が記載されている。

⑥　１月１４日付け鑑定書

被害車両の焼け焦げた座席シートの燃え残りからガソリン成分が検出された旨の鑑定結果が記載されている。

⑦　１月１５日付け捜査報告書

「現場から南側に約１００メートル離れた場所付近の防犯カメラに録画された映像を解析した結果，１月９日午前０時５５分頃，現場方向から進行してきた普通乗用自動車が道路脇に停止し，運転席から，白いレジ袋を左手に持ち，胸元に『Ｌ』の白い文字が入った黒っぽい色のパーカーを着て，黒っぽい色のスラックスを履いた人物が降り，現場方向に歩いていく様子が確認され，同日

午前１時３分頃，同一人物が，白いレジ袋を左手に持ちながら，現場方向から走って戻ってきて，同車に乗り込んで発進させ，現場と反対方向に走り去る様子が確認された。また，同車のナンバーから，その所有者及び使用者がＡであることが判明した。」旨が記載されている。

⑧　１月１６日付け写真台帳

短めの黒髪で眼鏡を掛けていない３０歳代の男性２０名の顔写真が貼付されている。写真番号１３番がＡであり，その容貌は眉毛が太く，垂れ目である。

⑨　１月１６日付けWの警察官面前の供述録取書

（警察官が，Wに対し，「この中に見覚えがある人がいるかもしれないし，いないかもしれない。」旨告知し，⑧の写真台帳を見せたところ）「写真番号１３番の男性が，私が目撃した犯人の男に間違いない。眉毛が太くて垂れ目なところがそっくりである。私は，この男と面識はない。」

⑩　１月１７日付けＶの警察官面前の供述録取書

「刑事からＡの顔写真を見せられたが，昨年１１月までうちの会社にいた元部下である。彼に恨まれるような心当たりはない。」

⑪　１月１８日付けＡ方の捜索差押調書

同日，Ａ立会いの下，Ａ方を捜索したところ，胸元に白色で「Ｌ」と書かれた黒地のパーカー１着，紺色のスラックス１着及び携帯電話機１台が発見されたので，これらを差し押さえて押収した旨が記載されている。

⑫　１月１８日付けＡの警察官面前の弁解録取書

「被疑事実は，全く身に覚えがない。１月９日午前１時頃は１人で自宅にいた。」

⑬　１月１９日付けＡの警察官面前の供述録取書

「私は，自宅で一人暮らしをしている。酒気帯び運転の罰金前科が１犯ある。婚姻歴はない。昨年１１月まではバイク販売の営業の仕事をしていたが，勤務先での人間関係が嫌になったので退社し，昨年１２月から今の会社で自動車販売の営業の仕事をしている。平日は午前９時から午後５時まで，会社で事務仕事をしたり，営業先を回ったりしている。自宅から車で１０分の所に両親が住む実家がある。父は７０歳，母は６５歳であり，二人とも無職で，毎日実家にいる。私は貯金がほとんどなく，両親も収入は年金だけであるため，生活は楽ではない。私の身長は１６９センチメートル，体重は８０キログラムである。私も両親も，これまで健康を害したことはない。」

２　検察官は，Ａの弁解録取手続を行い，以下の弁解録取書を作成した。

⑭　１月２０日付けＡの検察官面前の弁解録取書

⑫記載の内容と同旨。

３　同日，検察官がＡにつき本件被疑事実で勾留請求をしたところ，Ａは，勾留質問において，「本件被疑事実について身に覚えがない。」と供述した。

同日，裁判官は，刑事訴訟法第２０７条第１項本文，第６０条第１項第２号及び第３号に当たるとして，本件被疑事実でＡを勾留した。

同日，Ａに国選弁護人（以下，単に「弁護人」という。）が選任された。

4　弁護人は，同日中に，勾留されているＡと接見した。その際，Ａは，弁護人に対し，⑬記載の内容と同旨のことに加え，逮捕当日にＡ方が捜索されて，パーカー，スラックス及び携帯電話機が押収されたことを告げたほか，「自分は放火などしていない。１月９日午前１時頃は家にいた。不当な勾留だ。両親や勤務先の上司に，自分が無実の罪で捕まっていると伝えてほしい。」と述べた。

弁護人は，１月２２日，Ａの勾留を不服として裁判所に準抗告を申し立て，㋐その申立書に以下の疎明資料ⓐ及びⓑを添付した。

ⓐ　Ａの両親の誓約書

「Ａを私たちの自宅で生活させ，私たちが責任をもってＡを監督します。また，Ａに事件関係者と一切接触させないことを誓約します。」

ⓑ　Ａの勤務先上司の陳述書（同人の名刺が添付されているもの）

「Ａは当社の業務の遂行に不可欠な人材です。Ａがいないと，Ａが取ってきた商談が潰れてしまいます。Ａには早く職場に復帰してもらい，継続的に働いてもらいたいです。」

これに対し，裁判所は，同日，㋑弁護人の準抗告を棄却した。

5　その後，検察官は所要の捜査を行い，以下の証拠等を収集した。なお，Ａは黙秘に転じたため，Ａの供述録取書は一切作成されなかった。

⑮　２月３日付け捜査報告書

１月１４日実施のＷの健康診断結果記載書の写しが添付されており，同記載書には，Ｗの視力は左右とも裸眼で１．２であり，色覚異常も認められない旨が記載されている。

⑯　２月３日付けＷの検察官面前の供述録取書

②及び⑨記載の内容と同旨。

6　検察官は，㋒Ｖ所有の大型自動二輪車に放火したのはＡである旨のＷ供述は信用できると判断し，勾留期限までに，Ａについて，Ｉ地方裁判所に本件被疑事実と同一内容の公訴事実で公訴を提起した。

7　第１回公判期日において，Ａ及び弁護人は，Ａは犯人ではなく無罪である旨主張した。

弁護人は，検察官が犯行目撃状況を立証するために取調べを請求した④及び⑯の証拠について，「④については，別紙見取図を含め，Ｗによる現場指示説明部分を不同意とし，その余の部分は同意する。⑯は全部不同意とする。」との意見を述べ，裁判所は，④に関し，弁護人の同意があった部分を取り調べた。引き続き，検察官はＷの証人尋問を請求し，同証人尋問が第２回公判期日に実施されることになった。

8　検察官は，第２回公判期日前，Ｗと打合せを行った。その際，Ｗは，検察官から各種の証人保護制度について教示を受けた後，「Ａは人のバイクに放火するような人間なので，復しゅうが怖い。Ａに見られていたら証言できない。それに，私は人前で話すのも余り得意ではないので，傍聴人にも見られたくない。Ｉ地方裁判所に出頭して証言すること自体は構わないが，ビデオリンク方式にした上で，遮へい措置を採ってもらいたい。」と申し出た。検察官は，㋓その申出を踏まえ，AとWとの間の遮へい措置のみを採るのが相当である旨考え，Wと協議した上で，裁判所に対してその旨の申立てをし，裁判所は，AとWとの間の遮へい措置を採る決定をした。

9　第2回公判期日におけるWの証人尋問の主尋問において，WがAの犯行を目撃した際のAとWの位置関係を供述した後，検察官が，その位置関係の供述を明確にするため，裁判長に対し，④の実況見分調書添付の別紙見取図の写しをWに示して尋問することの許可を求めたところ，㋔裁判長は，検察官に対し，「見取図から，立会人の現場指示に基づいて記入された記号などは消されていますか。」と尋ね，釈明を求めた。これに対し，検察官が「消してあります。」と釈明したため，裁判長は，前記写し（ただし，ⓧ及びⓦの各記号を消したもの）をWに示して尋問することを許可した。

〔設問1〕

1　下線部㋐に関し，準抗告申立書に疎明資料ⓐ及びⓑを添付すべきと判断した弁護人の思考過程について，具体的事実を指摘しつつ答えなさい。

2　下線部㋑に関し，弁護人の準抗告を棄却すべきと判断した裁判所の思考過程について，具体的事実を指摘しつつ答えなさい。ただし，罪を犯したことを疑うに足りる相当な理由の有無については言及する必要はない。

〔設問2〕

下線部㋒に関し，W供述の信用性が認められると判断した検察官の思考過程について，具体的事実を指摘しつつ答えなさい。なお，証拠①，③から⑧（ただし，④のうち，Wによる現場指示説明部分を除く。），⑩，⑪，⑬及び⑮に記載された内容については，信用性が認められることを前提とする。

〔設問3〕

下線部㋓に関し，AとWとの間の遮へい措置のみを採るのが相当と判断した検察官の思考過程について，刑事訴訟法の条文上の根拠に言及しつつ答えなさい。

〔設問4〕

裁判長が検察官に下線部㋔の釈明を求めた理由について，証人尋問に関する規制及びその趣旨に言及しつつ答えなさい。

別紙　見取図

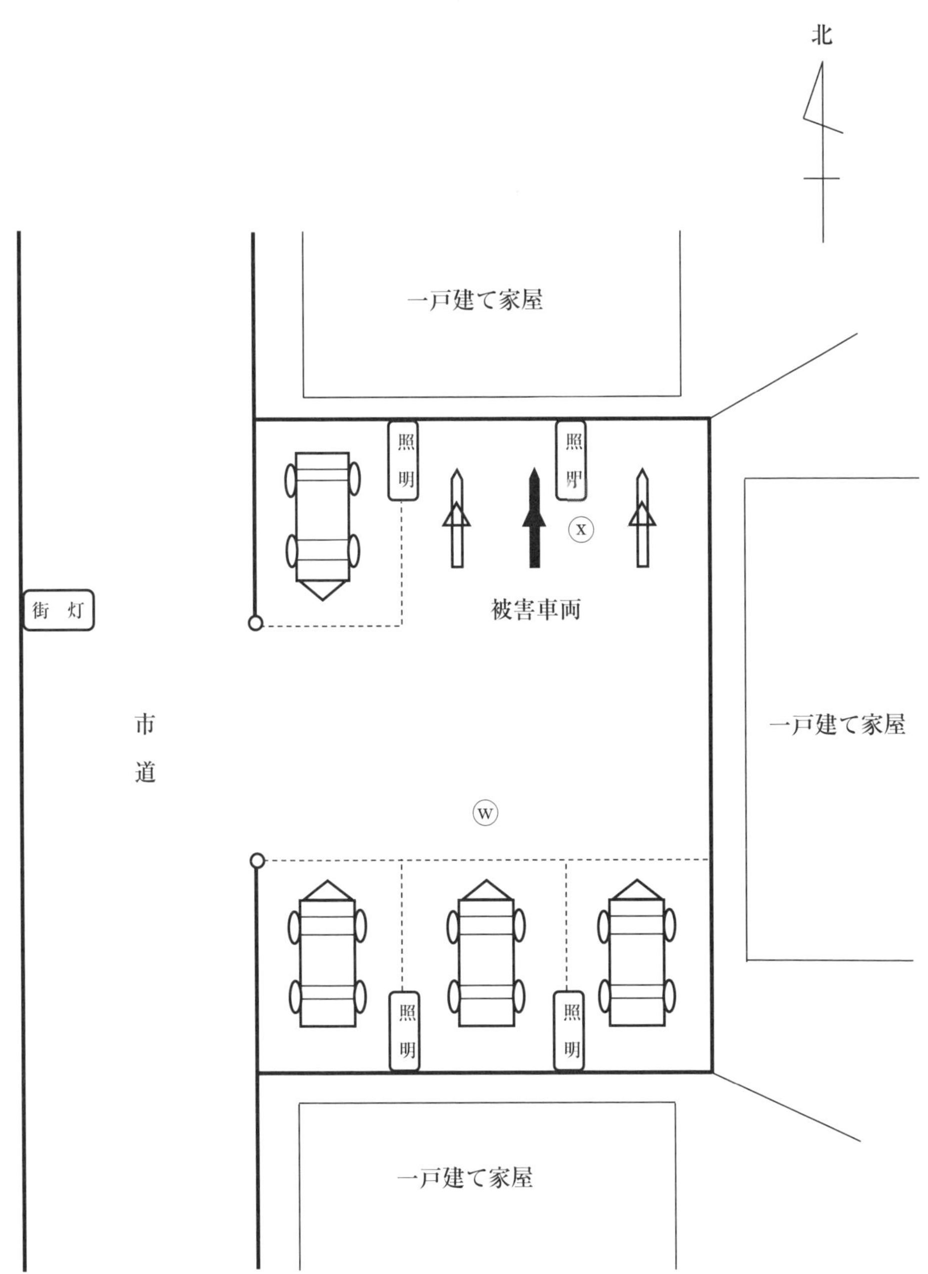

〈問題文の解析〉

※文中のグレー網掛けは辰已法律研究所

次の【事例】を読んで，後記〔設問〕に答えなさい。

【事例】

1　A（３５歳，男性）は，令和２年１月１８日，「被疑者は，令和２年１月９日午前１時頃，Ｈ県Ｉ市Ｊ町１番地Ｋ駐車場において，同所に駐輪中のＶ所有の大型自動二輪車１台の座席シート上にガソリンをかけ，マッチを使用してこれに火を放ち，その火を同車に燃え移らせてこれを全焼させ，そのまま放置すれば隣接する住宅に延焼するおそれのある危険な状態を発生させ，もって公共の危険を生じさせた。」旨の建造物等以外放火の被疑事実（以下「本件被疑事実」という。）で通常逮捕され，同月２０日，Ｉ地方検察庁の検察官に送致された。

送致記録にある主な証拠の概要は以下のとおりである（以下，特に年を明示していない日付は全て令和２年である。）。

①　１月９日付け捜査報告書

目撃者Ｗ（２７歳，女性）から１月９日午前１時３分に１１９番通報が寄せられた旨が記載されている。

②　１月９日付けＷの警察官面前の供述録取書

「この日，仕事が遅く終わった私は，会社を出て少し歩き，通勤に使っている車を止めているＫ駐車場の中に入った。すると，駐輪スペースに止めてある３台のバイクのうち，真ん中のバイクの脇に男が１人立っているのに気付いた。何をしているのだろうと思い，立ち止まってその男を見ていると，男は，左肘に提げていた白いレジ袋からペットボトルを取り出し，中に入った液体をそのバイクの座席シート上に振りかけ，そのペットボトルを再びレジ袋に仕舞った。そして，男は，そのレジ袋からマッチ箱を取り出し，その中に入っていたマッチ１本を擦って火をつけ，これを座席シート上に放り投げた[①]。その火は瞬く間に座席シート全体に広がった。男は，火が燃え上がる様子を少しの間見ていたが，私に見られているのに気付くと，慌てて走り出し，そのまま私とすれ違い，Ｋ駐車場を西側出入口から出て南の方向へ逃げていった。私が１１９番通報をしたのはその直後である。

①一般的に，印象に残る出来事であろう。目撃者の記憶に残りやすいといえる。

私が見ていた場所は，男が火をつけていた場所から約７メートル離れていたが，付近に街灯があり，駐車場の敷地内にも照明があったので明るく，視界を遮るものもなかった。男は，胸元に白色で『Ｌ』と書かれた黒っぽい色のパーカーを着て，黒っぽい色のスラックスを履いていた。私が男の顔を見たのは，まず，男がバイクに火を放った直後に，男がその火を見ていた時である。ただ，この時の男はうつむき加減だったので，その顔がはっきりと見えたわけではない。しかし，私が見ているのに男が気付いた時，男がその顔を上げ，男と視線が合ったので，私は，この時点ではっきりと男の顔を見ることができた。私は，放火犯人の顔をよく見ておかなければならないと思ったし，すれ違い様には男の顔を間近で見ることができたので，男の顔の特徴はしっかりと覚えている。男は，３０歳代くらいの小太りで，私より身長が高く，１７０センチメートルくらいあった。顔の特徴は，短めの黒髪で，眉毛が太く，垂れ目だった。なお，当時，犯人も私も顔にマスクは着けておらず，眼鏡も掛けていなかった。」

③　１月９日付けＶ（４０歳，男性）の警察官面前の供述録取書

「放火されたバイクは私が半年前に２００万円で購入し，通勤に使用しているものである。私は，自宅アパートから徒歩５分の所にあるＫ駐車場にこのバイクを駐輪していた。本日午前１時３０分頃，Ｋ駐車場の管理者から電話がかかってきて，私のバイクが放火されたことを知り，急いで現場に駆けつけた。私には放火されるような心当たりは全くない。」

④　１月９日付け実況見分調書

同日午前２時３０分から同日午前３時３０分までの間に実施されたＶ及びＷ立会に係る実況見分の内容が記載され，別紙見取図が添付されている。

現場であるＫ駐車場は，月ぎめ駐車場兼駐輪場であり，同敷地及びその周辺の状況は別紙見取図のとおりである。**Ｋ駐車場西側市道の駐車場出入口付近に街灯が１本設置され，同駐車場敷地内に照明が４本設置されている**②。被害車両の両隣にはそれぞれ大型自動二輪車が１台ずつ駐輪されており，被害車両の火が消し止められなかった場合には，その両隣の車両に燃え移る危険があり，風向きによっては，現場に止められた他の普通乗用自動車４台や

②街灯や照明などの存在は，視認状況の検討において頻出の事情である。

隣接する一戸建て家屋にも延焼するおそれがあった。被害車両は大型自動二輪車で，車体全体が焼損しており，特に車両中央部の座席シートの焼損が激しい。

また，Wが犯行を目撃した地点（別紙見取図のⓦ）と，犯人が火をつけていた地点（同ⓧ）との距離は６．８メートルであり，ⓦ地点とⓧ地点の間に視界を遮る物は存在せず，ⓦ地点に立ったWが，ⓧ地点に立たせた身長１７０センチメートルの警察官の顔を識別することができた。

⑤　１月９日付け捜査報告書

K駐車場があるH県I市J町の同日午前０時から同日午前４時までの天候は晴れであった旨の捜査結果が記載されている。

⑥　１月１４日付け鑑定書

被害車両の焼け焦げた座席シートの燃え残りからガソリン成分が検出された旨の鑑定結果が記載されている。

⑦　１月１５日付け捜査報告書

「現場から南側に約１００メートル離れた場所付近の防犯カメラに録画された映像を解析した結果，１月９日午前０時５５分頃，現場方向から進行してきた普通乗用自動車が道路脇に停止し，運転席から，白いレジ袋を左手に持ち，胸元に『L』の白い文字が入った黒っぽい色のパーカーを着て，黒っぽい色のスラックスを履いた人物[3]が降り，現場方向に歩いていく様子が確認され，同日午前１時３分頃，同一人物が，白いレジ袋を左手に持ちながら，現場方向から走って戻ってきて，同車に乗り込んで発進させ，現場と反対方向に走り去る様子が確認された。また，同車のナンバーから，その所有者及び使用者がAであることが判明した。」旨が記載されている。

⑧　１月１６日付け写真台帳

短めの黒髪で眼鏡を掛けていない３０歳代の男性２０名の顔写真が貼付されている。写真番号１３番がAであり，その容貌は眉毛が太く，垂れ目である。

⑨　１月１６日付けWの警察官面前の供述録取書

（警察官が，Wに対し，「この中に見覚えがある人がいるかもしれないし，いないかもしれない。」旨告知し，⑧の写真台帳を見せたところ）「写真番号１３番の男性が，私が目撃した犯人の男に間違いない。眉毛が太くて垂れ目なところがそっくりである。私は，この男と面識はない。」

③供述の信用性を判断するに当たっては，客観的証拠との整合性（他の証拠との符合）も必ず考慮したい。

⑩　１月１７日付けＶの警察官面前の供述録取書
「刑事からＡの顔写真を見せられたが，昨年１１月までうちの会社にいた元部下である。彼に恨まれるような心当たりはない。」
⑪　１月１８日付けＡ方の捜索差押調書
同日，Ａ立会いの下，Ａ方を捜索したところ，胸元に白色で「Ｌ」と書かれた黒地のパーカー１着，紺色のスラックス１着及び携帯電話機１台が発見されたので，これらを差し押さえて押収した旨が記載されている。
⑫　１月１８日付けＡの警察官面前の弁解録取書
「被疑事実は，全く身に覚えがない。１月９日午前１時頃は１人で自宅にいた。」
⑬　１月１９日付けＡの警察官面前の供述録取書
「私は，自宅で一人暮らし[④]をしている。酒気帯び運転の罰金前科が１犯[⑤]ある。婚姻歴はない。昨年１１月まではバイク販売の営業の仕事をしていたが，勤務先での人間関係が嫌になったので退社し，昨年１２月から今の会社で自動車販売の営業の仕事をしている。平日は午前９時から午後５時まで，会社で事務仕事をしたり，営業先を回ったりしている。自宅から車で１０分の所に両親が住む実家がある。父は７０歳，母は６５歳であり，二人とも無職で，毎日実家にいる。私は貯金がほとんどなく，両親も収入は年金だけであるため，生活は楽ではない。私の身長は１６９センチメートル，体重は８０キログラムである。私も両親も，これまで健康を害したことはない。」

④勾留の要件（下線部㋐）の検討で着目すべき事情。ⓐで，Ａの両親は，両親の自宅で監督すると誓約している。

⑤処罰を免れる動機になりうる事情である。

２　検察官は，Ａの弁解録取手続を行い，以下の弁解録取書を作成した。
⑭　１月２０日付けＡの検察官面前の弁解録取書
⑫記載の内容と同旨。
３　同日，検察官がＡにつき本件被疑事実で勾留請求をしたところ，Ａは，勾留質問において，「本件被疑事実について身に覚えがない。」と供述した。
同日，裁判官は，刑事訴訟法第２０７条第１項本文，第６０条第１項第２号及び第３号に当たるとして，本件被疑事実でＡを勾留した。
同日，Ａに国選弁護人（以下，単に「弁護人」という。）が選任された。
４　弁護人は，同日中に，勾留されているＡと接見した。その際，Ａは，弁護人に対し，⑬記載の内容と同旨のことに加え，逮捕当日にA方が捜索されて，パーカー，スラックス及び携帯電話機が押収されたことを告げたほか，「自分は放火などしていない。1月9日午前1時頃は家にいた。不当な勾留だ。両親や勤務先の上司に，自分が無実の罪で捕まっていると伝えてほしい。」と述べた。

弁護人は，1月22日，Aの勾留を不服として裁判所に準抗告を申し立て，㋐その申立書に以下の疎明資料ⓐ及びⓑを添付した。

ⓐ　Aの両親の誓約書

「Aを私たちの自宅で生活させ，私たちが責任をもってAを監督します[⑥]。また，Aに事件関係者と一切接触させないことを誓約します。」

ⓑ　Aの勤務先上司の陳述書（同人の名刺が添付されているもの）

「Aは当社の業務の遂行に不可欠な人材です。Aがいないと，Aが取ってきた商談が潰れてしまいます。Aには早く職場に復帰してもらい，継続的に働いてもらいたいです。」

これに対し，裁判所は，同日，㋑弁護人の準抗告を棄却した。

5　その後，検察官は所要の捜査を行い，以下の証拠等を収集した。なお，Aは黙秘に転じたため，Aの供述録取書は一切作成されなかった。

⑮　2月3日付け捜査報告書

1月14日実施のWの健康診断結果記載書の写しが添付されており，同記載書には，Wの視力は左右とも裸眼で1．2であり，色覚異常も認められない旨が記載されている。

⑯　2月3日付けWの検察官面前の供述録取書

②及び⑨記載の内容と同旨。

6　検察官は，㋒V所有の大型自動二輪車に放火したのはAである旨のW供述は信用できると判断し，勾留期限までに，Aについて，I地方裁判所に本件被疑事実と同一内容の公訴事実で公訴を提起した。

7　第1回公判期日において，A及び弁護人は，Aは犯人ではなく無罪である旨主張した。

弁護人は，検察官が犯行目撃状況を立証するために取調べを請求した④及び⑯の証拠について，「④については，別紙見取図を含め，Wによる現場指示説明部分を不同意とし，

⑥一人暮らしであることが，逃亡のおそれを肯定する事情になることを想起したい。

⑦不同意となった現場指示部分は，取調べがなされていないことから，当該部分は証拠能力がない書面ということになる。

その余の部分は同意する[⑦]。⑯は全部不同意とする。」との意見を述べ，裁判所は，④に関し，弁護人の同意があった部分を取り調べた。引き続き，検察官はWの証人尋問を請求し，同証人尋問が第2回公判期日に実施されることになった。

8　検察官は，第2回公判期日前，Wと打合せを行った。その際，Wは，検察官から各種の証人保護制度について教示を受けた後，「Aは人のバイクに放火するような人間なので，復しゅうが怖い。Aに見られていたら証言できない。それに，私は人前で話すのも余り得意ではないので，傍聴人にも見られたくない。I地方裁判所に出頭して証言すること自体は構わないが，ビデオリンク方式にした上で，遮へい措置を採ってもらいたい。」と申し出た。検察官は，㊀その申出を踏まえ，AとWとの間の遮へい措置のみ[⑧]を採るのが相当である旨考え，Wと協議した上で，裁判所に対してその旨の申立てをし，裁判所は，AとWとの間の遮へい措置を採る決定をした。

9　第2回公判期日におけるWの証人尋問の主尋問において，WがAの犯行を目撃した際のAとWの位置関係を供述した後，検察官が，その位置関係の供述を明確にするため，裁判長に対し，④の実況見分調書添付の別紙見取図の写しをWに示して尋問することの許可を求めたところ[⑨]，㋔裁判長は，検察官に対し，「見取図から，立会人の現場指示に基づいて記入された記号などは消されていますか。」と尋ね，釈明を求めた。これに対し，検察官が「消してあります。」と釈明したため，裁判長は，前記写し（ただし，ⓧ及びⓦの各記号を消したもの）をWに示して尋問することを許可した。

⑧証人保護の方法としての遮へい措置には，被告人との間の遮へい及び傍聴人との間の遮へいの二種類があり，本件では，前者のみを行うということ。

⑨刑事訴訟規則199条の12第1項についての記載であり，この条文知識が㋔で問われているわけではない。

〔設問1〕

1　下線部㋐に関し，準抗告申立書に疎明資料ⓐ及びⓑを添付すべきと判断した弁護人の思考過程について，具体的事実を指摘しつつ答えなさい。

2　下線部㋑に関し，弁護人の準抗告を棄却すべきと判断した裁判所の思考過程について，具体的事実を指摘しつつ答えなさい。ただし，罪を犯したことを疑うに足りる相当な理由の有無については言及する必要はない。

〔設問2〕

下線部㋒に関し，W供述の信用性が認められると判断した検察官の思考過程について，具体的事実を指摘しつつ答えなさい。なお，証拠①，③から⑧（ただし，④のうち，Wによる現場指示説明部分を除く。），⑩，⑪，⑬及び⑮に記載された内容については，信用性が認められることを前提とする[⑩]。

⑩ここで挙げられた証拠については信用性が認められることから，W供述がこれらの証拠と整合（符合）することが，供述の信用性判断の一要素になる。

〔設問3〕

下線部㋓に関し，AとWとの間の遮へい措置のみを採るのが相当と判断した検察官の思考過程について，刑事訴訟法の条文上の根拠に言及しつつ答えなさい。

〔設問4〕

裁判長が検察官に下線部㋔の釈明を求めた理由について，証人尋問に関する規制及びその趣旨に言及しつつ答えなさい。

別紙　見取図

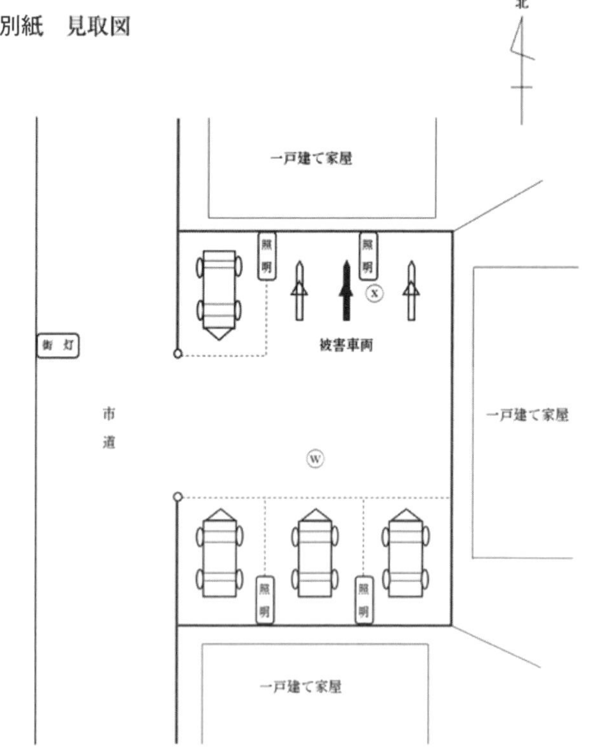

〈出題趣旨の解析〉

本問は，犯人性が争点となる建造物等以外放火事件を題材に，刑事手続の基本的知識，刑事事実認定の基本構造及び基礎的刑事実務能力を試すものである。

設問１は，弁護人が準抗告申立書に誓約書等の疎明資料を添付すべきと考えた思考過程と，裁判所が弁護人の準抗告を棄却すべきと判断した思考過程を，それぞれ具体的な事実関係を踏まえて検討することを通じて，捜査段階における弁護人の活動と勾留要件の正確な理解を示すことが求められる。

設問２は，犯人識別供述について具体的な事実関係を踏まえて検討することを通じて，事案を分析する能力と供述の信用性判断に関する基本的理解を示すことが求められる。

設問３は，証人尋問に難色を示す証人からの申出を受けて検察官が採った措置に係る思考過程を，刑事訴訟法の条文に規定された要件に沿って具体的に検討することを通じて，現行法における証人保護制度，取り分け，証人尋問における遮へい措置及びビデオリンク方式に対する基本的理解を示すことが求められる。

設問４は，実務において証人尋問の主尋問の際に記号等を消した図面が用いられるのが，主尋問で誘導尋問が原則禁止されることに由来していること，及びその趣旨を正確に示すことが求められる。

【分　析】

本問は，犯人性が争点となる建造物等以外放火事件を題材に，刑事手続の基本的知識，刑事事実認定の基本構造及び基礎的刑事実務能力を試すものである。

→　問題文の【事例】１の柱書に「建造物等以外放火の被疑事実」，【事例】６に「検察官は……勾留期限までに，Ａについて，Ｉ地方裁判所に本件被疑事実と同一内容の公訴事実で公訴を提起した」，【事例】７に「第１回公判期日において，Ａ及び弁護人は，Ａは犯人ではなく無罪である旨主張した」と記載があることから明らかである。

設問１は，弁護人が準抗告申立書に誓約書等の疎明資料を添付すべきと考えた思考過程と，

→　勾留決定に対する準抗告では，勾留の要件（主に，刑訴法 60 条 1 項の要件）が欠けることを具体的に主張する必要がある。各疎明資料が，勾留のどの要件について，要件該当性を否定するための疎明資料になるかを考えることで，解答の道筋は見えてくる。

裁判所が弁護人の準抗告を棄却すべきと判断した思考過程を，それぞれ具体的な事実関係を踏まえて検討することを通じて，捜査段階における弁護人の活動と勾留要件の正確な理解を示すことが求められる。

→　ここでも，勾留の要件に立脚した答案を書くことが求められる。住居不定でないことは問題文から明らかであることから，罪証隠滅のおそれ，逃亡のおそれの一方又は両方が認められることを論述することになる。

設問２は，犯人識別供述について具体的な事実関係を踏まえて検討することを通じて，事案を分析する能力と

→　問題文の【事例】から，W供述の信用性判断に用いることができる証拠の範囲を把握する必要がある。当事者からの証拠請求に対して，裁判所が採用した証拠と採用しなかった証拠を【事例】から読み取ることが必要である。

供述の信用性判断に関する基本的理解を示すことが求められる。

→　供述の信用性判断の着眼点として，①他の証拠との符合，②視認状況，③供述の経過，④供述者の利害関係，⑤供述内容の具体性・自然性などが挙げられる。最終的には，個別の着眼点を総合的に検討することで信用性を判断することになる。

設問3は，証人尋問に難色を示す証人からの申出を受けて検察官が採った措置に係る思考過程を，刑事訴訟法の条文に規定された要件に沿って具体的に検討することを通じて，現行法における証人保護制度，取り分け，証人尋問における遮へい措置及びビデオリンク方式に対する基本的理解を示すことが求められる。

→　ビデオリンク方式による証人尋問の規定（刑訴法157条の6第1項）及び遮へい措置の根拠条文（刑訴法157条の5）を引いた上で，それぞれの要件該当性を検討することになる。特に，遮へい措置には，被告人との間の遮へい及び傍聴人との間の遮へいの二種類があり，本件では，前者のみを行うことが問題文から明らかであるため，傍聴人との間の遮へいを採用しなかった点まで言及することができれば，高い評価を得られるであろう。

設問4は，実務において証人尋問の主尋問の際に記号等を消した図面が用いられるのが，主尋問で誘導尋問が原則禁止されることに由来していること，及びその趣旨を正確に示すことが求められる。

→　主尋問では原則的に誘導尋問が禁止されていること，他方で刑訴規則199条の3第3項ただし書が例外的に誘導尋問が許される場合を規定していることを前提に，書面を示しながらの尋問は誘導尋問になりかねないため原則として禁止されているが，他方で刑訴規則199条の10ないし12が例外的に書面を示すことができる場合について定めていることに着目すべきである。また，証拠④の実況見分調書のうち，Wによる現場指示説明部分は取調べがされていないことに留意する必要がある。

〈論点〉

1　被疑者の勾留の要件該当性
2　証人の供述の信用性
3　証人の保護措置
4　証人尋問で図面等を利用する際の規制

〈概観〉

本問は，犯人性が争点となる放火事件を題材に，被疑者の勾留の要件該当性（設問１），証人の供述の信用性（設問２），証人の保護措置（設問３），証人尋問で図面等を利用する際の規制（設問４）について，【事例】に現れた証拠や事実，手続の経過を適切に把握した上で，法曹三者それぞれの立場から，その思考過程などについて解答することを求めており，刑事手続についての基本的知識の理解及び基礎的実務能力を試すものである。

設問１では，まず小問１で，被疑者が刑事訴訟法 207 条１項本文，60 条１項２号及び３号に当たるとして勾留されたのに対し，弁護人が準抗告を申し立て，その申立書に二つの疎明資料を添付したことについて，これらの疎明資料を添付すべきと判断した弁護人の思考過程を，具体的事実を指摘しつつ答えることが求められている。解答に当たっては，弁護人の立場からは，同法 60 条１項２号及び３号に当たらないことを説明する必要があることを踏まえた上で，そのためにこれらの疎明資料がどのような意味を持つかを，その具体的内容に言及しながら，本事例に即して説明することになる。

次に，同設問の小問２では，裁判所がこの弁護人の準抗告を棄却したことについて，これを棄却すべきと判断した裁判所の思考過程を，具体的事実を指摘しつつ答えることが求められている。解答に当たっては，裁判所は，弁護人が添付した二つの疎明資料を十分に吟味しているはずであり，その結果準抗告を棄却したということは，これらを踏まえた上で，それでもなお刑事訴訟法 60 条１項２号及び３号に当たると判断したことになるから，なぜそのように判断したかを，本事例に即して丁寧に説明することになる。

設問２では，検察官が，本件被疑事実の犯人が被疑者である旨の証人の供述が信用できると判断したことについて，このように判断した検察官の思考過程を，具体的事実を指摘しつつ答えることが求められている。解答に当たっては，証人の供述録取書において中心的な内容となっている視認状況や，他の証拠との整合性などについて，そこに現れた具体的事実を丁寧に拾いながら，証人の供述の合理性が高いことを説明することになる。

設問3では，証人尋問に当たり，証人が被告人や傍聴人に見られたくないとしてビデオリンク方式及び遮へい措置を申し出たのに対し，検察官が被告人と証人との間の遮へい措置のみを採るのが相当である旨考えたことについて，このように判断した検察官の思考過程を，刑事訴訟法の条文上の根拠に言及しつつ答えることが求められている。解答に当たっては，ビデオリンク方式を定める刑事訴訟法157条の6及び遮へい措置を定める同法157条の5を挙げ，その規定内容に言及しながら，本件では，ビデオリンク方式については，その要件を満たさず認められないこと，また，遮へい措置については，被告人との関係ではその要件を満たし認められるが，傍聴人との関係ではその要件を満たさず認められないことを説明することになる。

設問4では，証人尋問の主尋問において，証人が被告人の犯行を目撃した際の両者の位置関係を供述した後，検察官が，この供述を明確にするため，裁判長に対し，裁判所が証人による現場指示説明部分以外の部分を取り調べた実況見分調書添付の別紙見取図の写しを証人に示して尋問することの許可を求めたところ，裁判長が，検察官に対し，見取図から立会人の現場指示に基づいて記入された記号などが消されているかどうかの釈明を求めたことについて，裁判長が検察官にこのような釈明を求めた理由を，証人尋問に関する規制及びその趣旨に言及しつつ答えることが求められている。解答に当たっては，本件では刑事訴訟規則199条の12の規制を受けること及びその趣旨を述べた上で，同条の要件との関係で裁判長が当該釈明を求めたことを説明することになる。

〈参考答案例〉

〔設問１〕
第１　小問１
１　前提
Ａは「罪証を隠滅すると疑うに足りる相当な理由」があり（刑訴法60条１項２号），さらに「逃亡し又は逃亡すると疑うに足りる相当な理由」がある（同項３号）として勾留されているため，弁護人としてはそれらの理由がないことを説明する必要がある。
２　疎明資料ⓐについて
弁護人はＡの両親にＡを両親の自宅で監督してもらうことを誓約させることで，Ａが捜査や公判に協力し，逃亡しないことを疎明しようとした。また，Ａの両親に「Ａに事件関係者と一切接触させないこと」を誓約させることで，Ａが，ＶやＷといった証人になる可能性のある人物に接触し，威迫させないようにすることで，罪証隠滅しないことを疎明しようとした。
３　疎明資料ⓑについて
弁護人はＡが勤務先の上司から信頼され，Ａ抜きでは商談が潰れてしまうことをもって，Ａには職場の上司から信頼されている仕事があり，Ａがその仕事を捨ててまで逃亡しないことを疎明しようとした。
第２　小問２
１　罪証隠滅のおそれ（刑訴法60条１項２号）について
(1)　罪証隠滅の対象
罪証隠滅の対象として，目撃者Ｗや被害者Ｖが考えられる。
(2)　罪証隠滅の態様

1

本件では，ＷやＶに対して，Ａにとって不利益な発言をしないように口裏合わせをする又は威迫するというように働きかけるという隠滅の態様が考えられる。
(3)　罪証隠滅の余地
ＷはＫ駐車場に車を止めており，事件後も本件駐車場を利用しているか，利用していなくても，近所の会社に勤めていることからＡがＫ駐車場付近にいればＷに接触することが可能となる。また，Ｖに関してもＫ駐車場に大型自動二輪車を置いていたことから，引き続き利用している可能性があるし，利用していなくても近所に住んでいると考えられる。ＡがＫ駐車場付近にいれば，Ｖに接触することは可能である。このように罪証隠滅の余地はあるといえる。
(4)　罪証隠滅の主観的可能性
Ａは本件被疑事実について身に覚えがないとその犯人性を否認している。また，建造物等以外放火罪（刑法110条１項）は懲役刑しかなく，同種前科ではないものの罰金前科もあることから，本件被疑事実で起訴され，有罪となった場合，実刑となることも考えられる。そのため，Ａが罪から逃れるために罪証隠滅を行う可能性がある。
(5)　結論
以上の思考過程を経て裁判官はＡに罪証隠滅のおそれがあると考えた。
２　逃亡のおそれ（刑訴法60条１項３号）について
(1)　Ａには配偶者や子どもはおらず，家族は70歳の父親と65歳の母親のみである。両親は高齢であり，Ａ自身35歳と自活できる年齢であって，

2

両親に依存する必要はない以上，両親に監督能力は期待できない。また，Ａに仕事はあり，勤務先上司から信頼されているとしても，Ａは同社に勤務して１，２か月程度であり，人間関係も希薄であると考えられ，この仕事にこだわる必要はない。そのため，この仕事を捨てて逃亡する可能性は十分に考えられる。

(2) また，Ａは上記のように本件被疑事実について犯人性を否定しており，実刑となる可能性もある以上，逃亡する可能性は十分に考えられる。

(3) 以上の思考過程を経て裁判官はＡに逃亡のおそれがあると考えた。

第３　結論

以上より，裁判所は，弁護人の準抗告を棄却すべきと判断した。

〔設問２〕

１　視認状況

まず，Ｗの視力は左右とも裸眼で１．２であり，色覚異常も認められないから，はっきりと本件犯行及び犯人を見ることが可能である（証拠⑮）。また，本件犯行時刻の天候は晴れであり（証拠⑤），犯行時刻は深夜であるもののＫ駐車場付近には街灯があり，Ｖがバイクを置いていた場所近くにも照明があることから犯人を識別する明るさは十分である（証拠④）。

以上より，視認状況はＷが本件犯行及び犯人をしっかりと見ることができる状況であった。

２　ＷとＡとの関係

ＷとＡとは面識がなく，Ａに罪を被せる理由がない。

３　他の証拠との整合性

3

(1) Ｗは，犯人が「左肘」に「白いレジ袋」を提げていたこと，胸元に白色で「Ｌ」と書かれた黒っぽい色のパーカーを着て，黒っぽい色のスラックスを履いていたことを述べているが，これらの特徴の人物が，本件事件のあった令和２年１月９日午前１時前後にＫ駐車場近くに居たことが防犯カメラの映像から分かる（証拠⑦）。また，Ｗは１月９日午前１時３分に119番通報しているところ（証拠①），同日午前１時３分頃，現場方向から人物が戻ってきていることが防犯カメラの映像から分かり（証拠⑦）事件のあった時刻と整合性がある。そのことは，Ｖに対してＫ駐車場の管理者が電話をしたのが事件直後の同日午前１時30分頃であったことからも分かる（証拠③）。

(2) そして，Ｗは，男がペットボトルを取り出し，中に入った液体をそのバイクの座席シート上に振りかけたと証言しているところ，このことは，被害車両の焼け焦げた座席シートの燃え残りからガソリン成分が検出されたことと整合する（証拠⑥）。

(3) 以上のように，Ｗの証言は他の客観証拠と整合し，他の証拠はＷの証言の信用性を裏付けるものとなっている。

４　Ｗの供述態度等

Ｗは１月９日，事件直後に証言をしており，記憶が鮮明なうちに証言したといえる。そして，男が火を見ていた時「男はうつむき加減だったので，その顔がはっきりと見えたわけではない。」と述べており，見ていないことは見ていないと述べている。このようなＷの供述態度等からＷの供述の信用性は高まっている。

4

5　結論
　以上の思考過程により，検察官はWの供述の信用性が認められると判断した。
〔設問3〕
1　ビデオリンク方式による証人尋問は刑訴法157条の6に規定がある。同条1項には，ビデオリンク方式が認められる場合を規定している。本件公訴事実は建造物等以外放火罪（刑法110条1項）であるところ，刑訴法157条の6第1項1号及び2号列挙事由に該当しない。そのため，ビデオリンク方式が認められるためには同項3号の要件を満たす必要がある。そして，3号該当性を検討するにあたっては，ビデオリンク方式が裁判の公開を保障する憲法82条1項や37条1項，そして被告人に証人尋問権を保障する憲法37条2項との抵触の可能性の点から，同方式による尋問はできる限り制限的であるべきである。
2　本件公訴事実は，建造物等以外放火罪であり，同項1号及び2号で列挙されている性犯罪ではない。また，Wは27歳であるから，未成年者とは違って自立している年齢であり，被告人との間に面識もないことを考えると，ビデオリンク方式を採用しなければ精神の平穏を著しく害されるとはいえない。もっとも，Wは女性であり，本件犯行が人のバイクに放火するという粗暴性のあるものであることも考えると，AからWの顔が見える状況ではWは圧迫を受け精神の平穏を著しく害されるおそれがあるといえる。もっとも，証人と傍聴人との間の遮へいについては，人前で話すのも余り得意ではないという理由であり，名誉に対する影響等の問題はない以上，認められない。

5

3　以上の思考過程により，検察官はAとWとの間の遮へい措置のみを採るのが相当と判断した。
〔設問4〕
1　証人に書面を示しながら尋問することは，証人を誘導することになりかねないので，原則として許されない。ただし，証人が書面の影響を受けるおそれのない場合や書面を示す必要がある場合には例外的に書面を示して尋問することができ，その場合が刑訴規則199条の10から12までに規定されている。
2　本件で，検察官は，WがAの犯行を目撃した際のAとWの位置関係を供述した後，その位置関係の供述を明確にするため，裁判長に対し，見取図の写しをWに示すことを求めているところ，これは刑訴規則199条の12第1項による供述の明確化のための質問といえる。
　そして，本件では証拠④の実況見分調書のうち，Wによる現場指示説明部分は不同意となっており，取調べがされていない以上，その取調べがされていない現場指示が記載されていると，Wを証拠能力のない書面によって誘導することになりかねない。
　以上より，裁判長は，見取図から立会人の現場指示に基づいて記入された記号などは消されているかどうかの釈明を求めたのである。

以上

6

〈A答案に求められるもの－A３通・C１通の解答言及表〉

A答案３通・C答案１通について，何を書いたか，分析してみました。

設問１小問１

被疑者の勾留の要件該当性（準抗告申立書に疎明資料を添付した理由）
- 刑訴法207条１項本文・60条１項２号，３号に該当しないとの主張
- 誓約書の意味：両親の監督による逃亡・罪証隠滅の防止
- 陳述書の意味：勤務先上司からの信頼の表明による逃亡の防止

設問１小問２

被疑者の勾留の要件該当性（準抗告を棄却した理由）
- 刑訴法207条１項本文・60条１項２号，３号に該当するとの判断
- 罪証隠滅（60条１項２号）
- 逃亡（60条１項３号）

設問２

証人の供述の信用性（犯人識別供述）
- 視認情況
- WとAとの関係
- 他の証拠との整合性
- Wの供述態度

○：言及している，△：言及しているが不十分

A答案①	A答案②	A答案③	C答案	コメント
○	○	○	△	概ねよくできていたが，C答案は若干当てはめが薄く，抽象的な論述になっていた。A答案の中でも，得点が高いほど事実を適切に引用した具体的で分かりやすい当てはめがなされていたといえる。
○	○	○	△	A答案①は，罪証隠滅のおそれについて，対象，方法，主観的可能性，客観的可能性の観点から具体的検討ができており，高く評価されなかったものと思われる。他のA答案も，明示的に上記４つの観点からの分析ができていたわけではないが，部分的には言及できていた。C答案は事案との関係が希薄な論述であった。
○	○	△	△	A答案①は，目撃時の物理的客観的状況，客観的事情との一致，目撃者の主観的な状態といった観点からの分析的な論述ができており，高い実力を感じさせる。A答案②は，記述の量は少ないが，不正確なことは書かれていない。A答案③，C答案は，問題文の事情の書き写しが多く，評価が薄いという印象を受ける。

設問3

証人の保護措置
- ビデオリンク方式（刑訴法157条の6）の要件を満たさないとの判断
- 遮へい措置（刑訴法157条の5）の要件について，被告人との関係では満たすが，傍聴人との関係では満たさないとの判断

設問4

証人尋問で図面等を利用する際の規制
- 主尋問における誘導尋問の原則禁止（刑訴規則199条の3第1項柱書），その趣旨
- 例外としての刑訴規則199条の12，その趣旨

○：言及している，△：言及しているが不十分

A答案①	A答案②	A答案③	C答案	コメント
○	○	○	△	いずれの答案も，ビデオリンク方式の刑訴法157条の6，遮へい措置の刑訴法157条の5の条文を挙げた上で，当てはめることができていた。もっとも，C答案は，要件該当性の論述が粗雑であって，あまり高く評価されなかったものと思われる。
○	○	○	△	時間切れなのか，簡潔な検討にとどまる答案が多かったが，刑訴規則199条の12については全ての答案が言及できていた。もっとも，C答案は，刑訴規則199条の12の趣旨について，誘導尋問の禁止との関係ではなく，伝聞法則との関係について論じており，これが低評価につながったものと思われる。

〈再現答案①　評価A〉

第1　設問1
1　小問1
(1)　まず，Aは健康かつ一人暮らしであるから逃亡による不利益は小さく容易に逃亡することができ，重大事件の嫌疑が濃厚で前科もあることから逃亡のおそれ（60条1項3号）が認められる可能性が高い。また，被疑事件は建造物等以外放火罪（刑法110条1項）として最大10年の刑に処される重大犯罪であり，かつ，Aは否認しているから，罪証隠滅のおそれ（60条1項2号）についても，認められる可能性が高い。
　両親がAを監督することでAが上記のような行動に出ないよう監視①することで，逃亡のおそれ及び罪証隠滅のおそれが低いことを示せるため，両親の誓約書である疎明資料ⓐを添付すべきだと判断した。
(2)　疎明資料ⓑは，AはAの勤務先において不可欠な人材であり，今後も継続的に働くことが予定されていること②から，Aが勾留されるとAの安定した社会的地位としての職業および生活のための収入源を失うことになるということを示し社会生活上の不利益が大きいことを示すものである（刑訴法90条参照）
　Aの勾留に伴う不利益が非常に大きいことを示唆し，勾留の必要性が認められないことを示すために，疎明資料ⓑを添付すべきだと判断した。
2　小問2

1

(1)　罪証隠滅のおそれ（同項2号）は，①罪証隠滅の対象，②罪証隠滅の方法，③罪証隠滅の客観的可能性，④罪証隠滅の主観的可能性によって判断する。
(2)　罪証隠滅の対象としてはWの証言はAの犯人性を立証する重大な証拠であり，またVの証言も対象③として考えられる。まず，Aは，Wと面識がないものの本件被疑事件の犯行現場を目撃したWは，犯行現場の付近に勤務しており，Aもその場所を知りAの自宅に近い駐車場を日常的に利用する者であり，待ち伏せするなどして容易に接触することが可能であるから客観的可能性が認められる④。そしてAはVと面識があり，罪証隠滅の客観的可能性が認められる⑤。さらに，Aは被疑事実を否認しており，上述の通り重大犯罪で実刑を受ける可能性が高いことを認識していると考えられるから罪証隠滅の主観的可能性が認められる⑥。
　そうすると，AはWやVに対して威迫または脅迫するなどして，証言を翻させるという手段を取る可能性が高いと言える。
　さらに，逃亡のおそれ（同項3号）につき，Aは，本件被疑事件は重大犯罪であり前科があるため実刑判決を受けるおそれが高く，独身で一人暮らしをしていることから考えると逃亡による利益が大きく逃亡のおそれは高い。また，上述の通り，両親が誓約書を出しているものの，両親はAの親近者であって，すでにAは独立して暮らしていたことからすればAの逃亡や罪証隠滅

2

①条文の指摘，事実の評価等端的に記載できている。

②これは逃亡のおそれについて記載してほしいところであった。

③隠滅の対象をしっかり把握できている。

④事情を拾い，適切な評価ができている。

⑤通勤に使用していた大型自動二輪車を置いていたことを評価できれば，より良い答案になったと思われる。

⑥主観的可能性も端的に指摘できている。

を強く止める抑止力とはなり得ないと考えられる。そして，Ａが勤務先で活躍しており，安定した社会的地位と収入を失うおそれが高いということを踏まえてもなお，上述のような勾留の理由・必要性が大きく，裁判所は弁護人の準抗告を棄却すべきだと判断した⑦。

第２　設問２

Ｗは，犯行状況及び犯人の顔を放火の犯人であるとして意識して間近で見たものである。そして，Ｗは，男が火をつけていた距離から７ｍと至近距離で目撃しているところ，実況見分調書からもＷはＡの顔を目撃できる位置にあり付近に街灯及び駐車場の敷地内の照明があったので明るく，視界を遮るものはなかった上，当時の天候は晴れであり雨による視界の遮断もなかったことが認定できる（証拠④・⑤）。そのため，物理的客観的状況はＡの顔をしっかりと認識できる状況であり，Ｗの供述が信用できることを強く推認させる。

さらに，Ｗは，犯人がＬと書かれた特徴的なパーカー及びスラックスを着用しており逃げていった方向まで述べているところ，犯行時刻前後に犯行現場の付近の防犯カメラ画像で同じ容貌で犯人と思われる人物がＷの供述と同じ動きをしており（証拠⑦），客観的証拠と完全に一致している。また，ＷはＡの顔の特徴について詳しく述べているところ，その詳細について一致が見られることからも，Ｗの供述が信用できることを強く推認できる。

そして，ＷはＡとは面識がないものの深夜の駐車場で放火をする

3

かのような不審な行動を取っている者がいれば，犯人の容貌を記憶に焼き付けようとするのは自然である。そして，実際に目撃から１週間後と記憶が新しいうちに，無作為に抽出した 20 人の男性の顔写真から，Ａの顔写真を選んでいるため記憶違いの可能性は低い（証拠⑧，⑨）。さらに，Ｗ自身についても，Ｗの視力が裸眼で1.2と視力がよく，色覚異常もないため（証拠⑮），見間違いの可能性は低い⑧。

よって，上述のような目撃時の物理的客観的状況，客観的事情との一致，目撃者の主観的な状態等を総合的に考慮すると，Ｗの供述が虚偽や見間違いによる可能性は低いといえるため，Ｗ供述の信用性が認められると判断した。

第３　設問３

ＷがＡとの間に遮へいを求める申出は，Ａが上述のような重大犯罪を犯した者で，威迫の危険があることをＷが認識していることからＡの前でＡに不利な証言をする際にはＷは萎縮してしまうことが当然考えられ，「精神の平穏を著しく害されるおそれ」（法 157 条の５第１項）が認められるため，遮へい措置を認めるのは相当だと判断した⑨。一方で，Ｗは人前で話すのは得意ではないという理由のみで傍聴人から見られることがないようビデオリンク方式をとって欲しいと申し出ているが，これだけでは在席せずに傍聴人からも距離を置くべき合理的な理由とは言えず，157 条の６第１項３号の要件を満たさないことから，ビデオリンク方式を認めるべきではないと判断した⑩。

4

⑦事実を拾い，適切に評価できている。Ａの勤務先での事情は，評価によって，積極方向，消極方向どちらにも用いることができると思われる。どちらにせよ，本答案のように説得的な評価をすることが重要である。

⑧数多くの事情から，適切な評価ができている。ＷとＡの利害関係がないこと，証拠３や証拠６にも触れられるとなおよかった。

⑨遮へいについては，適切に検討できているが，問題を捉え間違えたのか，傍聴席とのことについてビデオリンク方式のみ検討している点がもったいない。

⑩Ａとの関係でもビデオリンクの可否については検討すべきである。また，同条３号のみではなく，１号２号には該当しないことを明記した上で，３号の検討に入る方が印象は良い。

第４　設問４
　規則 199 条の 11 第１項が裁判長に許可を求めさせた趣旨は，書面を提示させることによって，証人の記憶に不当な影響を及ぼし，当該不当な影響を受けた証言による誤った事実認定をしてしまうことを防ぐ点にある⑪。そして，図面を利用する際にもかかる趣旨が妥当し，証人の記憶に不当な影響を及ぼす可能性のある現場指示に基づいて記入された記号が消されている場合には許可を出せると考え，釈明を求めた（規則 199 条の 12）⑫。

以上

5

6

⑪趣旨を記載する姿勢は素晴らしいが，まず原則論を書いた後，規則 199 条の 10～12 の趣旨を記載してほしかった。

⑫条文の摘示は行えているが，本問の事情である現場指示説明部分が不同意になっていることには触れられていない。

〈再現答案②　評価A〉

第1　設問1
1　問1
　疎明資料ⓐについて検討する。
　これにより，家族による監視監督を誓約させることを証明する。したがって，家族による監督があることから，罪証隠滅を防止するといった効果がある。また，勾留の必要性が低いことを示す①。したがって，疎明資料ⓐを添付した。
　疎明資料ⓑについて検討する。
　これにより，職場で必要とされている人材であること，勤務先の上司による職務中の監督があることを証明できる②。これにより罪証隠滅の防止や，勾留の必要性が低いことを示す。したがって，疎明資料ⓑを添付した。
2　問2
　家族による監督があるとしても，家族は重大な利害関係人であるから，十分な監視監督を期待できない。また，職場の上司も常に監督しているわけではなく，出先などで目に届かないところに行く可能性もある。
　Aが前科一犯であることから，厳罰を避けるために証拠隠滅をするとか，逃走をするとかの可能性がある。婚姻歴がないことから，守るべきものがなく，逃走等に出る可能性が高い。したがって，勾留要件を充たし，準抗告は認められないと考えた③。
第2　設問2

1

　Wは犯人を間近で見ており，記憶の精度が高い。街灯があり証明が明るく，視界を遮るものがなかったことから，視認状況も良好である。これは，証拠④からも信用できる。WはAと視線が合っており，犯人の顔をよく見ておかなければと思って，意識的に記憶をしていることから，記憶の精度が高い。また，Wの犯人についての供述は，証拠⑪，証拠⑨と一致する。したがって，Wの供述は信用できる④。
第3　設問3
　証人と被告人の間の遮へい措置は，刑事訴訟法157条の5第1項により，圧迫を受け，精神の平穏を害されるおそれがあることを要する。
　本件では，放火という重大犯罪であり，目が合っていることから，被告人から復讐を受けることもありうる。したがって，被告人の面前での供述は困難であり，上記の要件を充たすと考えた。
　Wと傍聴人との間の遮へい措置は刑事訴訟法157条の5第2項により，相当性が認められることが要件となる。これは単に人前で話すことが得意ではないとの理由のみでは，公開主義の原則を重視するべきであるから，認められないと判断したと考える⑤。
　ビデオリンク方式は刑事訴訟法157条の6により，相当性が認められる場合にとることができる。本件では，人前で話すことが得意ではないといった理由のみであり相当性を有しない。
　したがって，AとWの間のみ遮へい措置をとるべきと判断したと考える⑥。

2

①家族の監督があるため，事件関係者を通じた罪証隠滅を防ぐといった記載がほしい。このままだと論理が飛躍している。また，勾留の必要性の低さについも，なぜ低いのか理由を書くべきである。

②この事情から，逃亡のおそれが低いことを記載して欲しかった。

③罪証隠滅のおそれ，逃亡のおそれについて，各要件の事情の摘示，評価共に一定の水準には達してない。WやVに対する接触可能性やA本人及び両親の年齢等多くの事情を拾い評価できなければ，多くの受験生と差がつく。

④こちらも設問1小問2同様，事情と評価の不足が否めない。多くの証拠が問題文に記載されている以上，可能な限り証拠を用いて，評価する答案が上位になる。

⑤遮へいについて，端的に検討できている。ただ，AとWの属性の差や犯罪の凶悪性等につき，評価してほしいところであった。

⑥157条の6の条文の指摘は良いが，各号について検討してほしい。

第４　設問４
　本件で検察官が書面提示の許可を求めたのは規則199条の12による。この趣旨は，事前の書面のつくり込みによって，口頭主義に反することを防止する点にある。本件で書き込みの有無について釈明を求めた理由は，書き込みがあった場合には，その書面に影響を受けて供述をするおそれがあるからである⑦。したがって，口頭主義に反するおそれがあり，199条の12の趣旨に反するおそれがあるから，釈明を求めたと考える。

以上

⑦趣旨から説明する姿勢は良いが，本件では，現場指示説明部分の記載が不同意とされた点が大きく絡んでいる。このポイントに触れてほしいところである。

3

4

〈再現答案③　評価A〉

第1　設問1
1　問1
弁護人は，勾留の必要性がないことを主張するため，ⓐ及びⓑを添付すべきと判断したと考えられる（刑訴法87条1項）。
(1)　ⓐについて
Aの両親の誓約書「Aを私たちの自宅で生活させ，私たちが責任をもってAを監督します。」Aに逃亡のおそれがないことを示す（刑訴法60条1項3号）。
また，「Aに事件関係者と一切接触させないことを誓約します。」との陳述は，Aが証人を威迫等して供述させない又は自己に有利な証言をさせることにより，罪証隠滅するおそれがないことを示す①（刑訴法60条1項2号）。
(2)　ⓑについて
Aの勤務先上司の，Aは当社の業務の遂行に不可欠な人材で，Aがいないと，Aが取ってきた商談が潰れてしまうという陳述は，Aの勾留による不利益②が大きいことを示す。
2　問2
(1)　被疑事実は，他人所有現住建造物等以外放火罪という重い罪である（刑法110条1項）。また，Aは，犯行を否認している。Aは一人暮らしだから，逃亡は容易である。そのため，Aの逃亡のおそれは大きいといえる③。
(2)　後述のように，Wは，はっきりとAを認識しているから，Aも

1

同様にWを認識できたと考えられる。AがWを威迫して供述させない又は自己に有利な証言をさせることにより，罪証隠滅するおそれがある④。
(3)　確かに，上記のように，勾留により，Aの勤務先に迷惑がかかるという社会生活上の不利益はあるといえる。
しかし，Aの勤務先上司は，「Aには早く職場に復帰してもらい，継続的に働いてもらいたい」と陳述しているから，Aが職を失うというおそれはない。また，Aはこれまで健康を害したことはないから，健康上の不利益はない。Aの両親も，これまで健康を害したことはないから，介護の必要性はなく，社会生活上の不利益はない。したがって，勾留による不利益はそれほど大きくないといえるから，勾留の必要性が認められるといえる。
第2　設問2
1　Wの視力は左右とも裸眼で1.2であり，色覚異常も認められない。Wが犯行を目撃したのは，午前1時3分という深夜である。しかし，付近に街灯があり，駐車場の敷地内にも照明があったので明るく，視界を遮るものもなかった。そのため，観察に適する状況であったといえる（証拠②③）。
2　Wが犯行を目撃した地点（ⓦ）と，犯人が火をつけていた地点（ⓧ）との距離は6.8メートルであり，ⓦ地点とⓧ地点の間に視界を遮る物は存在せず，ⓦ地点に立ったWが，ⓧ地点に立たせた身長170センチメートルの警察官の顔を識別することができた。そ

2

①事情を適切に拾い，評価できている。

②不利益という評価も間違ってはいないが，逃亡のおそれについての事情として使ってほしかったところである。

③被疑事実と前科から主観的可能性についての検討も行ってほしい。

④Aに対する接近可能性があるのかについて検討してほしかった。また，Vに対しての検討がない点も他の受験生と差がついた部分だと思われる。

⑤問題文に記載された証拠を拾えている。しかし，数としては多いとはいえず，説得的な評価をしきれていない部分もある。

のため，Wは，犯人も同様に認識できたと考えられる（証拠②③，見取図）。
　Wは，30歳代くらいの小太り，身長は170ｃｍくらい，短めの黒髪，眉毛が太い，垂れ目，胸元に白色で「Ｌ」と書かれた黒っぽい色のパーカー・黒っぽい色のスラックスの着用という男性の特徴についてかなり詳細な供述をしている。
3　防犯カメラの映像には，Wの供述と一致する服装のＡの姿が録画されている（証拠⑦）。また，Wの供述と一致する，胸元に白色で「Ｌ」と書かれた黒地のパーカー，紺色のスラックスがＡ宅から押収されている（証拠⑪）。
4　Wは20名の男性の顔写真の中からＡを識別している（証拠⑧⑨）。また，Wは，Ａと面識はないから，利害関係もない[⑤]。
第３　設問３
１　ＡとWとの間の遮へい措置（刑訴法157条の５第１項）
　他人所有現住建造物等以外放火罪（刑法110条１項）という重大な「犯罪の性質」，「証人」Wの27歳という若い「年齢」，「Ａは人のバイクに放火するような人間なので，復しゅうが怖い」というWの「心身の状態」により，WがＡの面前で供述するときは圧迫を受け精神の平穏を著しく害されるおそれがあると認められるから，ＡとWとの間の遮へい措置を採るのが相当と判断したと考えられる[⑥]。
２　ビデオリンク方式（刑訴法157条の６第１項３号）

3

　同項１号，２号に該当する事情はない。
　Wの「人前で話すのも余り得意ではないので，傍聴人にも見られたくない」という「心身の状態」は，要保護性の高いものではないから，精神の平穏を著しく害されるおそれがあると認められず，ビデオリンク方式を採らなかったと考えられる[⑦]。
第４　設問４
　主尋問においては原則として誘導尋問をしてはならない（刑訴規則199条３項柱書本文）。
　同規定の趣旨は，証人の供述に不当な影響を及ぼすことを防止する点にあると解される。
　供述を明確にするためであれば，供述に不当な影響を及ぼすおそれはないから，図面を用いた尋問が許容される（刑訴規則199条の12第１項）。裁判官は，現場指示に基づいて記入された記号がWの証言に不当な影響を及ぼすことを防止するために，㋔の釈明を求めたと考えられる（刑訴規則208条１項）[⑧]。

以上

4

⑥条文を示し，適切な当てはめができている。もっとも，傍聴人との遮へい措置の可否も検討してほしいところである。

⑦１号２号を検討した上で，３号を検討できている点は評価されたと思われる。

⑧原則論から論じられており，他の受験生と差をつけたと思われる。なお，現場指示説明部分の不同意にまで触れられれば，さらに点数を伸ばせたと思われる。

〈再現答案④　評価Ｃ〉

第１　設問１・１
１　疎明資料ⓐは，Ａの両親がＡを自宅で生活させ，責任を持って監督することを誓約するものである。このような身柄引受書の存在は，被疑者が「逃亡し又は逃亡すると疑うに足りる相当な理由」（刑事訴訟法207条１項本文，60条１項３号）を否定する方向に働く事情である。そのため，疎明資料ⓐを添付すべきであると判断した。
２　疎明資料ⓑは，Ａの勤務先上司の陳述書であり，Ａが会社の業務遂行に不可欠な人材であり，Ａには早く職場に復帰してもらいたい旨内容とするものである。勾留が認められるためには，勾留の必要性（207条１項本文，87条１項）が必要である。勾留の必要性の有無は，捜査の必要性と被疑者側が被る不利益とを比較考量して判断される。上記のような疎明資料ⓑの存在は，被疑者側が被る不利益が大きいものとして，勾留の必要性が否定される方向に働く事情である。そのため，疎明資料ⓑを添付すべきであると判断した[①]。
第２　設問１・２
１　犯人とＷは，Ｗが犯行を目撃した際，視線が合っているから，犯人はＷのことを認識している。そうだとすれば，Ａは，Ｗを威迫する客観的可能性[②]があり，Ａは本件被疑事実につき否認していることから，その主観的可能性も認められる[③]。そのため，Ａが「罪証を隠滅すると疑うに足りる相当な理由があるとき」（207条１項本

1

文，60条１項２号）にあたる。
２　また，Ａは自宅で一人暮らしをしており，身柄拘束による不利益は小さい一方，上記のとおりＡの勤務先に不利益が生じるとしても，あくまで被疑者以外の者の不利益であるから，不利益の程度が大きいとはいえない。そのため，勾留の必要性は認められる[④]。
３　以上より，勾留の要件は満たされるから，裁判所は弁護人の準抗告を棄却すべきであると判断した。
第３　設問２
１　証拠⑦から，犯行現場付近の防犯カメラの映像には，犯行時刻頃，現場方向から進行してきた普通乗用自動車が道路脇に停止し，運転席から，白いレジ袋を持ち，胸元に「Ｌ」の白い文字が入った黒っぽい色のパーカーを着て，黒っぽい色のスラックスを履いた人物が降り，現場方向に歩いていく様子が確認された事実が認められる。この人物の特徴はＷの証言する犯人の特徴と一致する。そのため，Ｗ供述は動かしがたい事実と一致する。
２　また，証拠⑪によれば，Ａ方から胸元に白色で「Ｌ」と書かれた黒地のパーカーが発見されている。
３　そして，証拠④によれば，Ｗが犯行を目撃した地点と犯人が火をつけていた地点との距離は約6.8メートルと近く，両地点の間に視界を遮る物は存在せず，Ｗが，犯人がいた地点に立たせた身長170センチメートルの警察官の顔を識別することができた。
４　さらに，証拠⑮によれば，Ｗの視力は左右とも裸眼で1.2であ

2

①どちらも，否定する方向に働く事情と記載するのみではなく，どのように評価すれば否定する方向に働くのかという思考過程を記載してほしいところであった。

②顔を見ただけでは接近可能性が高いとはいえない。車をＫ駐車場に駐めていたことから評価してほしいところである。

③否認のみではなく，前科や本件での法定刑を含め実刑になる可能性があることまで触れたい。

④Ｖについて，また逃亡のおそれについても検討すべきである。

⑤問題文に記載された証拠を拾えている。しかし，数としては多いとはいえない。ＡとＷの利害関係，証拠５，証拠６等多くの証拠を用いたい。

り，色覚異常も認められない。
5　以上より，検察官はW供述の信用性が認められると判断した⑤。
第4　設問3
1　Wは，「Aは人のバイクに放火するような人間なので，復しゅうが怖い。Aに見られていたら証言できない。」と申し出ているから，「精神の平穏を著しく害されるおそれがある」（157条の5第1項）といえる⑥。
2　一方，AとWとの間の遮へい措置をとれば，「精神の平穏を著しく害されるおそれがある」（157条の6第2項1号）とはいえない。
3　以上より，検察官は，AとWとの間の遮へい措置のみを採るのが相当と判断した。
第5　設問4
1　検察官は，位置関係の供述を明確にするため，裁判長に対し，④の実況見分調書添付の別紙見取図の写しをWに示して尋問することの許可を求めている（刑事訴訟規則199条の12第1項）。同項は，「裁判長の許可」を要件としている。その趣旨は，証人が単に図面等を朗読することで，伝聞証拠排除法則の趣旨が没却されることを防ぐことにある。本件でも，④の実況見分調書は別紙見取図を含め不同意とされていることから，Wが単に上記見取図を朗読することで伝聞証拠排除法則の趣旨が没却されてしまうおそれがある⑦。

3

2　以上より，裁判長は，検察官に対し，下線部㋔の釈明を求めた。
以上

4

⑥申し出ているから，「精神の平穏を著しく害されるおそれがある」としてしまうのは，答案として印象が悪い。最低限でも評価は加えて当てはめを行うべきである。

⑦条文は指摘できているが，問題の趣旨とは異なる解答になってしまっている。原則論に戻って，落ち着いて解答したい。

《一般教養科目》

次の文章は，ともに作家である辻邦生と水村美苗の新聞紙上での往復書簡を収録した著作中の，水村の書簡からの抜粋である（なお，出題の都合上，原文の一部を適宜省略してある。)。

これを読んで，後記の各設問に答えなさい。

（省　略）

〔設問１〕

本文における筆者の主張を，１５行程度で要約しなさい。

〔設問２〕

本文における筆者の主張に対する賛否を明らかにした上で，現代における「文学を読むこと」の意味についてのあなた自身の主張及びその理由を，適切な具体的事象（文学以外の事象でもよい。）を挙げつつ，２０行程度で論じなさい。

【出典】辻邦生・水村美苗『手紙，栞を添えて』朝日新聞社，1998年

〈出題趣旨〉

設問１は，「文学を読むこと」についての筆者の見解に関する理解を問うものである。解答に当たっては，「文学とは誰もが読むべきものである」，「文学とは誰にでも読めるものである」という２つの前提に対する筆者の見解やその根拠に触れつつ，筆者が，「文学を読むこと」をどのように意味付けているかについて，的確に要約することが求められる。

設問２は，現代における「文学を読むこと」の意味について，各自の考えを問うものである。解答に当たっては，筆者の見解に対する自身の賛否を明示するとともに，昨今の社会情勢などを踏まえつつ，現代における「文学を読むこと」の意味について自身の考えを明らかにし，その根拠について適切な具体的事象に触れながら，説得力をもって論じることが期待される。

なお，当然ながら，いずれの設問においても，指定の分量で，簡潔に記述する能力が求められる。

※令和４年司法試験予備試験の実施について，「司法試験予備試験の実施方針について」（令和３年６月２日 司法試験委員会決定）が発表され，論文式試験における一般教養科目の廃止が決定しました。
したがって，本書の一般教養科目につきましては，問題文（著作権の関係により一部省略）と出題趣旨のみの掲載とさせていただきます。ご了承ください。

令和４年からは，一般教養科目に代わり，選択科目が導入されます。司法試験の選択科目同様，労働法，経済法，知的財産法，倒産法，租税法，環境法，国際関係法（私法系），国際関係法（公法系）の中から予め選択した１科目での受験となります。試験時間は，一般教養科目は１時間でしたが，選択科目は１時間 10 分となります。

法務省：司法試験予備試験の実施に関する司法試験委員会決定等
司法試験予備試験の実施方針について
https://www.moj.go.jp/content/001359913.pdf

読者プレゼントのお知らせ

平成 23 年～令和3年口述再現　**無料!!**

ご応募いただいた方全員に，司法試験予備試験口述試験についての合格者による口述再現（平成 23 年～令和３年・法律実務基礎科目）を無料でプレゼントいたします！奮ってご応募ください。

※なお，本プレゼントはＰＤＦ形式で，インターネットからのダウンロード形式のみのご提供となります。郵送サービスはいたしませんので，ご容赦ください。

応募方法

下記アドレスに空メールを送ってください。30 秒ほどで自動返信がありますので，その返信メール記載のＵＲＬにアクセスし，その後は誘導にしたがってください。

メールアドレス

tatsumi.yobi-ronsai2022@fofa.jp

※辰已法律研究所は，個人情報の保護に関する法令，規範を遵守します。個人情報の取り扱いは，当校の HP（http://www.tatsumi.co.jp/）をご覧ください。

応募期間

2022 年 6 月 1 日～2022 年 10 月 31 日

プレゼント公開時期

2022 年 6 月下旬（予定）

辰巳法律研究所（たつみほうりつけんきゅうじょ）

https://www.tatsumi.co.jp

司法試験，ロースクール入試，司法試験予備試験，司法書士試験，社会保険労務士試験，行政書士試験，公認心理師試験の受験指導機関。1973年に誕生して以来，数え切れない司法試験合格者を法曹界に送り出している。モットーは，「あなたの熱意，辰巳の誠意」。司法試験対策におけるシェアは業界トップであり，過去15年（2006年～2020年）の辰巳全国模試には実に累計41438名の参加を得ている。「スタンダード短答オープン」「スタンダード論文答練」などの講座群，「肢別本」「短答パーフェクト」「New えんしゅう本」「趣旨・規範ハンドブック」などの書籍群は，司法試験受験生，予備試験受験生から，合格のための必須アイテムとして圧倒的支持を受けている。

令和3年（2021年）
司法試験予備試験 論文本試験 科目別・A答案再現＆ぶんせき本

令和4年4月20日　初版　第1刷発行

発行者　後藤　守男
発行所　辰巳法律研究所
〒169-0075
東京都新宿区高田馬場4-3-6
TEL．03-3360-3371（代表）

印刷・製本　壮光舎印刷（株）

©Tatsumi 2022 Printed in JAPAN

ISBN978-4-86466-553-7

選択科目

講義

15時間

各科目特有の
ポイントとなる
趣旨・規範

この学習サイクルで
ゼロベースから合格レベルに
いっきに到達！

当該選択科目
司法試験
H18-R3
全過去問
さらに辰已ならでは
成績評価付
合格者
再現答案

配信予定	
労働法	好評配信中
国際私法	
経済法	
知的財産法	
倒産法	
環境法	

趣旨・規範＆過去問再現答案

選択科目**特訓講義**

労働法・経済法・知的財産法
倒産法・国際私法・環境法

この講義特有のメソッド

戦いの基礎は【趣旨・規範

これをしっかりマスターしておけば初見論点でも、現場でも合格答案レベルを死守できます。先ずここからStartし、これを短時間で押さえます。

ベストセラー書籍「趣旨・規範ハンドブック」の実績ある辰已ならではの選択科目版

出題のレベルは【過去問】

本試験では、どのような攻め方をされるのか、それをどうしのぎ**合格答案**を書き切るのか。答えは司法試験の過去問にあります。**H18年からR3年で選択科目の司法試験論点はほぼ出尽くしている**感があります。だから**【過去問】学習が最も効率的**。

合格レベルは【再現答案】

過去問の論点だけ学習しても合格答案のリアルは分からない。大切なのは**正解ではなく評価**です。そこで答練の辰已だからこそ収集できた**<出題当時の合格者の成績評価付の再現答案>を全問に掲載**してあります。これをもとにどこがどう評価されるのかを講師がスピーディーに指摘します。一気に本試験感覚に。

めざすのは
ゼロから/現場で/合格答案という評価を受ける
この一点

スケジュール・受講料等の詳細は
右記より資料をご請求ください。https://r-tatsumi.com/pamphlet/

労働法
15時間

辰已専任講師・弁護士
原 孝至先生
早稲田大学法科大学院卒

経済法
15時間

弁護士
西山 晴基 先生
中央大学法科大学院卒

知的財産法
15時間

辰已専任講師・弁護士
西口 竜司先生
甲南大学法科大学院卒

教材は、全て辰已法律研究所刊行の新刊書籍選択科目「１冊だけで」シリーズを使用します。

倒産法
15時間

辰已専任講師・弁護士
本多 諭先生
法政大学法科大学院卒

国際私法
15時間

辰已専任講師・弁護士
松永 健一 先生
予備試験合格・北海道大学法科大学院卒

環境法
15時間

辰已専任講師・弁護士
宍戸 博幸 先生
上智大学法科大学院卒

選択科目特訓講義15時間

当講義教材は、辰已法律研究所刊行の新刊「1冊だけシリーズ」です。

	WEB受講		DVD受講 ※Web視聴も可				講座コード	
	書籍付	書籍無	書籍付		書籍無		書籍付	書籍無
	辰已価格	辰已価格	辰已価格	代理店価格	辰已価格	代理店価格		
労働法	¥41,000	¥37,500	¥42,145	¥40,038	¥40,750	¥38,713	B1188＊	B1194＊
経済法	¥41,000	¥37,500	¥42,145	¥40,038	¥40,750	¥38,713	B1189＊	B1195＊
知的財産法	¥41,000	¥37,500	¥42,145	¥40,038	¥40,750	¥38,713	B1190＊	B1196＊
倒産法	¥41,000	¥37,500	¥42,145	¥40,038	¥40,750	¥38,713	B1191＊	B1197＊
国際私法	¥41,000	¥37,500	¥42,145	¥40,038	¥40,750	¥38,713	B1192＊	B1198＊
環境法	¥41,000	¥37,500	¥42,145	¥40,038	¥40,750	¥38,713	B1193＊	B1199＊

お申込みは
Webで可能↓

講座コードの「＊」部分に下記の会場コードをあてはめてください。
●通信ＷＥＢはE/通信ＤＶＤはR

講師Profile

- ●労働:原 先生　司法試験合格直後から、辰已の答練・公開模試等で2,000通以上の答案を採点・添削し受験生の弱点をよく知る受験指導のプロ。
- ●経済:西山 先生　司試１回上位合格/経済法７位/合格後辰已で基本科目と経済法を講義。検察官を経て弁護士として経済法分野にも多く携わる。
- ●知財:西口 先生　受験生の読むべき基本書・判例集は常に読破し、毎年受験生同様の時間内で必ず自身で答案を書く受験指導の第一人者。
- ●倒産:本多 先生　「答案の型」講義を長年担当している答案指導のプロ講師。常にオリジナルレジュメを配付する等受験生目線の指導が好評。
- ●国私:松永 先生　法科大学院既修者コース在学中に予備試験合格。司法試験合格上位１０％以内。挫折と成功の双方を知る苦労人であり、指導の説得力に定評あり。
- ●環境:宍戸 先生　受験時代から判例を重視した学習を実践してきた実力派。受験生を指導することが好きで塾講師の経験も豊富であり、分かりやすい講義が好評。

【 講座案内 】

2022年予備試験選択科目に備える

労働法

Web受講

開講中

スピードマスター

労働法の論証 Just6時間

この講座が効く5つのポイント

❶労働法を得意とする合格者秘伝の論証集を駆使
❷論証で、たった6時間で、労働法重要論点を一気に押さえる。
❸短時間＝直前期の移動時間やスキマ時間にもってこい
❹論証は「善」にもなれば「悪」にもなる。使い方が大事一西口講師が責任をもって、本
点を稼げる「正しい論証の使い方を伝授
❺最新の改正や出題傾向もきっちりカバー。

辰巳専任講師・弁護士
/中小企業診断士
西口 竜司 先生

WEB受講のみ	
講座ｺｰﾄﾞ	受講料
A0176E	¥13,800

＊上記価格は税込価格です。

※注1 通信部WEB受講ついては、Web講義の即時配信管理のため、辰已でのお申込みのみとなり、代理店での取扱いはありません。

お申込みは、スマホでWEBで（教材見本及び講義の内容の一部も）をご覧になれます↑

労働法

Web受講

開講中

働き方改革

改正労働法速攻攻略講義 Just2時

働き方改革を推進するための関係法律の整備に関する法律を
サクッと2時間で整理し、労働法対策を万全に

短時間で改正法を＜受験対策として＞押さえる！
労働法は、平成31年4月1日と令和2年4月1日から一部を除き大部分が施行された働き方改革関連の改正に対応しなければなりません。
教材は、労働法受験者にとって既に必須文献の一つとなっている「事例演習労働法（有斐閣）」の改正法対応・第3版補訂版です（著者は 2020年司法試験委員）。同書を教材として、働き方改革関連改正労働法に関係する部分にポイントを絞って、分かり易くスピーディーに解説します。

『事例演習労働法（第3版補訂版）』（有斐閣）を素材として講義します。

「事例演習労働法
（有斐閣）」
A5 版 354 ページ
¥2,970（別込み）

辰已講師・弁護士
笠井 佳樹 先生

予備試験合格・司法試験合格 労働法選択。
自身が受験生時代に『事例 演習労働法』を使用して合格。丁寧に且つスピーディーに解説します。

WEB受講		DVD受講 ＊下記価格は税込価格です。		
講座ｺｰﾄﾞ	受講料	講座ｺｰﾄﾞ	受講料	
	辰已価格		辰已価格	代理店価格
A9406E	¥5,500	R-882R	¥5,700	¥5,415

※注1 通信部WEB受講については、Web講義の即時配信管理のため、辰已でのお申込みのみとなり、代理店での取扱いはありません。

お申込みは、スマホでWEBで（教材見本及び講義の内容の一部も）をご覧になれます↑

スケジュール・受講料等の詳細は
右記より資料をご請求ください。https://r-tatsumi.com/pamphlet/

選択科目

経済法

Web開講中

担当講師：2020年司法試験合格者 経済法全国1位

教材：①講師オリジナルレジュメ②R2司試講師再現答案③R2過去問＆出題趣旨

講師：2020年司法試験合格/東京大学法科大学院既修者コース修了/受験1回で司法試験合格/経済法全国1位（78点）となる。経済法を勉強し始めた時期は、大学院3年時であり、戦略的学習＆答案戦略により短期間で経済法トップへ駆け上がる。

2020年司試法律選択科目で「経済法」は合格率3位　やるべき範囲に比べてコスパ良し

経済法1位合格者による

「答案戦略・経済法 3時間」

R2年司法試験経済法素材

●答案戦略とは
✓試験本番で，どのように問題を解いていくかについてあらかじめ立てておく作戦
✓時間配分などの形式面と法的問題の検討の仕方などの内容面に分けて考える
✓試験本番では，これに基づき最適な解き方を考え，検討を進めていく
●答案戦略を立てるメリット
✓「いつも通りやればいい」と安心感や自信が着く
✓時間不足に陥ることがなくなり途中答案が防げる
✓解くスピードが速くなる，検討漏れがなくなる

講座コンセプト　本人レジュメから

経済法の得点を10点UPさせよう！

この目的を実現するために，大きく二つ伝えたいことを絞った。
・実力を発揮できないではなくて，勉強した成果を出し切る実力がないが正しい。
・席に着くまでに勉強した成果を発揮するためにどれだけの準備をしてきたかが大事
・司法試験で過去問演習が大事なのは言わずもがな，特に，経済法は大事。

＊下記価格は税込価格です。

通信部DVD			通信部WEB	
講座ｺｰﾄﾞ	辰已価格	代理店価格	講座ｺｰﾄﾞ	辰已価格
A1002R	¥8,700	¥8,265	A1002E	¥8,300

※注1　通信部WEB受講ついては、Web講義の即時配信管理のため、辰已でのお申込みのみとなり、代理店での取扱いはありません。

お申込みは、スマホでWEBで（教材見本及び講義の内容の一部も）をご覧になれます→

経済法

Web開講中

辰已専任講師・弁護士/中小企業診断士
西口 竜司 先生

たった3時間で「経済法」得点Upのツボを総ざらいします。

スピードマスター経済法「構成要件と論証3時間」

この講座が効く5つのポイント

お申込みは、スマホでWEBで（教材見本及び講義の内容の一部も）をご覧になれます↓

❶経済法の構成要件と論証を速攻でチェックできる
❷たった3時間で、経済法の重要論点をカバー
❸短時間＝直前期の移動時間やスキマ時間にもってこい
❹論証は使い方が大事！－西口講師が責任をもって、本試験で点を稼げる論証の使い方を伝授
❺最新の改正や出題傾向もきっちりフォロー

＊下記価格は税込価格です。

通信部（WEB）		通信部（DVD）		
講座コード	辰已価格	講座コード	辰已価格	代理店価格
A0188E	¥7,000	A0188R	¥8,000	¥7,600

※注1　通信部WEB受講ついては、Web講義の即時配信管理のため、辰已でのお申込みのみとなり、代理店での取扱いはありません。

国際公法

Web開講中

担当講師：2020年司法試験合格者 国際公法全国2位

教材：
①講師オリジナルレジュメ
②R2司試講師再現答案
③H18-R2過去問集＆出題趣旨・採点実感を整理した一覧表

選択者は少ない、しかし平均点は他科目とさほど変わらない。実はとてもコスパがいい

国際公法「基礎からパーフェクト講義」9時間

❶これから学習する方
司法試験（2022年からの予備試験）で求められる国際公法の「基礎」とは何かを、司法試験の出題趣旨・採点実感から逆算して明確に割り出します。合格に必要にして十分な知識と判断枠組みがこれで理解できます。

❷ある程度勉強している方
持てる基礎をいかに論文合格レベルへと昇華していくか。基礎理解をどのように合格レベルであることを示すために表現し、合格答案へと収めていくか。事例分析の仕方から、触れるべき条文や判例の要件、当てはめの流れを当講座で身に着けられます。

＊下記価格は税込価格です。

通信部DVD			通信部WEB	
講座ｺｰﾄﾞ	辰已価格	代理店価格	講座ｺｰﾄﾞ	辰已価格
A1001R	¥22,400	¥21,280	A1001E	¥21,500

お申込みは、スマホでWEBで（教材見本及び講義の内容の一部も）をご覧になれます→

※注1　通信部WEB受講ついては、Web講義の即時配信管理のため、辰已でのお申込みのみとなり、代理店での取扱いはありません。

辰巳答練問題を通して「答案の書き方」を具体的に講義

通信WEB配信中
通信DVD販売中

福田俊彦先生

すべらない答案

論文合格塾

必要十分な
7科目
全63時間

当講義＆福田先生指導の特徴

01 素材の問題は既に効果実証済の辰巳答練データから精選
02 どんな問題が出ても、絶対に「すべらない答案」を書く技術を、福田先生ならではの切り口で講義
03 理解が進む2段階講義システム
04 福田講義の特色
❶合格に「必要・不要の線引」をきっちりします
❷合格に「不要・時間の無駄」な事をはっきり「やめろ」と言い切ります。

当講義の対象者

01 まだ本格的に予備校で答練を受講したことがない方
02 本試験の受験経験はあるが、答案の書き方に自信がない方
03 先輩合格者から福田講師のスタ論特別クラスがいいと言われたが、答案を書く前に<すべらない答案>の実際を知りたい方

本講座では、効率的に多くの問題(論点)を潰すことができるように、事例基本講義において①司法試験型問題②予備試験型問題③旧試験型問題を素材に、福田先生が、すべらない答案を書くスキルを伝授します。さらに、答案力強化講義では法規範を幅広くスピーディーに学習し、武器となる法規範知識を「答練」へと架橋します。

●全14回・63時間

憲法 2回・9時間
行政法 2回・9時間
民法 2回・9時間
商法 2回・9時間
民訴 2回・9時間
刑法 2回・9時間
刑訴 2回・9時間

●教材

事例基本講義
・事例問題(辰巳予備スタ論ほか)
・解説書
・福田先生監修解答例

答案力強化講義
・事例問題
(旧司法試験問題ほか)

●福田講義ならではの講座のシステム

事例基本講義の枠
やや長めの基本事例問題を素材とする答案講義
1回3問×14回＝42問
1回3h×14回＝42h

予習講義 答案ナビ 60分
福田先生の答案ナビ講義を聴いたうえで受講生が各自で、提示された問題を事前に検討しておく(講義時間外)

答案完成講義 120分
答案の書き方をジックリ習得する

＋

答案力強化講義枠
やや短め問題を素材とする法規範講義
1回4問×14回＝56問
1回1.5h×14回＝21h

答案力強化講義 90分
法規範をスピーディーにキッチリ

受講料(税込)		通信部WEB		通信部DVD ※WEB受講も可能です		
		講座コード	受講料	講座コード	辰巳価格	代理店価格
事例基本講義＋答案力強化講義	7科目一括	A1021E	¥136,500	A1021R	¥153,000	¥145,350
	憲民刑一括	A1022E	¥61,600	A1022R	¥69,000	¥65,550
	商訴行政一括	A1023E	¥82,100	A1023R	¥92,000	¥87,400
事例基本講義のみ	7科目一括	A1024E	¥90,900	A1024R	¥99,200	¥94,240
	憲民刑一括	A1025E	¥41,000	A1025R	¥44,700	¥42,465
	商訴行政一括	A1026E	¥54,700	A1026R	¥59,700	¥56,715

＊通信WEB視聴期限：2022/7/31

WEBでのお申込みはこちらから→

スケジュール・受講料等の詳細は
右記より資料をご請求ください。https://r-tatsumi.com/pamphlet/

合格するための最低限のスキルを短時間で習得

通信WEB配信中

通信DVD販売中

コンパクトな
7科目
全35時間

金沢幸彦先生

答案スキル いっき習得講義

当講義の特徴

01 基本7科目で35時間というコンパクトな構成
02 どんな問題が出ても<大きく外さずに>現場で書き抜くためのスキルだけを抽出して講義
03 本試験の直前にも1.5倍速で再視聴がお勧め
04 科目毎に異なる「答案の型」をキッチリ伝授
05 短答合格レベルの方なら、既にある知識で型を外さないようにすれば十分論文で戦えます。

当講座の対象者

01 短答試験合格レベルの知識のある方
02 論文答案の書き方に不安や迷いのある方
03 まだ新問での予備校答練を受けたことのない方
04 2年目又は2段階目が弱い方

基本科目の根本スキル「答案の型」を35時間で金沢先生といっきに学ぶ。

答案の迷い・躊躇・弱気から一気に脱却しましょう。

知識が足りないから書けないと思っていませんか？
ほとんどの人は、知識が足りないからではなく、答案の書き方が分かっていないから合格レベルの答案が書けないのです。
答案の書き方は、論文答案の「基礎言語」なのです。

●受講上の注意
当講座は、基本的な事例問題をいくつか扱いますが、論点的な知識のインプット講座ではありませんので、論点的な説明は原則的に行いません。
知識の整理は必要最小限度に止め、あなたが合格レベルであることを考査委員に示す「論文の型」を徹底してお伝えします。

◆2段階目の講座です
この講座は、短答合格レベルの知識を論文答案が書けるレベルへと架橋する講座です。
２年目の講座というより「2段階目の講座」です。
何年かそれなりに勉強していても1段階目から上昇できない方には、２段階目へのステップが必要であり、そのステップの最低限度を示します。

当講座の詳細は、右サイトをご覧ください。講師自身による講座コンセプトの紹介、ミニ講義さらに講座レジュメの一部もご覧いただけます。→

※簡単なアンケートにお答え頂くだけで憲法1時間分の当講座講義を丸々視聴できます。→

受講料(税込)	通信部WEB		通信部DVD ※WEB受講も可能です		
	講座コード	受講料金	講座コード	受講料 辰已価格	代理店価格
全7科目35h一括割引申込	B1044E	¥82,200	B1044R	¥90,300	¥85,785
憲法･民法･刑法 15h一括割引申込	B1045E	¥37,100	B1045R	¥40,800	¥38,760
商法･民訴･刑訴･行政 20h一括割引申込	B1046E	¥49,400	B1046R	¥54,300	¥51,585

※科目別もあります。憲法・民法・刑法・商法・行政法・民訴・刑訴（各5h）

WEBでのお申込みはこちらから→
https://bit.ly/36dXWNx

●注意事項
※通信部WEBは配信管理の都合上、代理店ではお申込できません。
※通信部講座のお申込は随時受付しております。
決済完了後、WEB視聴はすぐに可能となります。
教材発送は2～3日後となります。予めご了承ください。
※通信WEBは視聴環境をご確認のうえ、お申込ください。
※通信DVDは、DVD-R対応機種でのみご利用いただけます。

スケジュール・受講料等の詳細は
右記より資料をご請求ください。https://r-tatsumi.com/pamphlet/

本試験直前答練群

【 2022年 短答合格 】

短答試験直前

2022年予備試験 短答突破
予備試験 総択

全1回
4月日程
5月日程

全国都市で会場受験（定員制）＆通信受験

真剣・緊張・本試験前の本試験　**オンライン同時中継も開催**

予備試験の短答式試験そのものに肉薄する問題と緊張感あふれる運営

旧司法試験時代、本試験受験者数の最盛期13,500人が受験した「辰已の総択」（総合択一式試験）。そのノウハウと「短答の辰已」の誇りを賭けて、短答総択を実施します。問題と解説のクオリティーは保証付きです。

東京本校	締切~~4/23（土）~~
	締切~~4/24（日）~~
	4/29（金・祝）
	4/30（土）
	5/1（日）
	5/4（水・祝）
	5/5（木・祝）
大阪本校	締切~~4/24（日）~~
	5/1（日）
	5/3（火・祝）
京都会場	4/30（土）
名古屋会場	4/23（土）
岡山会場	4/30（土）
札幌会場	4/23（土）
オンライン同時中継	4/23（土）
	5/1（日）
	5/5（木・祝）

通信部資料発送	4/20（水）	以降4/26（火）迄にお申込みの方には4/29（金）に発送します
通信部申込締切	4/16（土）	

通学部＆通信部 共通 解説講義Web受講				通信部 解説講義DVD受講		
通学部価格 ※注1		通信部価格		辰已価格		代理店価格
講座コード	受講料	講座コード	受講料	講座コード	受講料	価格
B1211＊	¥4,800	B1211T	¥4,800	B1211R	¥5,800	¥5,510

WEBでのお申込みはこちら→

※注1　通学部については、コロナ感染症予防のソーシャルディスタンス確保のために、全日程とも【定員制】とさせていただきます。この定員管理のため、❶辰已Webでのお申込みのみとさせていただきます❷代理店での取扱いはありません。
※注1　通信部解説講義WEB受講ついては、Web講義の即時配信管理のため、辰已でのお申込みのみとなり、代理店での取扱いはありません。
定員制との関係で、申込後の会場・日程等の変更はできませんのでご承知おき下さい。

短答本試験前の短答本試験【総択】 合格者の声

2021年予備試験合格
S.Kさん
東京大学法学部在学

全教科を教室で受験でき、また成績表により**自分の実力を的確に把握できるため、短答式試験の総復習・実力試しとしておすすめ**です。特に、一般教養科目は、著作権の関係で過去問が使えない類型の問題があり、しかもそのような問題は文系の私にとっては検討したいと思うものばかりでした。予備試験総択ではこのような問題もしっかり検討できるので、**解けない類型の問題を含めて通しで解答する貴重な機会**となりました。残念ながら予備試験総択では一般教養科目の成績は振るいませんでしたが、この経験を経たからこそ本番でよい解き方を思いつけたものと考えています。

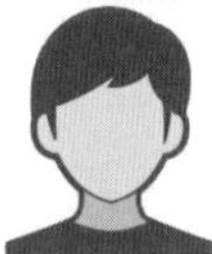

2021年予備試験合格
S.Uさん
早稲田大学法学部在学

予備試験総択は、本番前の演習の機会として非常に有益です。本番と試験形式・試験時間が全て同じなので、空き時間の過ごし方や当日の心持ちなどを想定することができ、とてもいい練習になります。また、**内容面も本番の内容に近く、解きごたえがあります。特に改正民法は過去問の蓄積が少ないのでとても役に立ちます。**また、一般教養についてもは過去問演習の確保が難しいところ、総択の問題は過去問に非常に近い問題構成となっているため、とてもいい練習になります。さらに、相場観をつかむことができるので、残された期間でどの程度短答に取り組めばいいのかがはっきりできます。

スケジュール・受講料等の詳細は
右記より資料をご請求ください。https://r-tatsumi.com/pamphlet/

本試験直前答練群

2022年
論文合格

2022予備試験論文突破
論文予想答練

会場（定員制）＆通信（オンライン同時中継受験あり）

論文試験直前

●選択科目については以下の5科目を実施します。
・労働法 ・倒産法
・知的財産法 ・経済法
・国際私法

予備試験元年から毎年的中続出

辰已なら的中の連続　ホントによく当たります！

的中力抜群の問題を本試験2年分消化！
豊富なスケジュール、オンライン同時中継で受けやすさにも配慮！

＊大阪校では論文予想答練の通学部は実施しません。通信部をご利用下さい。

WEBでのお申込みはこちら→

短答発表【前】コース

回数		東京校通学	通信
第1回	1日目	5/21(土)	5/23(月)発送
	2日目	5/22(日)	
第2回	1日目	5/28(土)	
	2日目	5/29(日)	

短答発表【後】コース

回数		東京校通学	
第1回	1日目	6/4(土)	6/3(金)発送
	2日目	6/5(日)	
第2回	1日目	6/11(土)	
	2日目	6/12(日)	

タイムスケジュール　第1回・第2回共通

1日目	憲法/行政法	9:30-11:50
	刑法/刑事訴訟法	13:15-15:35
	選択科目	16:30-17:40
2日目	法律実務基礎	9:30-12:30
	民法/商法/民事訴訟法	14:00-17:30

受講料（税込）		通学部			通信部		
		講座コード	辰已価格	代理店価格	講座コード	辰已価格	代理店価格
発表前コース 選択科目あり	フルコース	B1172H	¥53,200	※注1	B1172T	¥53,200	¥50,540
	ハーフコース	B1217H	¥45,200		B1217T	¥45,200	¥42,940
発表後コース 選択科目あり	フルコース	B1173H	¥53,200		B1173T	¥53,200	¥50,540
	ハーフコース	B1218H	¥45,200		B1218T	¥45,200	¥42,940
発表前コース 選択科目なし	フルコース	B1219H	¥47,900		B1219T	¥47,900	¥45,505
	ハーフコース	B1221H	¥40,700		B1221T	¥40,700	¥38,665
発表後コース 選択科目なし	フルコース	B1220H	¥47,900		B1220T	¥47,900	¥45,505
	ハーフコース	B1222H	¥40,700		B1222T	¥40,700	¥38,665

選択科目は労働・倒産・知財・経済・国私のみ実施します。
その他の科目を選択される方は選択科目なしをお選びください。

※注1
通学部については、コロナ感染症予防のソーシャルディスタンス確保のために、全日程とも【定員制】とさせていただきます。
この定員管理のため、
❶辰已Webでのお申込みのみとさせていただきます
❷代理店での取扱いはありません。

予備試験総択、論文予想答練・論文公開模試とのお得なPack申込

通学部基準	合計金額	F割	F割＋R割
総択＋論文予想答練フル＋論文公開模試添削有	¥84,600	¥80,370 ー¥4,230	¥76,140 ー¥8,460
論文予想答練フル＋論文公開模試添削有	¥79,800	¥75,810 ー¥3,990	¥71,820 ー¥7,980
総択＋論文公開模試添削有	¥31,400	¥29,830 ー¥1,570	¥28,260 ー¥3,140
総択＋論文予想答練添削有	¥58,000	¥55,100 ー¥2,900	¥52,200 ー¥5,800

合格者の声

2021年予備試験合格
Y.Nさん
東京大学法学部在学

予備試験論文予想答練は、本番と同じく2日間のスケジュールで2回も全科目の問題を解くことができ、直前期の本番のシミュレーションに大いに役立ちました。**論文式試験の直前期には、短答式試験の勉強で鈍ってしまった論文を書く際の時間配分等を本番に向けて再調整する必要がありますが、**特に本番通りの内容、時間で行われる論文予想答練によってしっかりと再調整することができました。解説も丁寧で論点ごとの確認もできるため知識の確認ができるとともに、相当の演習量も確保することができ、試験慣れに最適だと思います。

2021年予備試験合格
S.Kさん
東京大学法学部在学

予想答練は、司法試験本試験と異なり**過去問の数が比較的少ない予備試験の受験に当たって、貴重な演習の機会を提供してくれました。**この機会を利用して、短答対策に専念するために鈍りがちな論文式試験の勘を取り戻すことができたと思っています。また、内容面では、予備スタ論とは異なる問題であるため論点の補強にもなり、知っている論点でもその理解を深めてくれるような問題や解説もありました。予備スタ論と併せると相当数の問題をこなせた点もありがたかったです。

本試験直前答練群

2022年
論文合格

論文試験直前

2022年予備試験論文突破
論文公開模試

会場（定員制）＆通信（オンライン同時中継受験あり）

他の追随を許さない圧倒的なクオリティー！

辰已ならではの豪華講師陣が科目担当＆講義

・全ての科目を新旧司法試験・予備試験の指導経験豊富な講師陣が担当
・特に刑事実務基礎科目は元司法研修所教官・元旧司法試験委員が監修

	東京本校		会場受験 大阪	会場受験 名古屋	会場受験 岡山	試験科目	試験時間割
	会場＆ オンライン 同時中継 A日程	会場受験 B日程					
1日目	6/18 （土）	6/25 （土）	6/18 （土）	6/25 （土）	6/18 （土）	憲法・行政法	9:30-11:50
						刑法・刑訴法	13:15-15:35
						選択科目	16:30-17:40
2日目	6/19 （日）	6/26 （日）	6/19 （日）	6/26 （日）	6/19 （日）	法律実務基礎科目	9:30-12:30
						民法・商法・民訴法	14:00-17:30

通信部資料発送
6/15（水） 全科目一括発送
通信部申込締切
6/10（金）※

※注1　通信受験の申込締切は上記の通りですが締切日以降のお申込みについてはご相談下さい.フリーダイヤル 0120-656-989

受講料 （税込）	通学部 Web解説講義付		通信部				
			解説講義Web受講		解説講義DVD受講		
	辰已価格※注1		辰已価格 ※注1		辰已価格		代理店価格
	講座コード	受講料	講座コード	受講料	講座コード	受講料	価格
添削あり	B1174H	¥26,600	B1174T	¥26,600	B1174R	¥30,600	¥29,070
添削なし	B1175H	¥19,500	B1175T	¥19,500	B1175R	¥22,450	¥21,328

WEBでの
お申込みは
こちら↓

※注1　通学部については、コロナ感染症予防のソーシャルディスタンス確保のために、全日程とも【定員制】とさせていただきます。
この定員管理のため、❶辰已Webでのお申込みのみとさせていただきます。❷代理店での取扱いはありません。
※注1　通信部解説講義WEB受講ついては、Web講義の即時配信管理のため、辰已でのお申込みのみとなり、代理店での取扱いはありません。

合格者の声

2021年予備試験合格
Y.Nさん
東京大学法学部在学

論文公開模試は本番と同じ日程、時間設定で行われるため、本番通りに答案を書く練習をするために最適です。**模試の内容はどの科目も実際に本試験で出題されることを想定した問題で、詳細な採点基準をもとに採点が行われるため、本番を想定した自分に足りていない分野の確認をすることができました。**解説も参考判例や論点を記載した詳細なもので、それ自体で復習に十分な内容でした。また、科目ごとに相対的な順位も出るため、自分が受験生の中でどの位置にいるかを知ることができるとともに、成績優秀者も掲載していただけるため自信をもって本番に向かうことができました。

2021年予備試験合格
S.Uさん
早稲田大学法学部在学

論文公開模試の利点は大きく2つあります。1つ目は、本番さながらのタイトな時間制限の中で、緊張感をもって論文の答案を全科目書くことができる点です。論文式試験では答案を書くことが必須であるところ、論文公開模試は答案を書くいい機会になる上に、本番と同様の時間制限の中で行われるので、とてもいい予行演習になります。2つ目に、相場感をつかめる点です。**短答の勉強までの期間では、論文の相場感を掴む機会がなかなかありませんが、公開模試では詳細に点数・順位が出るため、相場感をしっかりと掴むことができます。**全体の相場感を掴むことは勉強の方向性を決める上でとても重要なので、論文公開模試を受けることは非常に有益だと思います。

スケジュール・受講料等の詳細は
右記より資料をご請求ください。https://r-tatsumi.com/pamphlet/

全国有名書店
大学生協
辰已各本校にて
取扱中

― 司法試験&予備試験 ―

選択科目 論文対策 1冊だけで

◆１冊だけで環境法 4,895円（税込）
◆１冊だけで租税法（改訂版）4,895円（税込）
◆１冊だけで知的財産法（改訂版）4,895円（税込）
◆１冊だけで倒産法（改訂版）4,895円（税込）
◆１冊だけで国際私法（第３版）4,895円（税込）
◆１冊だけで経済法（改訂版）4,895円（税込）
◆１冊だけで労働法（第３版）4,895円（税込）
◆１冊だけで国際公法　3,300円（税込）※

※「１冊だけで国際公法」は、簡易製本・受注印刷版のため辰已法律研究所以外の書店（Web上のものを含む）、生協等ではお求めいただけません。

論文選択科目“１冊だけでシリーズ”が全巻リニューアル。

司法試験・予備試験での論文式選択科目対策書籍です。以下の４部構成となっており、これ１冊で選択科目対策ができることを目指しています。

第１部　合格答案作成ガイド・・・過去問を利用した書き方ガイド
第２部　趣旨・規範ハンドブック・・・重要論点についての規範と理由
第３部　司法試験論文全過去問（H18～R３）・・・問題、出題趣旨、採点実感、論点、合格者再現答案（本試験評価・順位付）
第４部　論点表・・・論点の一覧表です。過去問の出題年度表示付き。

※「１冊だけで国際公法」のみ内容が異なります。

A5判・１色刷

辰已法律研究所
書籍出版グループ
ブログ稼働中!!

辰已法律研究所
書籍出版グループ
オリジナルブログ

辰已刊行書籍のことなら ここ!

受験生のみなさんこんにちは。辰已法律研究所出版グループです。

出版ブログでは，辰已法律研究所が刊行する書籍・雑誌について，新刊情報や誤植のお知らせなど，受験生のみなさんに役立ついろいろな情報を随時発信しています。

辰已法律研究所は受験生のみなさんを全力で応援します。

辰已 新刊情報
辰已の刊行書籍を一早くお知らせ！ちょい読みコーナーもあります。

お役立ち情報
書籍の使い方が分からない…そんな方はこちらをチェック！先輩方のアンケートから役立つ情報を掲載しています。

フェア・セール情報
フェア・セールの情報はこちらをチェック！刊行書籍をお得にご購入できます。

ベストセラー紹介（辰已・他社）
いまどんな本が売れているのか？売れ筋動向が確認できます。

誤植のお知らせ
辰已法律研究所刊行書籍について
誤植が発見された場合には，こちらで → 随時公開をしていきます。

↓出版ブログのアドレスはこちら
右のコードから URL が読み取れます→
http://blog.livedoor.jp/accstatsumi/
(辰已法律研究所TOPページ https://www.tatsumi.co.jp/ からも入れます)